开启职场之路：

大学生就业与创业指导

王仲宙　主编

厦门大学出版社 国家一级出版社
XIAMEN UNIVERSITY PRESS 全国百佳图书出版单位

图书在版编目(CIP)数据

开启职场之路：大学生就业与创业指导 / 王仲宙主编. -- 4版. -- 厦门：厦门大学出版社，2024.1
ISBN 978-7-5615-9287-8

Ⅰ. ①开… Ⅱ. ①王… Ⅲ. ①大学生-职业选择-高等职业教育-教学参考资料 Ⅳ. ①G717.38

中国版本图书馆CIP数据核字(2024)第021463号

策划编辑　张佐群
责任编辑　郑　丹
美术编辑　李嘉彬
技术编辑　许克华

出版发行　厦门大学出版社
社　　址　厦门市软件园二期望海路39号
邮政编码　361008
总　　机　0592-2181111　0592-2181406(传真)
营销中心　0592-2184458　0592-2181365
网　　址　http://www.xmupress.com
邮　　箱　xmup@xmupress.com
印　　刷　厦门集大印刷有限公司

开本　787 mm×1 092 mm　1/16
印张　15
字数　366千字
版次　2014年1月第1版　2024年1月第4版
印次　2024年1月第1次印刷
定价　38.00元

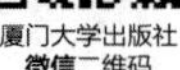
厦门大学出版社
微信二维码

厦门大学出版社
微博二维码

前　言

就业是最基本的民生。习近平总书记在党的二十大报告中强调“实施就业优先战略”，并就新征程促进高质量充分就业作出战略部署。“大学生就业指导”是伴随我国大学生“双向选择、自主择业”的就业制度改革而兴起的一门综合性课程。大学生能否顺利就业，事关大学生切身利益，事关家庭幸福，事关学校的生存与发展，本书根据党的二十大报告、《全国大中小学教材建设规划（2019—2022 年）》等文件精神，依照《大学生职业发展与就业指导课程教学要求》（教高厅〔2007〕7 号）组织编写，以莆田高职院校学生为对象，结合莆田实际，突出高职特点，同时涵盖了教育部规定的大学生职业生涯规划、就业指导、创业指导教育教学大纲的基本内容，就大学生进入大学以后的认识自己、认识职业环境、职业生涯规划、简历制作、礼仪、面试、入职前的准备、创业等进行了详尽的阐述。

湄洲湾职业技术学院是一所面向全国招生的公办专科层次全日制工科类高职院校，地处妈祖故乡——莆田，始建于 1985 年，2004 年经福建省人民政府批准升格为高职院校。学院现有两个校区，设有机械工程系、自动化工程系、化学工程系、信息工程系、工商管理系、工艺美术系、建筑工程系、医学健康系、学前教育系等 10 个教学单位。同时，学院还辖属莆田卫生学校、莆田市高级技工学校、湄洲湾职业技术学校三个中专校。

党的二十大报告指出：“我们要坚持教育优先发展、科技自立自强、人才引领驱动，加快建设教育强国、科技强国、人才强国，坚持为党育人、为国育才，全面提高人才自主培养质量，着力造就拔尖创新人才，聚天下英才而用之。”这为教材编写指明了方向。高等职业院校的学生有其特殊性，他们思想敏锐，头脑聪明，个性张扬，更希望得到尊重与鼓励；他们对关爱、赞扬有更强的渴求和反应；他们活泼好动，有强烈的“动手”参与兴趣。他们具有比普通本科高校的大学生更明显的多方面能力，却存在着理论学习兴趣不高、心理素质欠佳等弱点。因此，组织编写一部切合他们实际的就业指导教材非常必要，也非常迫切。

本书将科学性、实用性、通俗性、趣味性融为一体，既为高职院校培养具有基本理论素养，又具备一定实践操作能力的通识型人才提供有益的帮助，也为大学生的全面发展和健康成长提供有益的指导。

由于编者水平所限，本系列教材可能存在某些不足，诚望专家和同行不吝赐教，以便我们把大学生就业工作做得更好。

编　者

2023 年 5 月

目录

第一章 一见倾心
——初识莆田与就业与创业指导课程

亲爱的同学们，当你们来到美丽的莆田，一定对她充满了好奇和期待，伴随莆田多个新区的规划与崛起，莆田发展得越来越好了。如果你也喜欢这座城市，愿意为这座城市的发展尽一份力，那么就让我们一起先来了解一下莆田吧！

第二章 我思故我在
——给你一次重新认识自己的机会

了解自己，挖掘职业兴趣，了解人格特点，探索职业价值观，定位职业能力，为职业规划夯实基础，是职业选择与规划的必由之路。通过学习本章内容了解自我认知的相关概念、内容和原则，明确兴趣、人格、价值观、能力与职业发展的关系。

第三章　我的职业我做主
——带你深度了解职业的秘密

学习本章内容，了解环境认知的内涵及常规方法，明确职业性质，扫描工作内容，透视职业前景，把握行业动态。通过上一章及本章内容的学习，确定既符合自身条件，又满足自己兴趣，且适合社会发展需要的理想职业。

第四章　练好“内功”　拓宽职场之路
——提高你的就业综合素质

就业是人生路上的一次重大选择，也是对综合素质的一次检验。通过本章的学习，了解大学生常见的不良就业心理，掌握大学生就业心理调适的方法，消除求职心理障碍，培养积极主动的就业观，了解职业道德的作用和原则，熟知我国的职业道德规范，掌握提高职业素质的途径和方法，树立正确的就业观。从心理素质到职业道德，就业准备，一个都不能少。

第五章　简历不简单
——打造你的求职名片

我们对学校近两届毕业生的简历进行抽样调查发现，比较规范和符合要求的简历只占到10％左右，同学们惊呆了吗？就算是学校历年的简历大赛也不尽如人意，所以本章重点介绍如何撰写一份规范、能体现个性,并让用人单位眼前一亮的简历。

第六章　“礼”多人不怪
——为你诠释礼仪的力量

中国是一个有着五千年历史的文明古国,中华民族素来是一个温文尔雅、落落大方、谦恭礼让的礼仪之邦。礼仪是人类为维系社会正常生活而要求人们共同遵守的最起码的道德规范,它是人们长期共同生活和相互交往中逐渐形成的,并且以风俗、习惯和传统等方式固定下来。对一个人来说,礼仪是一个人的思想道德水平、文化修养、交际能力的外在表现,职场人才济济,如何才能在激烈的竞争中谋得一席之地?较好的仪容仪表、礼仪礼节能为你加分不少。

第七章　“面霸”是怎样炼成的
——讲述你不知道的面试秘密

对于大多数求职者来说,面试是一道必经的程序,它也是求职成功与否的关键步骤。面试与笔试相比,具有更大的灵活性和综合性,它不仅能考核一个人的职业水平,而且可以面对面地来观察应聘者的综合素质。对于大学生而言,他们由于初入社会,对一切都很陌生,很多时候会显得无所适从。但是,同学们只要事先进行充分准备,详细了解面试的过程和内容,掌握面试的基本技巧,从容应对,就能成功。

第八章　规避风险　开启征程
——职场小白要懂的“权益经”

随着高校毕业生数量的增多，用人单位的标准越来越高，大学毕业生面临的就业压力逐年增大，他们对于就业机会倍加珍惜，往往忽视自身的合法权益。然而，人才市场上各类求职陷阱屡见不鲜，一些不法分子唯利是图，部分企业也无视法律规定，非法剥夺员工应当享受的权利。尤其是对于涉世不深的毕业生来说，更容易受到违法违规行为的侵害。因此，通过本章的学习，熟悉国家有关的法律、政策和规章，保障我们在求职和入职的过程中，能正确运用法律的武器来保护自己，提高自己的维权意识和维权技巧。

第九章　看你“七十二变”
——从大学生到职业人的转变

走进了职场，便是走进了人生的“战场”，如何尽快实现由学生角色到职业角色的转换，是每个大学生走上工作岗位后面临的一个人生课题。通过本章的学习，了解学生角色和职业角色的区别以及两种角色转换的途径，并学习、掌握提高人际沟通和团队合作能力的原则、技巧及培养途径，指导学生积极调整自我，主动适应职场，提高职场竞争力。

第十章 创业梦工厂
——为你指引创业之路

大学生创业已经渐渐成为一种潮流和趋势，越来越多的大学生加入毕业就创业的队伍当中。本章将给你关于创业最贴心、最实用的指导，让你第一时间掌握创业最新动态，教你如何把创意转化为创业，协助你走出自己的创业之路，做自己的Boss！

附 录 大学生就业法律法规

参考文献

第一章 一见倾心

——初识莆田与就业与创业指导课程

学习导八

亲爱的同学们，当你们来到美丽的莆田，一定对她充满了好奇和期待，伴随莆田多个新区的规划与崛起，莆田发展得越来越好了。

如果你也喜欢这座城市，愿意为这座城市的发展尽一份力，那么就让我们一起先来了解一下莆田吧！

第一节 走近莆田

一、莆田概述

莆田市地处福建沿海中部，依山面海，陆域面积4200平方公里，海域面积1.1万平方公里，现辖一县四区两个管委会，人口360.3万。莆田是“海上和平女神”妈祖圣地，“立德、行善、大爱”的妈祖精神传承千年，穿越时空、跨越国界、超越族群，在全世界42个国家和地区，妈祖信众有3亿多；特别是在党中央、国务院和省委、省政府的关心支持下，我们已经举办了两届世界妈祖文化论坛，扩大了妈祖文化的影响力。历史底蕴深厚，史称“兴化”，建制至今已有1500多年，素有“海滨邹鲁”“文献名邦”之美称，自唐以来，涌现出2482名进士、21名状元，17名宰相。基础设施完善，湄洲湾、兴化湾、平海湾“三湾环绕”，湄洲湾更是“世界不多，中国少有”的深水良港，可建万吨级以上泊位150多个；福厦铁路、向莆铁路贯穿全境，湄洲湾港口铁路支线投入使用；福厦高速、沈海复线、莆永高速、湄渝高速形成“两纵两横”格局；妈祖机场正在谋划建设。人居环境优越，主城区拥有65平方公里的城市生态绿心、6万亩的荔枝林带，森林覆盖率达60.05%；城市内河水系发达，饮用水源地水质达到国家二级标准；空气质量连续多年居全国、全省前列。莆商实力雄厚，在全国及旅外经商从业的乡亲有220万人，其中海外侨胞150万人，分布在85个国家和地区；莆商在国内大约占据民营医疗行业的50%、木材行业近70%、金银珠宝行业的60%、民营加油站行业的50%的市场份额，油画出口占全国的三分之一。①

·【提示】·

《莆田市城市总体规划(2008—2030年)》

《莆田市城市总体规划(2008—2030年)》确定城市性质为“湄洲湾港口城市，世界妈祖文化中心”。城市定位为海峡两岸人民交流合作的前沿平台，东南沿海区域性交通枢纽，海峡西岸先进制造业和能源基地，海峡西岸现代物流中心，海峡西岸文化旅游度假胜地，滨海宜居城市。城市职能包括：妈祖文化交流与旅游中心职能，区域重要的对台合作交流基地职能，区域先进制造业和能源基地职能，区域散货物流基地职能，区域工艺品生产与交易中心职能，区域商贸中心职能，国家级木材加工基地职能。

① 莆田概况[EB/OL].(2021-02-04)[2021-04-21]. http://www.putian.gov.cn/zjpt/zrdl/zrzy/201311/t20131120_125378.htm.

《莆田市城市总体规划(2008—2030年)总体规划》编制过程中,坚持了“六个突出”的指导思想。一是突出区域合作,做好与海西城市群规划及各类专项规划的衔接,拓展发展空间。二是突出在“以港兴市、工业强市”发展战略的指导下,体现港口、产业、城市、生态“四位一体”规划,尤其是打破行政区划,统筹港口、产业、城市和生态空间,合理安排建设时序。三是突出产业空间整合,为产业转型升级提供空间支撑,壮大临港产业。四是突出主城的集聚、辐射带动及与滨海产业新城、仙游县城的互动,以产业推动城市,以城市服务发展。五是突出城乡规划统筹,按六个发展功能区实现全市域规划,推进城乡一体化。六是突出特色文化、景观资源的保护与开发利用,打造人文城市、山水城市、滨海城市,塑造鲜明的城市个性。

按照上述指导思想,总体规划体现了六个方面主要内容:

实施一个战略:以港兴市、工业强市。

推进两个统筹:港与城、城与乡。

做强三大城区:主城、滨海城区、仙游县城。

构筑四位一体:港口、产业、城市、生态。

建立五大体系:港口体系、产业体系、交通体系、生态体系、城镇体系。

形成六个发展区:主城核心发展区、滨海产业新城发展区、兴化湾南岸产业发展区、仙游城镇集中发展区、枫亭—灵川城镇产业发展区、北部生态旅游发展区。

《总体规划》确定城市性质为“湄洲湾港口城市,世界妈祖文化中心”。城市定位为海峡两岸人民交流合作的前沿平台,东南沿海区域性交通枢纽,海峡西岸先进制造业和能源基地,海峡西岸现代物流中心,海峡西岸文化旅游度假胜地,滨海宜居城市。城市职能包括:妈祖文化交流与旅游中心职能,区域重要的对台合作交流基地职能,区域先进制造业和能源基地职能,区域散货物流基地职能,区域工艺品生产与交易中心职能,区域商贸中心职能,国家级木材加工基地职能。

《总体规划》提出市域空间发展战略为“中部服务带动、南部工业推进、山区生态保育、多元特色塑造”。市域空间结构为“三轴、两带”,强化区域联动和城市发展整合,实现市域空间统筹发展。“三轴”即沈海整合发展轴、湾区战略预留轴、内陆聚合发展轴。“两带”即莆永城镇产业聚集带和兴尤产业拓展带。城区空间结构为形成以莆田主城为核心、滨海城区为副中心,多片区带状延展的城市空间结构。莆田主城形成“一心三片”的空间格局。“一心”为生态绿心;“三片”分别为荔城片区、城厢片区和涵江片区。滨海城区形成“一带双片”的空间格局。“一带”为湄洲湾临港产业带;“双片”分别为平海湾片区和笏石片区。

围绕宜居莆田建设目标,规划提出“特色提升”的发展策略,即依托妈祖文化等特色资源,提升莆田城市影响力和知名度;借助生态环境要素,打造良好的景观意象;建设绿化游憩空间,完善城区的绿地系统;保护山体,利用山体资源建设自然生态游览区。要通过保护特色街区、近城山体、荔林水乡特色地区、近海岛屿与岸线资源等特色要素,保护壶山兰水和独特的人文景观,突出荔林水乡特色,建设生态环保家园,打造滨海宜居城市。创造特色鲜明、体验丰富、整体和谐的城市景观环境,展现“荔林水乡、滨海名城”的景观特征。①

① 莆田市城市总体规划(2008—2030年)概况[N].湄洲日报,2010-11-18.

二、莆田产业发展概况

莆田市委、市政府提出，要培育打造六个千亿产业集群（电子信息、化工纺织化纤新材料、鞋业、工艺美术、食品、建筑）和四个500亿产业集群（高端装备、医疗健康、能源、海洋）。

（一）六个千亿产业集群

1.电子信息产业

莆田电子信息产业发展起步较早，在20世纪八九十年代，第一波莆籍港商和侨商来莆投资，主要生产电子表和计算器，并曾经占据国内七成左右的市场份额，是国家级的电子信息基地。以集成电路、面板显示、智能终端、太阳能电池等为产业发展重点方向，抢抓5G、物联网、大数据、高铁及军民融合等市场机遇，围绕华佳彩、福联集成电路、元生智汇等龙头企业，重点发展新型面板显示、集成电路、智能终端、太阳能电池等产业链，重点对接玻璃基板、偏光片、背光膜组等上游配套项目和车载显示、手机、平板等下游终端产业；对接半导体装备、IC设计、封装测试等产业链项目，形成集成电路设计、制造、封装和测试的完整产业链。近年来，引进了华佳彩高新面板、福联砷化镓集成电路、HDT高效太阳能电池项目、元生智汇智能终端等一批投资规模大、科技含量高、经济效益好、带动性强的龙头项目，填补国内相关领域的空白。

2.化工（纺织化纤）新材料产业

一是投资148亿元的CPL项目，一期已经试投产，投资42亿元的PA6项目一期也已经达产，围绕CPL、PA6等龙头企业，打造纺丝、织造、工程塑料等产业链。二是围绕投资超过230亿元的华峰系列项目，形成纺丝、织造、染整、面料、成品、资源回收利用、纺织智能装备等全产业链。三是以三棵树为龙头，发展防水涂料、地坪漆、腻子粉、瓷砖胶等品种，拓展清洁涂料、特种涂料和新型涂料产业链，延伸新型建材、健康大家居产业链。四是以佳通轮胎为龙头，重点对接佳通轮胎产能转移及轮辋、模具等轮胎配套产业链项目。

3.鞋服产业

鞋服产业是莆田传统支柱产业，从业人员超50万人，2018年产值1012.3亿元，成为我市第一个产值突破千亿元的产业集群。围绕鞋服产业转型升级，市政府牵头组建众协联鞋业供应链服务平台，聚合鞋业采购需求和上游供应资源，构建鞋业全产业链的资源整合、优势互补、降本增效的新生态，目前平台交易额超60亿元，今年将突破百亿元。同时，积极打造个性化定制平台，进军“军鞋”市场。

4.工艺美术产业

莆田是全国四大红木家具生产基地之一，三大油画生产基地之一，全球最大的沉香檀香木雕交易集散地，先后获得“中国古典工艺家具之都”“中国银饰之都”“中国礼仪用品之都”“中国油画产业之都”“中国木雕之城”“中国黄金珠宝首饰之乡”等荣誉称号。目前，莆田正着力打造全国性跨界营销联盟和产业创新研究院，建设京东数字经济产业园，打造国家级检测中心和国家级设计中心，形成原料、研发、生产、品牌、营销等全产业链体系。

5.食品加工产业

一是总投资28亿元的雪津啤酒迁建项目，计划建设亚洲单体最大、全球技术领先的世界级啤酒工厂，全部投产后产能达240万吨，目前一期150万吨项目已经投产，2018年产值达48亿元，税收超10亿元。围绕雪津迁建项目，打造麦芽、麦汁、啤酒、包装、体验旅游全产业链，做强雪津食品产业园。二是依托港口的优势，以投资45亿元的和润粮油为龙头，发展大进大出的粮油物流贸易与精深加工产业链。

6.建筑产业

支持发展总部经济，培育引进一批现代化建筑企业。

(二)四个500亿产业集群

1.高端装备产业

云度新能源汽车是全国首家获得生产资质的新建新能源乘用车企业。我们以此为龙头，加快与中国一汽的战略合作，建设新能源汽车产业园，打造“电动福建”示范基地；以海山机械、上海电气等为龙头，延伸环卫设备、港口装备产业链，建设先进环卫设备产业基地、综合型海上风电设备产业基地。

2.医疗健康产业

发挥莆田民营医疗医院占全国85%市场份额这一优势，以规划占地面积8.2平方公里的妈祖国际健康城为龙头，加快建设高端专科医院集群、先进药械制造基地、康养中心、医学交流转化中心、医疗大数据中心、医生集团总部，打造中国第一康城和两岸健康产业先行区。

3.海洋产业

培育湾区经济，发展现代海洋渔业、海洋生物医药、海洋新能源等战略性新兴产业。

4.能源产业

将重点打造海峡西岸能源基地。

三、莆田产业优势

(一)港口优势

莆田拥有湄洲湾、平海湾、兴化湾三大港湾，湄洲湾被誉为“世界不多，中国少有”的天然良港，自然深水岸线23公里，是对外籍船舶开放的口岸，可与世界上29个国家和地区近50个港口通航。已建成和正在建设万吨以上的深水泊位有20个，其中40万吨1个，20万吨2个，10万吨10个，40万吨的码头已建成投入运营。

(二)交通优势

铁路方面：辖区内有“一横一纵一支线”3条铁路，即福厦铁路、向莆铁路和湄洲湾港口铁路支线。莆田到南昌3个半小时，到深圳4小时50分钟，到上海6个半小时，到北京9个小时。莆田成为江西、湖南等内陆省市最便捷的出海通道。高速公路方面：贯穿莆田境内有“两纵两横”4条高速公路，“两纵”即沈海高速和沈海高速复线，“两横”即湄渝高速和莆永高速。莆田每个乡镇从所在地上高速公路都在 20 分钟车程以内。机场方面：莆田到福州长乐机场只要 1 小时 20 分钟，到厦门国际机场只要 1 小时 50 分钟。莆田机场、福州到莆田城际铁路正积极筹建。

(三)空间优势

我们现在还有规划可用工业用地 115 平方公里，这些工业用地主要分布在六个新打造的园区，均位于离港口 18 公里以内的经济半径圈，每个园区都规划了标准化厂房，可以满足不同的投资需求，是个好腹地，是广大企业投资兴业的热土。

(四)配套优势

莆田水、电、气齐全。水方面：全市年可供水量约 12 亿立方米，可满足大型工业用水需求。电方面：已形成水电、风电、火电、气电等多元化电力供应系统，目前总装机容量 400 多万千瓦，是不拉闸限电的地区。气方面：目前拥有福建 LNG 接收站，年供给量达 300 多万吨，可满足落户莆田的企业用气需求。

(五)环境优势

莆田是全国文明城市、全国绿化模范城市、国家森林城市、国家园林城市，空气质量保持全省前列，获得中国人居环境范例奖，是海峡西岸宜居宜业宜商的滨海城市。①

党的二十大报告指出："教育、科技、人才是全面建设社会主义现代化国家的基础性、战略性支撑。必须坚持科技是第一生产力、人才是第一资源、创新是第一动力，深入实施科教兴国战略、人才强国战略、创新驱动发展战略，开辟发展新领域新赛道，不断塑造发展新动能新优势。"

人才是产业发展的主要根基和源泉，一些产业特别是人工智能、高端装备制造等产业，要想真正实现迭代升级，必须依靠高技术高技能人才。只有产业链与人才链实现动态匹配，才能夯实城市产业和整体竞争力。当代大学生必须有把自己的事业与国家进步、社会的发展及人类的文明融为一体的品格。大学生在就业准备中，首先要树立正确积极的就业观念，从自己所学专业出发，结合高校所处地的产业优势，设置合理的就业目标，有针对性地进行理论知识和实践能力的储备。

四、就业政策支持

2023 年 2 月，莆田市印发《2023 年促进高校毕业生就业创业"十大行动"计划》②，推

---

① 莆田市投资情况[EB/OL].(2020-02-20)[2021-04-24]. http://gxt.fujian.gov.cn/xw/ztjj/rmzt/mqzs/fjgk/gdgk/ptscygk/sbj_38776/202002/t20200220_5199784.htm.

② 莆田市出台高校毕业生就业创业"十大行动"促进 2023 年高校毕业生就业[EB/OL].(2023-02-17)[2023-04-12].https://mp.weixin.qq.com/s? __biz=MzUzMzA5NTE2Ng==&mid=2247631852&idx=3&sn=00fcf990d1a668529f77c6bdcff70202&chksm=faa5b47dcdd23d6baf720525b025f2be764224b685ce93e667442930b5542a81f37b3f89827a&scene=27.

动高校毕业生更加充分更高质量就业。大学生们可以了解这些政策的支持,根据实际情况,参加相关活动,申请相关政策资助,助自己就业一臂之力。

(一)高校毕业生系列招聘服务行动

(1)根据《关于开展2023年福建省高校毕业生公共就业服务专项活动的通知》(闽人社办〔2023〕5号)文件要求,1—3月,开展抢开局"八闽春暖"高校毕业生就业服务专项活动。2—7月,开展高校毕业生国有企业招聘季专项活动。3—5月和9—11月,开展职引未来——大中城市联合招聘高校毕业生专场活动。3—6月,开展公共就业服务进校园暨送岗留才进校园专项活动。4月开展民营企业招聘月。5—8月,开展百日千万网络招聘专项行动。7—8月,开展离校未就业高校毕业生就业促进月活动。9—12月,开展离校未就业高校毕业生服务攻坚行动。11月下旬至12月上旬,开展职引未来——全国人力资源市场高校毕业生就业服务周。12月开展困难毕业生就业兜底帮扶专项活动。

(2)2023年莆田市计划举办线上线下招聘会136场。其中网络招聘会82场、现场招聘会46场、校园招聘会8场、直播带岗活动3场,发布招聘岗位19万个次。

(二)企事业单位扩岗行动

(1)开展人社局长拓岗行动。莆田市局每位领导班子成员根据自己挂钩的县(区、管委会)走访企业,征集岗位及时向社会公开发布。各县(区、管委会)人社领导班子成员根据自己挂钩的乡镇、园区走访企业,征集岗位及时向社会公开发布。市局挂钩联系企业的负责同志走访所挂钩联系的"白名单"企业,征集岗位及时向社会公开发布。

(2)征集公务员、事业单位岗位。征集2023年公开考试招聘(招录)事业单位工作人员岗位和公务员岗位。考核引进一批高层次人才。

(3)充分挖掘国有企业岗位。协调国资部门,征集市属国有企业毕业生岗位信息,国有企业提供不低于50%比例的新增岗位用于招聘应届毕业生,并提供一定比例的专设岗位用于吸纳困难毕业生。

(4)鼓励民营企业吸纳高校毕业生。落实《关于强化企业用工服务保障十五条措施》政策,对民营企业新招用员工且稳定就业满3个月的,每吸纳一名应届高校毕业生和就业困难人员按照1500元/人标准予以补贴,稳定就业满6个月的再分别增加500元。

(三)高校毕业生服务基层行动

(1)征集2023年市级"三支一扶"计划、省级"三支一扶"计划岗位,推动毕业生到基层就业。

(2)开发一批基层公共管理和社会服务岗位,吸纳更多毕业生返乡入村就业,助力乡村振兴和城乡社区治理。

(3)开发一批公益性岗位安置毕业生就业。

(四)青年就业见习行动

(1)2023年计划新增毕业生就业见习岗位1000个。支持莆田市十二条产业链等企事业单位设立见习岗位，按标准予以就业见习补贴。

(2)加强就业见习基地管理。改进见习管理方式，各县区年前向辖区内就业见习基地征集见习岗位，汇总后在莆田市毕业生公共服务平台统一发布，接受见习人员报名。

(五)高校毕业生创业支持行动

(1)实施毕业生创业主体培育计划。创建十个省、市级大学生创业孵化基地，促进高校毕业生等青年创意设计成果落地转化，引导就业困难人员创办投资少、风险小的创业项目。组织开展好创业创新大赛等赛事活动，发掘一批创新型企业和项目，培育一批创业主体。

(2)实施毕业生创业服务赋能计划。开展“马兰花计划”创业培训，对符合条件的按规定予以创业培训补贴。组织创业培训讲师大赛，加强对创业师资人员的选拔培养。

(3)实施毕业生创业服务护航计划。组织创业导师走基层活动，对重点群体创业进行分类指导，开展形式多样的对接洽谈活动，为重点群体创业提供人力资源支撑。

(4)实施毕业生创业创新扶持计划。

①征集大中专毕业生创业省级资助项目、市级资助项目、“中国创翼”创业大赛项目，对获得省、市级优秀项目的予以3～10万元资助。

②开展小额担保贷款贴息。符合创业担保贷款申请条件的高校毕业生自主创业最高可申请创业担保贷款额度为30万元。创业担保贷款期限最长不超过3年。

③开展一次性创业资助。鼓励在校生及毕业5年内的大学生在我市成功创业(在莆田市领取工商营业执照或其他法定注册登记手续)的，正常经营6个月以上，可申请5000～10000元的一次性创业资助。

(六)莆籍学子“雁归工程”行动

(1)实施百校莆籍学子“雁归工程”。继续在全国百所高校聘用在校莆籍大学生，建立校园引才大使队伍，负责为莆田市企业引进招聘高校毕业生。

(2)用好用活产业人才地图。指导企业赴高校开展“招才引智”活动，发挥产业人才地图精准引进人才和高校毕业生作用。

(3)组织莆籍学子开展假期实习实践。组织莆籍学子赴莆田各基层党政机关、政府部门、科研机构等重要岗位进行实践，带动一批优秀莆籍学子返回家乡、建设家乡、奉献家乡。

(七)重点群体帮扶行动

(1)为离校未就业高校毕业生，特别是残疾人员等就业困难重点群体提供“1311”全方位服务。即1次职业指导、3次岗位推介、1次培训机会、1次见习机会。畅通线下和“未就业高校毕业生求职就业小程序”等线上登记渠道，把在本地登记和省级人社部门分解下发的未就业毕业生全部纳入实名制服务范围，做到不漏一人。

(2)为高学历毕业生和工科类毕业生提供“一站式”服务。依托高层次人才“一站式”服务窗口接收办理各类人才项目申报，对于新引进符合条件的毕业生，给予工作津贴补助、毕业生安家补助、引进工科类青年专业人才补助。

（八）就业技能提升行动

（1）落实“技能福建”行动，面向高校毕业生等群体开展企业职工岗前技能培训（不含简易培训）、企业职工岗位技能提升培训、就业技能培训。

（2）围绕莆田市十二条产业链发展需求，向市直各单位（含十二条产业链牵头和配合部门）、各县（区、管委会）以及重点行业企业征集 2023 年职业培训办班计划，对企业开展的职工职业技能培训，符合规定条件的落实职业培训补贴。

（3）开展技能竞赛，提升就业能力。开展“莆田工匠”职业技能竞赛等系列活动。

（九）灵活就业支持行动

（1）支持发展新就业形态。鼓励毕业生依托各类互联网平台自主创业，从事网络零售、线上教育培训、移动出行、互联网医疗、在线娱乐等新就业形态。

（2）对离校未就业高校毕业生实现灵活就业的，并以个人身份缴纳基本养老保险费或基本医疗保险费的，可给予不超过其按规定实际缴纳额的 2/3 的基本养老费或医疗保险费补贴。

（3）实施适应灵活就业人员特点的技能培训。支持各类院校、培训机构、互联网平台企业，组织开展开办店铺、互联网营销等新职业技能培训。

（4）加强零工市场建设。建立零工“即时快招”服务模式，优化零工快速对接流程手续，设立零工信息快速发布通道，组织流动招聘大篷车、定向招聘等活动，促进供需匹配对接。

（十）公共就业服务行动

（1）建设莆田市人力资源服务产业园（莆田市技术人才产业园）。发挥人力资源服务业促进就业、匹配供需的优势，完善市场化引才机制，推动招聘、培训等业态提质增效。鼓励人力资源服务机构为重点群体提供就业创业服务，按规定享受就业创业服务补助。

（2）加强线下招聘。组织分层次、分类别、针对性强的线下招聘活动，市内各类型线下招聘会对所有求职者和用人单位均免费开放。

（3）推进线上招聘。就业网站要与省级毕业生就业创业公共服务网实现数据对接，推动岗位信息省级归集发布、全省共享，努力为毕业生提供更多就业岗位信息。

（4）依托互联网、大数据做好全市普通高校 2023 届毕业生就业状况统计、核查与监测工作。

第二节　超星“学习通”使用手册

超星学习通是面向智能手机、平板电脑等移动终端的移动学习专业平台。用户可以在超星学习通上自助完成图书馆藏书借阅查询、电子资源搜索下载、图书馆资讯浏览，学习学校课程，进行小组讨论，查看本校通讯录，同时拥有电子图书、报纸文章以及中外文献元数据，为用户提供方便快捷的移动学习服务。我院从 2017 年开始在全院推广“学习通”平台，提倡师生在教学中广泛应用。本册中使用的截图均为演示模拟图片，与实际单位、组织或个人无关。

一、单位账号登录

(一)下载安装超星学习通

方式一:手机应用市场搜索学习通 App,下载并安装。方式二:用微信扫描二维码下载,请选择在浏览器打开,如图 1-1 所示:

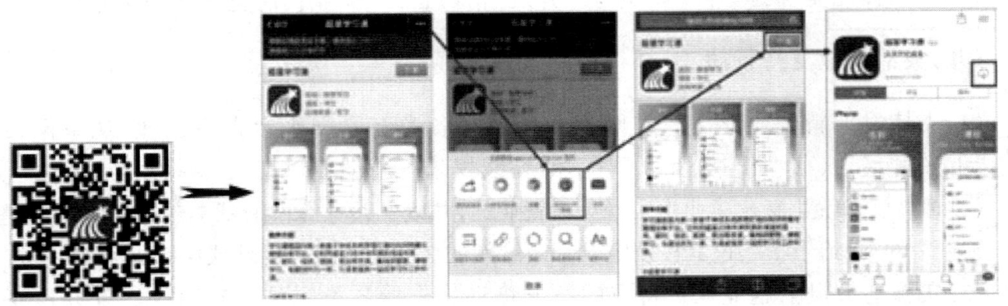

图 1-1　下载安装超星学习通

(二)登录超星学习通

点击右下角“我的”,再点击“请先登陆”,进入登录界面后,选择右下角“机构账号”的登陆方式,输入学校全称,教师输入工号,学生输入学号,初始密码为 123456,点击登录即可。(图 1-2)

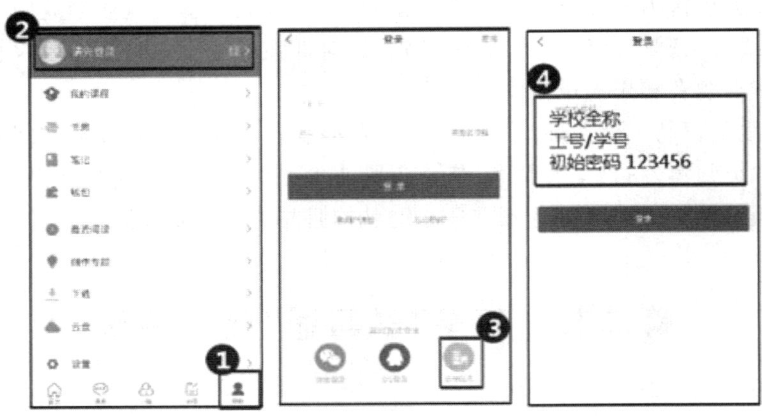

图 1-2　登录超星学习通

(三)输入邀请码

点击首页右上角“邀请码”,输入相应的课程邀请码。课程邀请码由负责此课程的老师在学习通教师端生成。(图 1-3)

图 1-3　输入邀请码

二、首页

(一)找资料

在搜索框中输入相应的关键词,系统会自动推荐与这个关键词有关的词条、专题、期刊导航、学术期刊、大众期刊、电子书、图书书目、学术视频、学术趋势、报纸杂志、图书全文、外文期刊、课件、文史资料等相关资源。(图 1-4)

图 1-4　找课程

(二)我的课程

点击“我的课程”,即可进入自己的课程界面,点击自己要学的课程开始学习。

1.点击“课程章节”,开始学习课程内容,橙色小球内的数字代表本章节有多少个任务点,全部任务点学习完毕,小球会变成绿色。(图 1-5)

2.点击“活动”,完成老师发布的签到、抢答、选人、投票问卷、作业测验等学习任务。(图 1-6)

图 1-5 我的课程

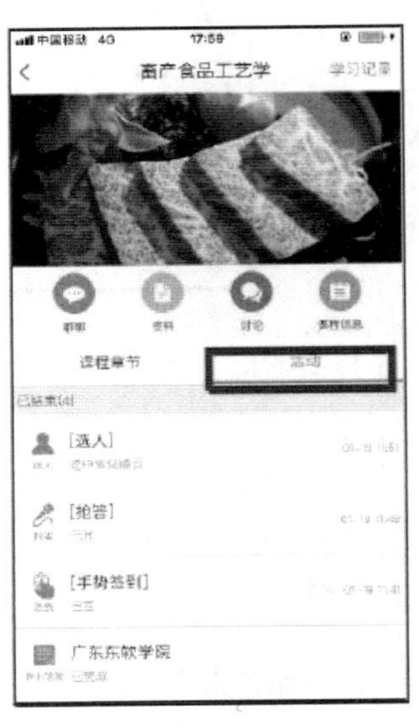

图 1-6 活动

(三)资源

点击“资源”,学习通提供了海量专题、图书、期刊等资源供同学们阅览和学习,资源可一键收藏到书房中。(图 1-7)

图 1-7 资源

(四)更多

“更多”中的所有模块可通过点击右边的“添加”一键添加至首页。(图 1-8)

三、消息

在消息板块,可以在最上方搜索框中输入人名来查找好友,可点击右上角的“+”新建文件夹管理聊天记录。(图 1-9)

1.“回复我的”:参与话题讨论,别人的回复会在此处显示;

2.“通知”:老师发布的课程通知、参与的小组发布的通知可以在这里查看;

3.验证信息:若有人希望添加你为好友,可在此处查看;

4.读书排行:系统每日统计一次昨日阅读时长,并根据时长进行排名。

四、小组

可在最上方的搜索框中查找兴趣小组,加入的小组若有新话题,相应的小组会显示会有【×条新话题】。可点击右上角的“+”号对已加入的小组进行分类管理,并且可以新建小组,邀请好友加入。

图 1-8 更多

图 1-9 消息

五、动态

类似于微信的朋友圈，点击右上角的“＋”号编辑笔记，可以在笔记中同时插入图片、录音、视频、文件、投票问卷、书房中的图书、红包、笔记、群聊、小组、直播、粘贴链接。可以选择笔记状态，一共有四种模式：“私有、公开、共享给好友、共享给指定人可见”。（图1-10）

六、我的

在“我的”版块中，包含了账号管理（点击头像即可进入账号管理界面）、我的课程（与首页“我的课程”相同）、书房、笔记（与动态相同）、钱包、最近阅读、创作专题、下载、云盘、设置。（图1-11）

图1-10　动态

图1-11　我的

（一）账号管理

点击自己的头像即可进入账号管理界面，可以点击相应的选项进行更换头像、选择性别、展示自己专属二维码、绑定手机号和邮箱、若未绑定学号则选择绑定学号，如果已绑定则会显示自己的单位及学号等信息。（图1-12）

(二)书房

在首页中收藏的专题、图书、期刊等资源可以在“书房”中查看，点击右上角的“＋”号可以建文件夹对收藏的资源进行分类管理，还可以通过批量编辑便捷地对资源进行整理。(图 1-13)

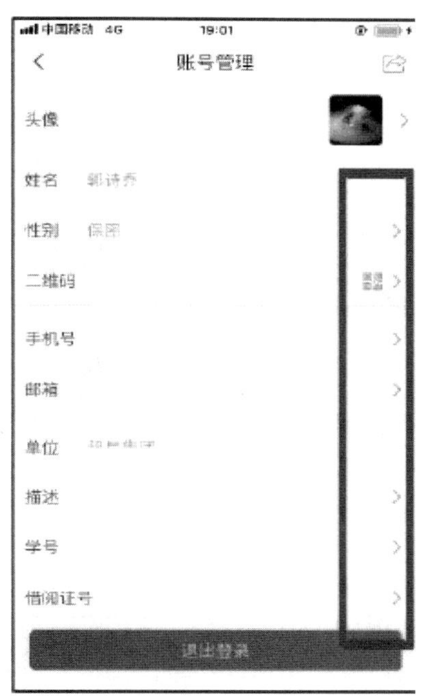

图 1-12　账号管理

图 1-13　书房

(三)笔记

可以在此处查看已发布的笔记，点击右上角的三杠，可以建文件夹对已发布的笔记进行分类管理，还可以通过批量编辑便捷地对笔记进行整理。(图 1-14)

(四)创作专题

点击右上角“＋”号，可以新建专题，建文件夹对专题进行分类管理和批量编辑。

(1)填入专题名称、作者和上传封面；(图 1-15)

(2)点击“添加章节”，增加目录，编辑内容。(图 1-16)

(五)云盘

点击右上角“＋”号可以上传手机文件和电脑文件，并且可以对云盘中的文件进行分类管理。(1)手机上传：安卓系统可以上传手机的文档和图片，苹果系统可以上传相册图。(2)电脑上传：按照提示步骤进行即可将电脑的文件上传至云盘。(图 1-17)

图 1-14　笔记

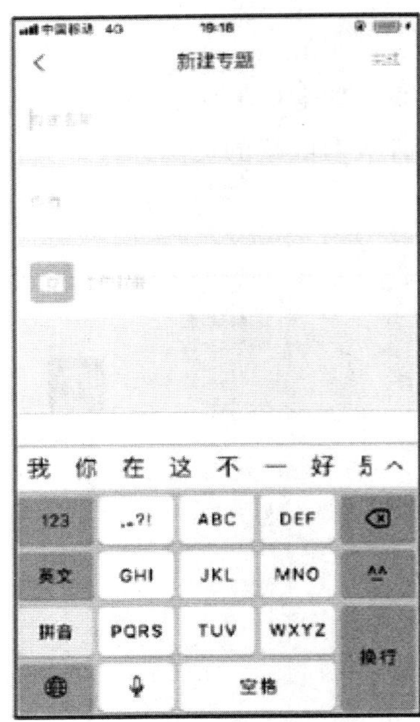

图 1-15　新建专题

图 1-16　添加章节

图 1-17　云盘

(六)设置

在设置模块可以管理自己的账号信息、修改密码、清理缓存、对自己的隐私权限进行设置和更新版本。(图 1-18)

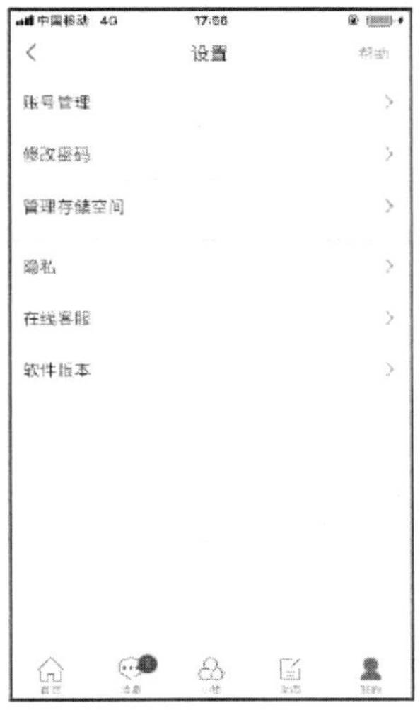

图 1-18　专题

自我检测

1.莆田的地理位置?

2.莆田的故事你知道多少?

3.莆田的哪些产业和自己的专业有关?

阅读拓展→

《莆田史话》
——带你了解莆田历史

作　　者:刘福铸

出 版 社:社会科学文献出版社

出版时间:2014 年 10 月

版　　次:1

开　　本:16 开

I S B N:9787509757505

包　　装:平装

内容推荐→

莆田地处东南沿海，历史悠久、人文鼎盛，素有“海滨邹鲁、文献名邦”之誉，也是闻名世界的“海上和平女神”妈祖的故乡。本书以史话形式，简明扼要介绍了莆田这个古府新市、这片“海西”热土一路走来的不平凡历程，全景式地展示了莆田深厚的历史底蕴以及现当代以来经济社会发展的方方面面，特别是改革开放以来取得的巨大成就。

作者介绍→

刘福铸，福建莆田人，现为莆田学院文传学院教授、《莆田学院学报》副主编、《中华妈祖》杂志编委等。长期从事地方语言、文化等方面的教学和研究工作，出版著作多部。

第二章　我思故我在

——给你一次重新认识自己的机会

学习导入

了解自己，挖掘职业兴趣，了解人格特点，探索职业价值观，定位职业能力，为职业规划夯实基础，是职业选择与规划的必由之路。通过学习本章内容了解自我认知的相关概念、内容和原则，明确兴趣、人格、价值观、能力与职业发展的关系。

第一节　我是谁

老子在《道德经》中说："知人者智，自知者明。"探索自我是职业生涯规划的起点，个人要想获得生活和职业发展上的成功，必须要有清晰的自我认知，了解自己的优势与劣势，才能按照成功的标准提高自身能力。知道自己适合做什么、喜欢做什么、能做什么、环境需要什么、做什么才能有成就感……这些比知道你要去哪里更重要。倘若对自己想做什么、能做什么都没有概念，将很难选择合适的职业发展道路。

一、自我认知的概念

自我认知(self-cognition)是自我意识(self-consciousness)的主要内容。意识，是对于意识活动本身的认识。广义上讲，意识是指人对自己的属性、状态、行为、意识活动的认识和体验以及对自身的情感意志活动和行为进行调节、控制的过程。在近代西方哲学界，一些哲学家赋予了这一术语更多不同的含义：在康德哲学中，自我意识即先验的统觉的同义语，指主体意识对于经验材料的综合统一功能；在黑格尔的哲学体系中，自我意识则被视为人类精神在主观精神发展阶段上介乎于意识之后、理性之先的特定的意识形态。

在心理学上，自我意识是对自己身心活动的觉察，即自己对自己的认识，具体包括三个层次：认识自己的生理状况(即生理的自我，如性别、身高、体重、体态等)、心理特征(即心理的自我，如兴趣、能力、气质、性格、价值观等)、自己与他人的关系(即社会的自我，如自己的生活角色、与周围人相处的关系、他人对自己的态度、自己在集体中的位置与作用等)。

·【提示】·

怎样进行自我分析?

1.自我反省：对自己的个性、兴趣、特长、不足等方面进行回顾和反省；
2.他人评价：征询家人、朋友、师长等人对自己的全面评价；
3.自我评估：采用各种工具对自我进行理性的评估；
4.心理咨询：与专业的心理咨询人员沟通，获取相对专业、科学的判断结果；
5.借助测评工具：利用测评技术，得到兴趣、价值观、能力等方面的职业发展建议。

从哪些角度进行自我认知? 

1.生理自我:身体、生理状态的认识体验,如身高、体重、容貌等;

2.心理自我:个性特点、心理品质,如智慧、能力、性格、气质、兴趣、爱好、意志等的认识和体验;

3.理性自我:思维方式,思维方法,道德水准,情商等。

自我认知,是指正确客观地认识和评价自我,是对自己的洞察和理解,包括自我观察和自我评价。自我观察是指对自己的感知、思维和意向等方面的觉察,自我评价是指对自己的想法、期望、行为及人格特征的判断与评估。

二、自我认知的内容

(一)了解个人所追求的生活形态

个人所选择的职业会影响其生活形态,不同的职业决定个人在什么环境下工作、和什么样的人共事以及每天的作息如何、休闲形态如何、家庭生活如何。因此,理清自己未来生活形态的理想,有助于自己做出主动的选择。

(二)了解自己的兴趣

无论是求学还是就业,适合自己的兴趣,则效率高而且能保持身心愉快;做自己喜欢的事,会感受到生活的意义和自己的价值所在。因此,在专业选择和生涯规划中必须要考虑个人对各种事物或活动的喜好。

(三)了解自己的能力

自己目前能做什么,不能做什么?在哪些方面比较突出?过去和现在,自己的哪些功课比较强,哪些比较弱?一般而言,社会上多数专门职业的就业能力都需要相当长时间的训练。

(四)了解自己的性格

所谓性格,就是个人对人、对己、对事务各方面进行适应时,在其行为上所显示的独特个性。了解自己这些性格上的特征,甚至个人的需求,将更有助于自己清楚且明智地选择职业。例如,善于人际交往的人适合行政、贸易与管理类的职业;文笔细腻、感情丰富的人适合选择文学、翻译的职业。

(五)了解自己的工作价值观

对于工作你看中什么?是待遇的高低,升迁的机会,继续进修学习,空余的时间,还是充分兼顾家庭。不同的职业,满足不同的人生价值,你希望在未来的职业当中得到什么,也是需要你不断探索的。

三、自我认知的原则

自我认知的原则主要包括适度性原则、全面性原则、客观性原则和发展性原则。

(一)适度性原则

适度性原则是指自我评价应该适当。不适当的自我评价不是过高的评价就是过低的评价:过高的评价往往使自己脱离现实,意识不到自己的条件限制,甚至狂妄自傲,由自信走向自负;过低的自我评价,往往忽视自我的长处,缺乏自信,过于自卑。过高或过低的自我评价,对自己的成长和职业生涯的规划都是不利的。

(二)全面性原则

全面性原则是指自我评价应该全面:既要看到自己的优点和长处,又要看到自己的缺点和不足;既要对自我某一方面的特殊素质进行具体评价,又要对其他各个方面的整体素质进行综合评价;既要考虑到全面的整体因素,又要考虑到其中占主导地位的重点因素。

(三)客观性原则

客观性原则是指自我评价应该客观。尽管是自己对自己进行观察、分析和评价,但毕竟需要以客观事实作为基础和依据。人贵有自知之明,"自知"的可贵之处,在于自知的不易。

(四)发展性原则

发展性原则是指在做自我评价时,应该以发展变化的眼光看待自己。自我评价不但应当对自己的现实素质作适当、全面、客观的评价,而且应当着眼于未来的发展变化,预见性地估价自己将来的发展潜力和发展前景。

四、自我认知的方法

(一)正式评估——测评(测量、测验)

测评是运用现代心理学、测量学、管理学、社会学、统计学、行为科学及计算机技术于一体的综合技术。

各种测评有明确的实施、计分、解释规则的评估手段,一般结构性较强。

正式评估的好处是:(1)可以减少无关因素对测量目的的影响;(2)以相关理论为依据,有标准化的实施方式和分析方式,便于对不同人的测评结果进行比较和交流;(3)同一测评工具可以用于许多人并可以反复使用;(4)有严格的评估实施程序,看上去专业客观,增加信任感。

测评的实施应注意：(1)应挑选适当的时间进行测评，避开有压力、身体不适或特殊情况时；(2)提供安静而不受打扰的环境；(3)要求尽可能使用第一反应作答，避免长时间思考；(4)测评时要一次性完成，不要中断。

(二)非正式评估——主观评价

非正式评估是从个人资料中归纳出经验，进行分析；实施过程比较灵活，没有统一的答案，要依据个人或他人(咨询师)的经验和职业技能来对结果和资料进行分析和解释，分析结果可能会更贴近参与者。

非正式评估的方法，一种是进行自我反省、比较、分析；另一种是听取别人的评价或进行咨询。

下面介绍认识自我的三条渠道：

1.从我与人的关系认识自我

人在社会，避免不了要与人交往，他人就是反映自我的镜子，与他人交往，是个人获得自我认识的重要来源。

通过他人了解自己。大文豪苏轼写过："不识庐山真面目，只缘身在此山中。"认识自己有时候的确比较难，一般来说，当局者迷，旁观者清，周围的人对我们的态度和评价能帮助我们认识自己、了解自己。我们要尊重他人的态度与评价，冷静地分析。对他人的态度与评价我们既不能盲从，也不能忽视。

我们不妨先从家庭中的感情扩展到外面的友爱关系，进入社会又体验到人与人之间的利害关系。有自知之明的人能从这些关系中用心向别人学习，获得足够的经验，然后按照自己的需要去规划自己的前途。但是通过和人比较认识自己时应该注意比较的参照系。

(1)跟别人比较的是行动前的条件，还是行为后的结果？比如，大学生来大学学习，如果认为自己来自农村，条件不如别人，开始就置自己于次等地位，自然影响心态和情绪，而大学毕业后，看行动后的成绩才有意义。

(2)必须明白，跟人比较是看相对标准还是绝对标准？是可变的标准还是不可变的标准？经常有一些人，认为自己不如他人。其实他们关注的可能是身材、家世等不能改变的条件，没有实际比较的意义。

(3)比较的对象是什么人？是与自己条件相类似的人，还是个人心目中的偶像或极不如自己的人？所以，确立一个合理的参照体系，明确一个合理的立足点，对于自我的认识尤为重要。

2.从我与事的关系认识自我

(1)通过自己的成就经验了解自己。通过自己所取得的成果、成就，从做事的经验中了解自己，也是一种学习。俗话说"不经一事，不长一智"，成败得失皆有宝贵经验，其经验的价值也因人而异。

(2)通过自己的失败经历认识自我。对聪明又善用智慧的人来说，成功和失败的经验都可以促使他们再成功，因为他们了解自己，有坚强的人格特征，善于学习，因而可以避免重蹈失败的覆辙。

(3)从自己的成败经验中获得自我意识。对于某些比较脆弱的人来说,失败的经验更使其失败。他们往往不能从失败中学到教训,改变策略追求成功,而且挫败后形成怕败心理,不敢面对现实,更不要说去应付困境或挑战,因而失去许多良机;而对一些自大狂而言,成功反可能成为失败之源,他们可能侥幸取得成功,但却因此骄傲自大,以后做事便自不量力,往往遭遇失败较多;还有的人成长道路过于顺利,有家世背景,但一旦失去"保护源",便一蹶不振,不能独立地生活。因此,一个能够通过自己的成败经验获得自我意识的人,便是一个可以不断进步的人,但由成败经验中获得的自我意识也要细加分析和甄别,这样,他才有成功的希望。

3.从我与己的关系中认识自我

古人曰:"吾日三省吾身。"就是说通过自我观察认识自己。要认识自己,我们必须要做一个有心人,经常反省自己在日常生活中的点滴表现,总结自己是一个什么样的人,找出自己的优点和缺点。自我观察是我们自我教育、自我提高的重要途径。

(1)自己眼中的"我"。个人实际观察到客观的我,包括身体、容貌、性别、年龄、职业、性格、气质、能力等。

(2)别人眼中的"我"。与别人交往时,由别人对你的态度、情感反映而觉知的"我"。不同关系的人对自己的反应和评价不同,它是个人从多数人对自己的反应中归纳出的统觉。

(3)自己心中的"我",也指自己对自己的期许,即理想我。我们还可以从实际的"我",自觉别人眼中的"我",自觉别人心中的"我"等多个"我"来全面认识自己。但是,对于现代社会人而言,虽然有多个"我"可供认识自己,但形成统合的自我观念比较困难。因为现代社会急剧变迁,改革开放后多元价值的影响,使现在的社会人的自我认识难以客观、全面,这需要加强自律,好好学习,天天向上。

表 2-1　正式评估与非正式评估的比较

正式评估	非正式评估
更客观	更主观
时间短	时间长
大多数需要专业人员的解释	需要自己或他人深入思考、分析
提供正式测评报告	无正式报告
信度、效度高,标准化	无信度、效度等,非标准化,谨慎得出结论

第二节　我的职业兴趣

卡耐基曾向一位轮胎制造业的成功人士请教成功的第一要素是什么,对方回答说:"喜爱你的工作。如果你热爱自己所从事的工作,哪怕工作时间再长再累,你都不觉得是在工作,相反像是在做游戏。"兴趣能够给人带来我们在才能或成就中所看不到的一些东西，这些东西就是人们想做的事情以及那些能使我们感到满意的事情。

一、兴趣与职业发展的关系

兴趣是指一个人力求认识、掌握某种事物并经常参与该种活动的心理倾向，或者说兴趣是指人积极探索某种事物的认识倾向。当兴趣的对象指向某一职业时，就称之为职业兴趣。如果我们从事工作时能产生兴趣和满足感，工作就会让人感到内心愉悦。

·【提示】·

直接兴趣与间接兴趣

直接兴趣是由于有意义的事物本身在情绪上引人入胜而引起的。例如，学生对生动的课、电影、歌曲等的兴趣就是直接兴趣。直接兴趣具有暂时性的特点。

间接兴趣是指对某种事物或活动本身没有兴趣，但对其结果感到需要而产生的兴趣。如有的学生对某些课程并不感兴趣，甚至感到乏味，但意识到学好这些课程对将来服务于社会有重要作用，因此刻苦学习，并对此产生兴趣。间接兴趣具有较稳定的特点，间接兴趣在一定条件下可以转化为直接兴趣。

大量研究表明，兴趣与工作满意度、职业稳定性和职业成就感之间都存在着明显的关联。兴趣是人们获得工作满意度、职业稳定性和职业成就感的重要影响因素。因此，职业生涯辅导也普遍将兴趣作为自我探索的一个重要方面，并研制出了多种量表来测量人们的职业兴趣。同时，对于工作世界的划分在很大程度上也是参照对职业兴趣的划分进行的。

职业兴趣与从事职业相吻合是最理想的情况。一个人如果能根据自己的爱好去选择职业生涯，他的主动性将会得到充分发挥。即使十分疲倦和辛劳，也总是兴致勃勃、心情愉快的；就算困难重重，也绝不灰心丧气，依然会想尽各种办法，百折不挠地去克服它，甚至废寝忘食。因此才有了“兴趣比天才重要”、“兴趣是最好的老师”之类的至理名言。

二、职业兴趣的分类

目前，人们对职业兴趣的分类大多参照的是霍兰德职业兴趣理论。霍兰德把人的职业兴趣看作是影响人与职业匹配的主要依据之一。他通过多年研究，提出人的职业兴趣主要有六种类型：实际型（Realistic）、研究型（Investigative）、艺术型（Artistic）、社会型（Social）、企业型（Enterprising）、常规型（Conventional）。同时，他从人格与环境相互作用的观点出发，将职业环境也分为相应的六种模式，不同的职业兴趣类型有与之相对应的职业环境类型。

(一)六种职业兴趣的特点

大多数人都可以被归类为六种人格类型中的一种。

实际型的人具有顺从、坦率、谦虚、自然、坚毅、实际、有理、害羞、稳健、节俭等个人特征,喜爱实际操作性质的职业或情境,拥有机械和操作的能力,但比较缺乏人际关系方面的能力;研究型的人具有分析、谨慎、判断、好奇、独立、内向、精确、理性、保守、好学、自信等特征,喜爱研究性质的职业或情境,拥有科学和数学方面的能力,但较缺乏领导才能;艺术型的人具有复杂、想象、冲动、独立、直觉、创意、理想化、情绪化、感情丰富、不重秩序、不服权威、不重实际等特征,喜爱艺术的职业或情境,有表达能力、创造能力,拥有艺术、音乐、表演、写作等方面的能力,重视审美价值与美感经验。

社会型的人具有合作、友善、慷慨、助人、仁慈、负责、善沟通、善解人意、富洞察力、理想主义等特征,喜爱社会性质的职业或情境,具有帮助别人、了解别人、教导别人的能力,但较缺乏机械与科学能力;企业型的人具有冒险、野心、抱负、乐观、自信、冲动、追求享乐、精力充沛、善于社交、说服他人、获取注意、管理组织等特征,喜欢企业性质的职业或情境,具有语言沟通、说服、社交、管理、组织、领导方面的能力,较缺乏科学能力,重视政治与经济上的成就;常规型的人具有顺从、保守、自抑、谦逊、坚毅、实际、稳重、重秩序、有效率等特征,喜欢传统性质的职业或情境,具有文书作业和数字计算方面的能力,重视商务及经济价值。

(二)六种职业环境的特点

同样在职业环境中,也存在六种类型的职业:实际型、研究型、艺术型、社会型、企业型、常规型。

实际型职业环境需要从业者多与工具、机械打交道,需要具备一定的技术操作能力,如修理机械、电化工具,能够驾驶车辆等,典型的工作场所为建筑工地、工厂、汽车修理厂等。研究型职业环境可让从业者发挥科学或数理方面的兴趣、能力,以寻求问题的解决,此工作环境鼓励工作者运用复杂和抽象的思考,创造性地解决问题,工作者亦需具备谨慎缜密和批判性思考、逻辑思考的能力,并需运用智慧独立工作。艺术型职业环境相对自由、开放,鼓励从业者创造性与个性的表达,以非传统的方式来表现自己。

社会型职业环境鼓励人们具有弹性,且彼此了解,帮助他人解决难题,教导他人,对他人表现精神上的关爱,且愿意承担社会责任,工作环境强调理想、友善和慷慨等人类基本价值,这类人多半存在于教育、社会服务和心理健康等专业领域中。企业型的职业环境促使从业者管理或说服他人,以达成组织或个人的目标,在此环境中,财物或经济上的问题很重要,有时需承担必要的风险,工作性质常与说服或销售有关,并且需提供升迁机会,以获取更多权力、地位和财富。常规型的职业环境充满了组织和计划,要求从业者有一定的文书技巧、组织能力及听取并遵从指示的能力。

每个人都在寻找一种环境,能够运用他的技能和能力,表达他的态度和价值观,处理适当的问题和承担一定的角色。一般来说,最为理想的职业选择就是个体选择与其个性类型相一致的职业环境。如研究型的人在研究型环境中学习和工作,这称为“人职协调”。

当个人职业兴趣与职业环境特点一致时，将给个人带来较高的工作满意度、职业稳定性和职业成就感。反之，会导致无法决策、不满意的决策和缺乏成就感，产生迷茫、困惑、痛苦、对现状不满意、对未来失去希望等情绪，严重影响个人的工作和生活质量。

三、对职业兴趣的认识误区

明确个人的职业兴趣是职业生涯规划的重要依据之一。大学生在寻找职业兴趣过程中要避免以下几个错误观念：

1.把简单的喜欢、感兴趣当作是职业兴趣。有些人看了几本小说，就认为自己应当去从事作家职业；有些人喜欢打游戏，就觉得自己应该去学计算机，而真的换到这些专业时，才发现并不适合。职业兴趣是要与将来的工作相关的，只有想清楚自己要从事什么样的具体工作，并对工作的内容、职责、性质等特点有所了解，且乐于准备可以达到工作要求的知识技能时，才谈得上是真正的职业兴趣。

2.从事自己感兴趣的工作，就意味着轻松愉快。做自己感兴趣的工作是快乐的，甚至可以激发工作热情，但并不一定轻松。实际上，不管何种工作，都要付出努力和辛劳才能取得成就、做出成绩。另外，有的时候坚持自己的职业兴趣，还要付出经济报酬和社会地位的代价，毕竟不是所有人都会对待遇高、地位高的职业感兴趣。

3.不是自己感兴趣的工作就不做。能从事自己有兴趣的职业是每个人的理想，但职业选择除了兴趣以外，还要综合考虑性格、能力等问题，这也是理想与现实的差距和矛盾。调查显示，约有60%的大学生正在就读自己不喜欢的专业，有50%的职场人正在做着自己不感兴趣的工作。但由于各种原因，大家也只能面对现实。因此，很多人需要在现实中追求自己的理想，立足于现实，把自己所不喜欢的工作做好，并在这个过程中培养兴趣、积累技能、寻找新的机会。

四、职业兴趣探索活动

我们可以利用霍兰德职业兴趣测评工具，来探索自己的职业兴趣倾向。下面这个探索活动也改编自霍兰德理论。

假如地球太拥挤了，我们准备移民到一个新的星球，这个星球由六个岛屿组成，每个小岛有不同的特点，上面的岛民也各具风格。请你选择一个岛生活，或许你会在这个岛屿生活很长时间甚至是一辈子，所以选择时请慎重。现在我们开始选择，下面是六个岛屿的描述：

A岛——美丽浪漫岛。

这个岛上到处是美术馆、音乐厅，弥漫着浓厚的文化艺术气息，岛民们保留着传统的舞蹈、音乐与绘画。许多文艺界人士都喜欢来到这里举行沙龙派对，寻求灵感。

C岛——现代井然岛。

处处耸立着的现代建筑，标志着这是一个进步的、都市形态的岛屿，岛上的户政管理、地政管理及金融管理都十分完善。岛民们个性冷静保守，处事有条不紊，善于组织规划。

E岛——显赫富庶岛。

该岛经济高度发展,处处是高级饭店、俱乐部、高尔夫球场。岛民性格热情豪爽,善于企业经营和贸易活动。岛上往来者多是企业家、经理人、政治家、律师等。这些商界名流与上等阶层人士在岛上享受着高品质生活。

I岛——深思冥想岛。

这个岛平畴绿野,人少僻静,适合夜观星象。岛上有很多天文馆、科技博物馆、科学图书馆。岛民们喜欢天天钻研学问,沉思冥想,探究真知。哲学家、科学家和心理学家们常在这里开会,讨论学术,交流思想。

R岛——自然原始岛。

这是个自然生态优良的绿色之岛。岛上不仅保留有热带雨林等原始生态系统,而且建立了相当规模的植物园、动物园、水族馆。岛民以手工制造见长,他们自己种植花果,栽培蔬菜,修缮房屋,打造器物,制作工具。

S岛——温暖友善岛。

这个岛的岛民们都性情温和,乐于助人,对人十分友善。大家互助合作,重视教育后代。每个社区都能自成一个密切互动的服务网络,处处充满着人文关怀气息。

现在,请写下你的选择。思考为什么做出这样的选择,并与霍兰德职业兴趣类型比较,看看自己属于哪种职业兴趣。

第三节　我的职业人格

人格是一个人在生活中对人、对事、对自己、对外在环境所表现出来的一致性反应方式。人格表现受环境的影响,是个体表现出来的独特而持久的特性。也就是说,人格是一个人习惯化的思维、情感和行为反映方式。

一、人格与职业发展的关系

人格和职业的最佳匹配会促使个人成为更有效的工作者。同一职业类型或团体中往往聚集着人格相似的人,比如销售行业的人大多性格外向,会计行业的人比较细心,教师行业的人乐于教导他人等。如果一个人所从事的职业与其人格类型是匹配的,他工作起来就轻松愉快、得心应手;反之则会不适应、困难重重,给个人和组织的发展造成影响。

·【拓展】·

季康子问:“仲由可使从政也与?”子曰:“由也果,于从政乎何有?”曰:“赐也,可使从政也与?”曰:“赐也达,于从政乎何有?”曰:“求也,可使从政也与?”曰:“求也艺,于从政乎何?”

这段话的意思是：鲁国大夫季康子曾向孔子打听他几个得意门生的才干。季康子问子路能否从政，孔子说，子路个性相当果敢，对事情决断得太快，而且下了决心以后，绝不动摇。决断、果敢，可为统御三军之帅，而决胜于千里之外。如果要他从政，恐怕就不太合适，因为怕他过刚易折。

季康子又问子贡能否从政，孔子说子贡太通达，把事情看得太清楚，功名富贵全不在他眼下，像这样的人，往往可以做大哲学家、大文学家。因为他有超然的胸襟，也有满不在乎的气概。但是如果从政，却不太妥当，也许会是非太明。

季康子又问冉求是否可从政，孔子说冉求是才子、文学家，诗、词、歌、赋、琴、棋、书、画，样样精通，名士气味颇大，也不能从政。

可见，一生仕途坎坷的孔子，对人格对于职业发展的重大影响已经有了深刻认识。

二、职业人格的分类

（一）卡特尔分类法

1949 年，卡特尔用因素分析法提出了 16 种相互独立的根源特质，并编制了《卡特尔 16 种人格因素测验》(16PF)。这 16 种人格特质是：乐群性、聪慧性、情绪稳定性、恃强性、兴奋性、有恒性、敢为性、敏感性、怀疑性、幻想性、世故性、忧虑性、激进性、独立性、自律性、紧张性。卡特尔认为在每个人身上都具备这 16 种特质，只是在不同人身上的表现有程度上的差异。

（二）塔佩斯分类法

20 世纪 80 年代，塔佩斯等人运用词汇学的方法对卡特尔的人格特质进行了再分析，发现了五个相对稳定的因素。提出了人格五因素模式，被称为“大五人格”。这五种人格特质是：

情绪稳定性：焦虑、敌对、压抑、自我意识、冲动、脆弱。

外向性：热情、社交、果断、活跃、冒险、乐观。

开放性：想象、审美、情感丰富、求异、智能。

随和性：信任、直率、利他、依从、谦虚、移情。谨慎性：胜任、条理、尽职、成就、自律、谨慎。

（三）荣格分类法

瑞士心理学家荣格根据两种态度——内倾与外倾，以及四种功能——思维、情感、感觉和直觉，将人格划分为八种类型：外倾思维型、外倾情感型、外倾感觉型、外倾直觉型、内倾思维型、内倾情感型、内倾感觉型、内倾直觉型。

三、职业人格探索活动

目前，对于职业人格的探索已经发展出许多不同的方法，其中应用最广泛的是基于荣格心理理论的“梅尔——理类型指标”，即 MBTI 测试。这个测试的依据是根据四个维度、八个向度将人格分为 16 种类型。

（一）内向（I）—外向（E）维度

该维度用于表示个体心理能量的获得途径以及个人与外界相互作用的方式，即个人的注意力多指向外部还是内部心理。内向的人倾向于将自己的注意力和精力指向内部精神世界，喜欢以安静的思考方式来加工信息；外向的人倾向于将注意力和精力指向外部世界，喜欢大量的活动，偏好于通过谈话讨论的方式来思考。外向型个体经常先行动后思考，内向型个人经常耽于思考而缺乏行动。

当思念朋友时——

I 型：好久没见，写封信表达一下思念之情……

E 型：好久没见，打个电话聊聊去……

你觉得自己的行为与哪种更相似？为什么那么做？

（二）感觉（S）—直觉（N）维度

这个维度表示个体在收集信息时注意的指向，是倾向于利用各种感官去注意现实的、直接的，还是更关注事件未来的可能性及事件背后隐含的意义。感觉型的人相信感官能告诉他们关于外界的准确信息，相信自己的经验；直觉型的人重视想象力，更注重未来，并努力改变事物而不是维持它们的现状。

当听说昨晚有 UFO 降临我市上空时——

S 型：绝对是胡说，昨晚我就在呀，没看见任何迹象……

N 型：UFO？外星人这么快就来拯救人类啦？我猜外星人既不是 ET，也不是长江 7 号那样的，没准就是……

你觉得自己的思维与哪种更相似？为什么那样认为？

（三）思维（T）—情感（F）维度

该维度用于表示个人在做决定时采用什么系统，是客观的逻辑推理还是主观的情感和价值。思维型的人通过对情境做出的客观分析来做决定，注重因果关系，很少受个人情感的影响；情感型的人常常期望自己的情感与他人保持一致，其理性判断的依据是个人的价值观。

当你与他人意见不同时——

T 型：直言不讳，认为对就是对，错就是错，不会隐藏，认为这样对解决问题更有利。

F 型：尽可能避免伤害对方的情感，认为有不同的意见放在私下交流好了！

你觉得自己的做法与哪种更相似？为什么那样做？

（四）知觉（P）—判断（J）维度

该维度用以描述个体的生活方式，即倾向于以一种固定的方式生活还是相对自然的方式生活。知觉型的人会不断地收集信息以使其生活保持弹性和自然，他们努力保持开放性，以便出现更好的事件；判断型的人则倾向于以一种有序的、有计划的方式对其生活加以控制。

当快要考试时——

P 型：时间还早，等到最后一周再好好复习吧！

J 型：还有一个月的时间，我得好好计划，安排下复习进度，不能到时候手忙脚乱的。你觉得自己的做法与哪种更相似？为什么那样做？

最后，将这四个维度的类型综合起来，即形成了你自己的人格特征，如 ISFJ 型、ENFP 型、INFJ 型等。

四、职业人格特征

ESTP：外向感觉情感知觉型。这类人灵活、忍耐力强、实际、注重结果；喜欢积极地采取行动解决问题，喜欢物质享受和时尚；但对理论和概念上的认识感到不耐烦。

ESFP：外向感觉情感知觉型。这类人外向、友善、包容，接受能力强；热爱生命，热爱物质享受，热爱学习新技能；喜欢与别人共事，富有灵活性、即兴性，易接受新朋友和适应新环境。

ENFP：外向直觉情感知觉型。这类人热情而热心，富于想象力，认为生活充满很多可能性；能够很快地找出事件和资料之间的关联性，而且有信心依照他们看到的模式去做；很需要别人的肯定，乐于欣赏和支持别人。

ENTP：外向直觉思维知觉型。这类人思维敏捷、睿智，能激励他人，勇于发言；能随机应变地去应付新的和富于挑战性的问题；善于洞察、理解别人，有发展眼光，不喜欢例行公事。

ESTJ：外向感觉思维判断型。这类人讲求实际，注重现实，注重事实；果断，能够很快做出实际可行的决定；能够注意日常例行工作的细节；有一套清晰的逻辑标准，会有系统地跟着去做，会以强硬的态度去执行计划。

ESFJ：外向感觉情感判断型。这类人富有热情，有爱心，尽责，合作；渴望有和谐的环境，而且有决心营造这样的环境；忠诚，即使在细微的事情上也如此；能够注意别人在日常生活中的需要而努力提供帮助，渴望别人赞赏他们和欣赏他们所作的贡献。

ENFJ：外向直觉情感判断型。这类人高度关注别人的情绪、需要和动机；能够看到每个人的潜质，并乐于帮助别人发挥自己的潜能；忠诚，对赞美和批评都能做出很快的回应。社交活跃，有启发别人的领导才能。

ENTJ：外向直觉思维判断型。这类人坦率、果断，喜欢作为领导者；很容易看到不合逻辑和缺乏效率的程序和政策，从而开展和实施一个能够顾及全面的制度去解决一些组织上的问题；这类人往往是博学多闻的；能够有力地提出自己的主张。

ISTJ：内向感觉思维判断型。这类人安静而严肃，能够专注且透彻地学习；实际，有责任感，逻辑性强，并能够一步步朝着目标前进；重视传统和忠诚。

ISFJ：内向感觉情感判断型。这类人安静而友好，有责任感和良知；能够坚定地致力于完成他们的义务；全面、精确、忠诚、体贴，关心他人的感受。

INFJ：内向直觉情感判断型。这类人希望了解什么能够激励他人，对人有较强的洞察力，乐于寻求思想、关系、物质之间的意义和联系。

INTJ：内向直觉思维判断型。这类人在达成自己的目标时，有创新的想法和非凡的动力；多疑、独立，对于自己和他人的要求较高。

ISTP：内向感觉思维知觉型。这类人灵活、容忍，有弹性，是冷静的观察者；但当有问题出现，能迅速行动，找出可行的解决方法；能够分析哪些因素可以使事情进行顺利，又能够从大量资料中找出实际问题的重心，重视效率。

ISFP：内向感觉情感知觉型。这类人沉静、友善、敏感和仁慈；欣赏目前和他们周遭所发生的事情；忠于自己的价值观，忠于自己所重视的人；不喜欢争论和冲突，不会强迫别人接受自己的意见和价值观。

INFP：内向直觉情感知觉型。这类人是理想主义者，忠于自己的价值观及自己所重视的人；外在的生活与内心的价值观配合；有好奇心，很快能看到事情的可能与否，能够加速对理念的实践。

INTP：内向直觉思维知觉型。这类人对任何感兴趣的事物，都要探索一个合理的解释；喜欢理念思维多于社交活动；在他们感兴趣的范畴内，有非凡的能力去专注且深入地解决问题；有怀疑精神，有时喜欢批评。

第四节　我的职业价值观

在许多场合，我们往往要在一些得失中做出选择，而左右我们选择的往往是我们的职业价值观。如是要工作舒适轻松还是只在乎高薪，要成就一番事业还是要安稳太平？当两者有冲突时，最终影响我们决策的是存在于内心的职业价值观，而我们有时对自己的价值观并不是很清楚。因此需要深入了解自己的职业价值观倾向，为自己选择理想的职业导航。

一、价值观与职业发展的关系

价值观是一种基本信念，带有判断的色彩，代表了一个人对于什么是好、什么是对、什么会令人喜爱的意见。由于个人的身心条件、年龄阅历、教育状况、家庭影响、兴趣爱好等方面的不同，人们对各种职业有着不同的主观评价。从社会来讲，由于社会分工不同，各种职业在劳动性质的内容、劳动难度和强度、劳动条件和待遇、所有制和稳定性上都存在差别，再加上传统的思想观念的影响，各类职业在人们心目中的声望地位也有好坏高低之分，这些评价都形成了人们的职业价值观，影响着人们对就业方向和具体职业岗位的选择。大量研究表明，个人总是倾向于选择那些能满足其价值观追求的工作。

·【拓展】·

大学生的不良职业价值观从理论上来说，价值观的差异没有好或者坏，而且价值观也无法预测职业发展能否成功，但对于大学生来说，不良的职业价值观确实会影响到他们将来的求职和就业。

1.过分注重薪酬和待遇

求职时把目标单位的福利待遇放在首位，并且作为考虑取舍的唯一标准，这样的职业价值观，常常忽视自己与职业要求之间的差距，其弊端显而易见。

2.期望工作趣味化

期望从职业中得到趣味化的享受。当工作做出成就时，个人会有满足感，但这并不意着工作与个人兴趣的完全对应。如果过分追求工作对心理乐趣的满足，个人将会对工作中一些琐碎或程序化的东西感到厌烦。片面要求工作多变、乐趣无限是不现实的。

3.要求工作有充足的自由和自主

在越来越看重个人表现的时代背景下，不少大学生都要求工作有充足的自主性，有足够的空间自我表现。因此对于那些需要从基层做起、从基础工作做起、按照他人要求做起的工作不屑一顾。无疑，这种想法或价值观会大大阻碍大学生职业生涯的发展。

4.一味希望工作提升技能

对于职业的成就实现目的要求过高，恨不得能通过几个月的工作就能成长为公司骨干，一味强调用人单位给予培训、晋升，表现得过于急功近利。职业技能的提升是个循序渐进的过程，有时是在无形中发生的，关键是自己日常工作中的努力用心。

二、职业价值观探索活动

职业价值观的探索可以通过一些简单易行的方法，如职业价值观测量、职业价值观清单，以及价值拍卖会等。下面以价值拍卖为例：

职业价值观拍卖——价值观探索活动

目的：协助澄清个人的职业价值观

道具：锤子，价值拍卖清单

过程：在下面的表格中，列有15个与职业有关的价值项目。请你根据这些职业价值在自己心目中的优先地位排序，1表示最重视，5表示最不重视，填在下表中的第一栏内。假设你手里有十万元，对于各个工作价值项目，你愿意花多少钱购买？请将自己预估的数额在下表中第二栏内填写。

注意事项：

1.不必每项都买；

2.拍卖时，如你想对某一项出价，起价不得少于一万元；

3.拍卖时，可以更动原定的价码，但如你想加价，每次加价至少一千元。

表 2-2　价值拍卖清单

职业价值项目	顺位	预估价	成交价	得标人	得标人承诺
1.为大众福利尽一份力					
2.追求美感与艺术气氛					
3.寻求创意，发展新事物					
4.独立思考，分析事理					
5.有成就感					
6.独立自主，依己意进行					
7.受他人推崇并尊敬					
8.发挥督导或管理他人的能力					
9.有丰厚的收入					
10.生活安定有保障					
11.良好舒适的工作环境					
12.与主管平等且相处融洽					
13.与志同道合的伙伴一起工作					
14.能选择自己喜爱的工作方式					
15.工作富有变化，不单调					

第五节　我的职业能力

能力是指顺利完成某种活动所必须具备的一种心理特征或心理条件，能力是个人职业选择和职业成功的基础。职业能力即是劳动者从事社会生产活动的能力，不同职业对人的能力有不同要求，能力制约着人们活动的领域与职业选择的范围。

职业能力是职业选择和发展中最为现实的方面，前面我们谈到的兴趣、人格和价值观，都是对职业的倾向和期望，而职业能力可以使我们的职业理想与现实有机地结合起来，使理想落到实处。因为，无论什么职业，总要有一定的能力保证，没有能力，也不可能有机会进入相关的职业领域。另外，一个人如果不能很好地评价自己的能力，错误地选择职业，将无法发挥出自身的潜力，也将一事无成。

总而言之，职业能力是胜任某种职业的必要条件，而相关的职业实践和培训是职业能力发展的前提；同时，职业能力也是个人发展和创造的基础，职业能力越强，越能给人带来好的工作绩效，从而进一步产生职业成就感。

一、能力的分类

人们的能力可分一般能力和特殊能力两大类：一般能力通常指智力，是那些完成各种活动都必须具备的某种能力，包括注意力、观察力等；特殊能力是在某些专业和职业活动中表现出来的能力，也可以称之为特长，如音乐能力、绘画能力、机械操作能力等。

(一)一般能力与职业

一般能力包括注意力、观察力、记忆力、思维能力和想象力等。不同职业对人的一般能力要求程度有所不同，比如律师、工程师、科研人员等对从业者的一般能力要求较高。个人的一般能力，即智力在很大程度上决定其所能从事的职业类型。

(二)特殊能力与职业

特殊能力是指从事各项专业活动的能力，如计算能力、音乐能力、语言表达能力、组织能力等。需要完成某项工作，除了要具备一般能力外，还要具有该项工作所要求的特殊能力，比如从事律师就要求有很强的逻辑推理能力和语言表达能力，而从事建筑工程师就要有较强的空间判断能力和一定的审美能力。

二、职业能力探索活动

(一)成就经历分析

每个人都是通过一次次或大或小的成就事件，来积累和检验自己在某方面的才能的。我们可以回顾曾经的成就经历，思考自己在哪些方面做出过成绩，而这次成功又运用了哪些方面的才能和技巧。这些成就事件和经历正是个人拥有的资历和能力的证明。通过记录、回忆和剖析自己的成就事件经历，我们可以充分挖掘自己的能力，找到那些常常被我们所忽略的个人才能。

你可以列举出自己的5～7个成就经历，这些经历可以来源于学习、活动、实习或实践，尽可能写出过程细节，并分析在此过程中运用了哪些能力。

(二)职业能力测试

为了探索自己的能力，或就你的能力而言判断某个特定的职业领域是否合适，可以借助一些能力倾向测验。能力倾向测验可以区分为多重能力倾向测验和特殊能力倾向测验。

多重能力倾向测验是由测试各种不同能力的分测验组成的，可以一般地了解人的潜能方向，而特殊能力测验只能了解能力的某一特殊方面的情况。

1.多重能力倾向测验

多重能力倾向测验最常用的是区分能力倾向测验(Differential Aptitude Tests，简称DAT)和一般能力倾向测验(General Aptitude Test Battery，简称GATB)。

DAT的8个分测验是单独施测、单独记分的，这8个分测验是：

言语推理(VR)——测量普通智能，采用文字形式的类比题目；

数字能力(NA)——测量普通智力，采用计算题，不用文字题，以避免受到其他无关能力的干扰；

抽象推理(AR)——测量非言语推理能力,亦属普通智力;

文书速度和准确性(CSA)——测量完成一件简单知觉任务的速度;

机械推理(MR)——测量对表现于熟悉情境中的机械和物理原理的理解力;

空间关系(SR)——测量想象和在心理上操作有形材料的能力;

拼写(SP)——指出拼写正误,测量英文水平;

语言运用(LU)——找出语法或惯用法错误,测量语文水平。

GATB最初由美国劳工部从1934年起花了多年时间研究打造,供国家就业服务机构的顾问们使用,可用来为中学生的专业定向和成功谋职提供帮助。目前全套测验包括12个分测验,总共可得到9个因素的分数,这9个因素是:

G.一般学习能力(智力):把测量V、N、X因素的三个测验(词汇、类比推理、三维空间)的分数相加得到;

V.言语能力倾向:由要求被试指出每一组词中两个意义相同或相反的词汇测验来测量;

N.数字能力倾向:由计算和算术推理两个测验测量;

S.空间能力倾向:由三维空间测验来测量,包括理解三维物体的二维表示及想象三维运动的结果;

P.形状知觉:由两个测验测量,一个是匹配画有同样工具的图画,另一个是匹配同样的几何形状;

Q.文书知觉:与P类似,但要求匹配名称,而不是匹配图画或形状;

K.运动协调:由一个简单的纸笔测验测量,要求被试在一系列方格中用铅笔做出特定的记号;

F.手指灵巧:由装配和拆卸铆钉与垫圈的两个测验来测量;

M.手的敏捷:由在一个木板上传递和翻转木桩的两个测验来测量。

测量F和M的4个分测验需要简单的用具,其他几个都是纸笔测验,前面7个测验有替换的复本,整套测验组的施测大约需要两个小时。

2.特殊能力倾向测验

特殊能力倾向测验是鉴别个体在某一方面是否具有特殊潜能的一种工具。这类测验最初是为了弥补智力测验的不足而编制和使用的,最早出现的特殊能力倾向测验是机械能力倾向测验。由于职业选拔与咨询的需要,各种机械、文书、音乐及艺术能力倾向测验纷纷出现,同时视力、听力、运动灵敏度方面的测验也广泛应用于工业、军事上的人事选拔与分类。

特殊能力倾向是相对于一般智力而言的,一些传统的特殊能力倾向,如机械和文书,现在都已并入某些多重能力倾向测验中。但特殊能力倾向测验还是很有必要的,这主要是因为多重能力倾向测验很少涉及视力、听力、运动技能及艺术才能等领域,因为它们的情况较特别,即使在多重能力倾向测验中包含有特殊能力倾向,有时也需要与学业能力倾向测验、特殊能力倾向测验结合使用,因为特殊能力倾向测验有广泛的常模和效度资料。另外,特殊能力倾向测验具有很大的弹性,既可以结合使用,也可以单独使用。

自我检测

1.自我认知的内容都包括哪些？自我认知的原则和方法是什么？

2.兴趣与职业发展有什么关系？职业兴趣分为哪几类？

3.人格与职业发展有什么关系？职业人格分为哪些类？

4.价值观与职业发展的关系是怎样的？

◆作业

给十年后自己的一封信。

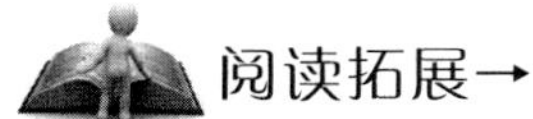

阅读拓展→

《商业模式新生代》
——一张画布重塑你的职业生涯

作　　者：[美]蒂姆·克拉克，[瑞士]亚历山大·奥斯特瓦德，[比利时]伊夫·皮尼厄　著，毕崇毅译

出 版 社：机械工业出版社

丛 书 名：新经济必读丛书

出版时间：2012-7-1

版　　次：1

页　　数：243

开　　本：16 开

ISBN：9787111386759

包　　装：平装

编辑推荐→

教你正确认识自我价值，并快速制定出超乎想象的人生规划。

一本实用且发人深省的作品。你只需把关注点从个人技能转移到价值服务，即可设计出充满满足感的人生。

内容推荐→

★你是否梦想全新的职业发展机会和生活机遇？

★我们都会有这样的梦想，只是大多数人缺少进行自我设计的结构化方式。日新月异的商业模式变化，使我们面对着前所未有的重大职业和生活机遇。

★本书提出的单页式解决方案曾帮助全球数以千计的个人实现商业模式创新。它能有效地消除职业不确定感,为你带来巨大自信;它能以系统化的方式优化最重要的商业模式,实现个人商业模式的定制化。

作者简介→

★蒂姆·克拉克是 BusinessModelYou.com 网站个人商业模式运动发起人。作为一位教师、培训师以及经验丰富的企业家(曾有过价值数百万美元的商业收购活动成功和失败经验),克拉克写作编辑过五本关于企业经营、商业模式和个人开发的作品,其中包括国际畅销书《商业模式新生代》。他拥有商科硕士和博士学位,目前在东京筑波大学做访问教授。

第三章　我的职业我做主

——带你深度了解职业的秘密

学习导八

学习本章内容，了解环境认知的内涵及常规方法，明确职业性质，扫描工作内容，透视职业前景，把握行业动态。通过上一章及本章内容的学习，确定既符合自身条件，又满足自己兴趣，且适合社会发展需要的理想职业。

第一节　认识职业环境

认识自我、了解环境是大学生进行职业生涯规划的必修课。对职业环境的认知，要充分认识职业所处的社会环境、经济环境和法律环境，预测可能的发展前景。只有对环境因素充分了解和把握，才能做到在复杂的环境中趋利避害，使你的职业生涯规划具有可行性、可操作性、可实现性。

一、环境认知的内涵

感觉，是对直接作用于感觉器官的客观事物个别属性的反映。知觉，是在感觉的基础上，把过去的经验与各种感觉结合而形成的。感觉主要以生理机能为基础，而知觉是纯心理性的，具有较大的个体差异。知觉的主要心理特性，包括知觉的相对性、知觉的选择性、知觉的完整性、知觉的恒常性和知觉的组织性。

伊特森指出，个人是知觉系统的一部分，在知觉历程中，有时很难将个人与环境分离，而且知觉是由个人在环境中所做的事决定的。知觉也是速度和正确性两者之间彼消我长的交易。知觉历程是环境行为的核心，因为它是所有环境讯息的来源。环境可刺激感官，提供个人多于其所能有效处理的讯息。知觉与感觉不同，它可说是个人之过滤历程的结果。然而，它们都是知觉历程中所欲达到的目标。心理的知觉表征系统有助于软化这种必要的交易，也就是在透视点或概略的感觉讯息改变时仍能辨认可能的物体。

环境知觉是从对环境中个别刺激的加工开始的，通常会经过刺激的觉察、刺激的辨别、刺激的辨认和刺激的评定这一系列过程。汉尔森提出，环境知觉包括认知的（思维的）、情感的（情绪的）、解释和评价的成分。

随着接触时间的延长，个体对环境的知觉敏感性会发生变化。如果刺激恒定，反应越来越弱称为习惯化。这种习惯化与对环境的适应有关，而对变化的知觉则与环境刺激变化的快慢、可觉察性有关，即环境变化的快慢影响我们对环境变化的知觉。

环境知觉可以通过两个过程完成，一是自上而下的过程，即概念驱动；另一个是自下而上的过程，即数据驱动。

格式塔理论认为，我们的大脑以一种主动的方式对刺激进行建构，提出整体大于局部之和的原则。

功能主义理论则强调有机体对环境的适应，即生物个体要寻找能使它们有最大程度生存的机会。该理论比较强调知觉反应的先天性，认为人类天生具有知觉环境中对他们有功能价值的方面。

学习理论认为，我们的知觉不是先天决定的，而是必须学会知觉环境中的关键方面。

概率功能主义，即布伦斯维克的透镜模型，它是布伦斯维克用数学来描述个体知觉过程的一个模型。当对包含多维度刺激的大环境作判断时，我们会给不同的刺激线索赋予不同的概率值（权重），并对一系列分散的环境信息过滤，重新结合成有序统一的知觉。个体利用可能歪曲的信息对环境的真实特征作一可能性的判断。他强调知觉是一个概率计算的过程，受到个体差异的影响。

总之，认知在心理学上是指当感知过的事物重新出现在眼前时，觉得熟悉并确认是以前感知过的事物的心理过程。认知过程，是人与环境的交往传递机制的关键。环境认知（environment cognition）是有机体适应环境的基础，其对于有机体的重要性不言而喻。在心理学上，环境认知研究的是人们认识和理解环境的规律。它指人对环境刺激的储存、加工、理解及重新组合，从而识别和理解环境的过程。

·【拓展】·

个体认知地图的发生过程。儿童是一种“自我中心参照系统”，他们不能区分自己所看到的和别人所看到的环境的差别。随着年龄的增长，对周围环境探索经验的增加，儿童逐渐具有了“部分协调的参照系统”和“操作协调的和等级整合的参照系统”。到了7岁左右，开始具有了与成人差不多的认知地图。空间环境的表征需要4个连续发展的阶段，即：注意并记住路标；构建路标之间的路径；对一些路标和路径形成组块、群集；这些组块、群集再与其他特征一起整合进总体认知地图的框架中。

成年个体新的认知地图的获得。对于成年个体，到了一个新的环境，也会逐渐建立发展出认知地图。这个过程与上述儿童对环境发展出认知地图的阶段基本一致。不同在于成人到一个新的环境，首先会利用现成资源，帮助自己对环境的探索，从而有助于很快建立起这一环境的认知地图。

认知地图受到如下因素的影响：(1)环境熟悉程度。对环境越熟悉，认知地图就越完善，越清晰，细节越多，也越接近自然。(2)社会阶层对认知地图的影响。(3)在个体差异的诸因素中，认知地图的性别差异比较明显。在总体上男性的视空技能优于女性；在认知地图准确性与完善性方面结果并不一致；在认知地图所包含的成分的数量上，表现出女性的认知地图中路径较男性少，标志则更多。

二、环境因素分析

职业生涯规划需要充分了解相关的环境，职业环境分析，就是要认清所选职业在社会大环境中的发展状况、未来发展趋势等。可以通过评估环境因素了解其对职业生涯发展的影响，能够分析环境条件的特点，把握环境因素的优势和限制，从中找到制订个人职业生涯规划的依据。

(一)环境因素分析的作用

每个人都生活在一定的环境中,其成长与发展都与环境息息相关。俗话说,适者生存。在制订个人的职业生涯规划时,要分析环境的特点、环境的发展变化、自己与环境的关系、自己在特定环境中的地位、环境对自己提出的要求或挑战以及环境对自己的有利条件与不利条件等。只有对这些环境因素充分了解,才能做出与环境相适应的职业生涯规划,才能做到在复杂的环境中趋利避害,使自己的职业生涯规划得以发展与实现。

职业环境无疑是个人职业生涯发展的外部约束条件,只有充分认识到外部条件的影响,个人的职业定位才会更加合理和现实,脱离现实的规划和定位只会给求职者带来打击和失望。

(二)外部环境分析

职业选择的外部环境包括社会环境和行业环境。一个社会的大环境对职业的类别和职业发展前景影响极大,从而也影响到个人职业生涯规划、选择和发展。因此,在进行职业生涯规划时,首先应对社会大环境进行分析。

1.社会文化环境因素

社会文化环境包括教育条件和水平、社会文化设施等,在良好的社会文化环境中,个人能得到良好的教育和熏陶,从而为职业发展打下坚实的基础。

社会文化是影响人们行为、欲望的基本因素,社会文化反映着个人的基本信念、价值观和规范的变动。我国是一个大国,社会文化的复杂性决定个人职业选择与职业发展。大学生在进行职业生涯规划时,要考虑组织(企业)所在地的文化因素,主要了解的内容包括以下几个方面:(1)社会政策。主要是人事政策和劳动政策。(2)社会变迁。比如知识经济和信息化社会的发展。(3)社会价值观。价值观会随着社会的不断发展和进步而发生不同程度的变化,从而会影响社会对人的认识和对职业的要求。(4)科学技术的发展。科技的发展会带来理论的更新、观念的转变、思维的变革、技能的补充等,而这些都是职业生涯规划中不可或缺的要素。

2.人口环境因素

人口环境尤其是个人所在地区的人文因素对职业选择与职业发展有重要的影响。

在进行职业生涯规划时,要考虑以下几个方面:(1)人口规模。社会总人口的多少影响社会人力资源的供给,从而影响职业选择和职业发展的机会。(2)年龄结构。不同的年龄段有不同的职业价值观,在收入、价值观念、生活方式和社会活动等方面都存在着差异。(3)劳动力质量和专业结构。它会影响职业选择和职业发展的机会。(4)人口的城市化。我国的城市化进程正在加快,劳动力正在由农业转移到非农业;由于户籍制度的改革,户籍对就业的限制已经放开,对就业市场造成了重大的影响。(5)人口老龄化。人口统计数据表明,当前我国人口正在迈向老龄化阶段,这种老龄化趋势将推动医疗保健行业和社会服务领域的就业机会增多。(6)人口流动。近期,就业和职业发展的机会主要还是集中于东部沿海地区,但近几年中央开发中西部地区的战略会对中西部的发展产生一定的推动作用。

3.政治法律因素

当今社会具有政治制度和法律制度，这种政治法律环境对职业选择和职业发展有重要影响。大学生在进行职业生涯规划时，要了解以下几个方面：(1)政治环境因素。主要涉及国家的方针、政策，还包括教育制度、政治体制、经济管理体制、人才流动的政策等。(2)法律环境因素。指中央和地方政府的有关法律法规和相关规定。

4.经济环境因素

经济环境也是社会环境因素的一部分，主要包括四个方面：(1)经济形势。其对职业的影响是最为明显又最为复杂的。当经济高速发展时，组织处于扩张阶段，对人力资源的需求量增加。(2)劳动力市场供求状况。我国现在的状况是高级管理人才和高级技术人才不足，具有初级技能和无技能的劳动力供给相对充裕。(3)收入水平因素。(4)经济发展水平因素。

5.行业环境因素

在对职业所处的社会环境进行分析后，还应对职业所处的行业环境进行分析。因为，行业的环境将直接影响到企业的发展状况，进而也就影响到个人职业生涯的发展。

行业环境分析包括对目前所从事行业和将来想从事的目标行业的分析，主要有以下几个方面：(1)行业发展的现状和优势。首先，应了解自己所从事和将来想要从事的是什么行业，比如能源行业、电力行业；其次，这个行业在我国的发展趋势如何；最后，此行业目前存在的问题以及是否具有竞争优势。(2)国际、国内重大事件对该行业的影响，该影响是否能提供较多的职业机会。(3)行业的发展前景预测。从两方面进行分析，一是行业自身的生命力，二是考虑和研究国家对相关产业的政策。

(三)内部环境分析

在同样的行业中，有人越干越奋发向上，有人却兴趣低落，思索转换行业。其实，只有知道了什么行业适合自己，找到适合自己的环境，才能发挥才能，高效地工作。

对企业内部环境的分析主要包括以下几个方面：(1)企业实力。在激烈的市场竞争中，适者才能生存，只有适应环境、适应发展趋势的企业才能生存。(2)企业文化。企业文化决定了一个企业如何看待其员工，员工的职业生涯是被企业文化所左右的。(3)企业领导者的素质和价值观，其与企业文化和管理风格有直接的关系。企业主要领导人的抱负和能力是企业发展的决定因素。(4)企业制度。企业员工的职业生涯规划和发展，归根到底要靠企业管理制度来保障。

其他方面还有家庭环境因素、朋友和同龄群体环境因素等，都是环境分析中的一部分。

·【提示】·

大学生在找工作时，学历文凭、实践能力哪个更重要？用人单位与人才市场的专家给出了明确答案：大学生对所应聘职业的认识程度更重要。

“进入企业后，你打算如何做起？”很多用人单位对求职者提出这样的问题，就是想从求职者的回答中了解他对这份职业的认识程度。很多用人企业的负责人表示，求职者对所应聘职业以及相关工作清晰明确的认识比高学历更令他们欣赏。

学历、能力、对职业的认识已成为求职的几大要素。毕业生在进入工作后不断会出现的情况，使用人单位在招用新人时变得更理性。想要获得工作，首先要对欲从事职业拥有清晰的认识。从用人单位对求职者职业认识程度的重视可以看出，就业市场和用人单位正在逐渐趋向成熟。

三、了解职业环境的常规方法

职业认知的方法有很多种，可以根据自己的实际情况选择适合自己的方法。简单来说，个人进行职业探索通常采取查阅资料、职业咨询、参观实习的方法。

·【拓展】·

认识职业的主要途径

1.出版物，数据专著论文；
2.视听媒介，电视报纸；
3.教育材料，工具书；
4.计算机网络；
5.专家访谈；
6.直接观察，访问工作现场；
7.直接实习兼职。

(一)查阅资料

查阅资料，是将个人希望了解的职业方向，通过网络、书籍、期刊及有关声像资料，进行初步查阅。首先，选定各种典型职业，进一步对其入门所需的基本条件，如学历、资格证书、身体条件等进行查阅；通过查阅使自己对胜任此工作所需要的知识、技能、生理条件及个性特征有一个初步的认识，对该职业的生存环境及发展前途和个人循此发展可能取得的职业成就等形成初步印象。现代社会网络极其发达，充分利用网络资源了解职业环境是进行职业探索的主要方法之一。

这种方法的优点是方便、快捷、信息量大、成本低，但同时也存在不足，间接、隔离的信息可能与现实感受有差距。

(二)职业咨询

针对大学生的职业咨询可以分为两类：一类是与相关的从业人员进行职业交流和讨

论，一类是寻求专业的职业咨询类的服务机构和服务人员。

通过和相关的从业人员交流，了解相关职业的知识、技能需求、待遇和发展前景。交流的职业内容主要是：工作性质、任务或内容，工作环境、就业地点，所需教育、培训或经验，所需个人的资格、技巧和能力，收入或薪资范围、福利，工作时间和生活形态，相关职业和就业机会，组织文化和规范，未来展望等。另外，还要提醒大学生们在与相关从业人员的讨论中关注如下问题：喜欢这个工作的什么？不喜欢什么？对自己进入这个领域有什么建议？

这种访谈法的好处是结果比较客观，对工作的要求也比较客观。进行职业交流讨论，意味着与别人共享对职业的探索结果。个人对职业的探索总有局限性，与别人一起讨论大家都感兴趣的职业问题，共享职业探索成果，会互相打消一些不现实或前景暗淡的东西，而共同发现更好的东西、更多的前进道路。

但是，由于访谈对象的不同，结果可能差异很大，有的人对职业比较积极，赞誉较多；有的人对职业比较消极，可能评价较低。因此，向专业的职业咨询服务机构和服务人员求助成为另一种可能。

目前我国职业咨询类服务粗具发展，进行职业咨询成为新鲜事物之一。向专业人士寻求帮助，走出求职择业的误区与困惑更为实际。

(三)参观实习

参观，是到相关职业现场短时间地观察、了解。通过参观，可以了解职业相应工作的性质、内容以及职业环境、氛围，获得实实在在的职业感受。但无法对职业的实质深入了解，易被营造的氛围迷惑。

更进一步是实习，即到职业场所进行一定时间的打工、义务劳动或教学实习、实践。实习是一种比较全面地了解职业的方法。实习可以更深入、更真实地对职业的工作任务、工作要求、工作环境及个人的适应情况进行了解、判断，可以了解工作的程序、报酬、奖罚、管理及升迁发展的各种信息，还可以通过与工作人员的实际接触，感受职业对人的影响。

大学生可以利用各种实习机会，了解职业环境。实践出真知，通过寻求各种实习机会，在实践中探索职业环境更为直接和可靠。

第二节 职业解读

“了解职业信息，探索职业世界”对于大学生的职业生涯规划有着非凡的意义。了解职业和职业环境，才懂得如何通过自身的修养不断提高自己的职业道德素质；才懂得如何融入企业文化，从而发挥出自己的最大才能；才能结合适合自己的职业塑造职业形象，从而确立高尚的职业理想，树立正确的择业观念，培育健康的就业心理，正确地选择职业，成功地走向社会。

《现代汉语词典》将“职业”解释为“个人在社会中所从事的作为主要生活来源的工作”。

从社会学的角度界定职业的概念，日本社会学家尾高邦雄认为，职业是某种社会分工或社会角色的实现，因此职业包括工作、工作的场所和地位。美国学者泰勒认为，职业是一套成为模式的与特殊工作经验有关的人群关系，这种成为模式的工作关系的结合，促进职业结构的发展和职业意识的形成。我国学者姚裕群认为，职业指的是人们从事相对稳定的有收入的专门类别的工作。这些界定强调了职业满足个人物质需求、维持个体生命与生活的功能，突出了活动与报酬的交互性。

从经济学的角度界定职业的概念，美国社会学家塞尔兹认为，职业是一个人为了不断取得个人收入而连续从事的具有市场价值的特殊活动。美国著名哲学家、教育学家杜威认为，职业是人们从中可以得到利益的一种“生活活动”。日本劳动问题专家保谷六郎拓展了职业的内涵，认为职业是有劳动能力的人为了生活所得而发挥个人的能力，向社会做贡献的连续活动。法国一个权威字典将职业定义为“为了生活而从事的经常性活动”。

综上所述，职业的合理界定应包括：从事职业的主体、职业的个体与社会功能、职业的时限以及职业的性质等要素。由此可以定义，职业是指具备劳动能力的个体，运用自身的知识、技能与态度，从事社会生产服务，为社会创造物质财富与精神财富，并获取合理的个人报酬，以满足自身的物质与精神需求的持续性活动。

一、职业的分类

所谓职业分类，是采用一定的标准和方法，依据一定的分类原则，对从业人员所从事的各种专门化的社会职业所进行的全面、系统的划分与归类。

一般来说，职业的分类是以工作性质的同一性为基础原则，对社会职业进行的系统划分与归类。职业分类的目的是要将社会上纷繁复杂、数以万计的现行工作岗位，划分成类系有别、规格统一、井然有序的层次或类别。职业分类体系主要通过职业代码、职业名称、职业定义、职业所包括的主要工作内容等，描述出每一个职业类别的内涵与外延。

通过职业分类，可以了解社会职业领域的总体状况，增强职业意识，有意识地不断提高职业素质。

（一）我国的职业分类

1999 年 5 月颁布并出版的《中华人民共和国职业分类大典》是我国第一部对职业进行科学分类的权威性文献。在深入分析我国社会职业构成的基础上，突破了过去以行业管理机构为主体，以归口部门、单位甚至用工形式来划分职业的传统模式，采用了以从业人员工作性质的同一性作为职业划分标准的新原则，并对各个职业的定义、工作活动的内容和形式、工作活动的范围等做了具体描述，体现了职业活动本身固有的社会性、目的性、规范性、稳定性和群体性的特征。

《中华人民共和国职业分类大典》将我国职业归为 8 个大类，66 个中类，413 个小类，

1838个细类(职业)(自《大典》出版以后,每年都要出增补版本,增补新增加的职业类型)。8个大类分别是:

第一大类:国家机关、党群组织、企业、事业单位负责人,其中包括5个中类,16个小类,25个细类;

第二大类:专业技术人员,其中包括14个中类,115个小类,379个细类;

第三大类:办事人员和有关人员,其中包括4个中类,12个小类,45个细类;

第四大类:商业、服务业人员,其中包括8个中类,43个小类,147个细类;

第五大类:农、林、牧、渔、水利业生产人员,其中包括6个中类,30个小类,121个细类;

第六大类:生产、运输设备操作人员及有关人员,其中包括27个中类,195个小类,1119个细类;

第七大类:军人,其中包括1个中类,1个小类,1个细类;

第八大类:不便分类的其他从业人员,其中包括1个中类,1个小类,1个细类。

(二)我国的行业分类

行业分类是不同于《中华人民共和国职业分类大典》的另外一种分类模式,主要是依据按经济活动性质的同一性进行分类的原则,即主要按企业、事业单位、机关团体和个体从业人员所从事的生产经营活动或其他社会经济活动的性质进行行业分类,而不按其所属行政管理系统分类。某一行业就其实质来说是指从事一种或主要从事一种活动的所有单位的聚合体。

我国2002年修订的《国民经济行业分类》对行业门类、大类、中类和小类进行了调整。新行业分类标准为20个门类,95个大类,396个中类,913个小类。主要分类如下:

(1)农、林、牧、渔业;(2)采矿业;(3)制造业;(4)电力、燃气及水的生产和供应业;(5)建筑业;(6)交通运输、仓储和邮政业;(7)信息传输、计算机服务和软件业;(8)批发和零售业;(9)住宿和餐饮业;(10)金融业;(11)房地产业;(12)租赁和商务服务业;(13)科学研究、技术服务和地质勘查业;(14)水利、环境和公共设施管理业;(15)居民服务和其他服务业;(16)教育;(17)卫生、社会保障和社会福利业;(18)文化、体育和娱乐业;(19)公共管理和社会组织;(20)国际组织。

二、大学生职业实践

罗素说过:“要购买房子,至少要到里面看看!”对于即将面临毕业的大学生来说,如果不到职场中去实践和锻炼一下,就不可能对职业环境有较为深刻的认识。

职业实践,是指实地学习或在实践中学习,也是我们通常所说的“实习”。与勤工俭学不同,它的直接目的并不是获得经济报酬,而是通过实践加深对职业环境的了解和认识,锻炼自身的技能,了解如何将自身所学应用到实际工作中去。

·【提示】·

了解职业的哪些方面?

1.工作的性质;
2.所需的教育培训经验;
3.要求的个人资质、技能和能力;
4.收入,薪酬范围和福利;
5.工作环境;
6.工作组织性质;
7.该职业中典型人群的人格特征;
8.就业发展前景;
9.个人满意度;
10.利与弊。

作为高等院校教学中的一个重要环节,职业实践是大学生步入职场的一个必要的过渡阶段,它既能不断深化学生对“社会”这一概念的理解,又能激发他们成为一名真正的职场人士的内在动机。因此,职业实践的价值在于:

(一)学以致用,理论联系实际

职业实践可以帮助学生将自己所掌握的理论知识运用于工作和生活实际,这不仅有利于加深对书本知识的理解和巩固,还能提高他们在理论知识的指导下观察、分析和解决问题的实际工作能力。无论是自然科学,还是社会科学,仅有书本知识是不够的,自然科学的成果只有运用于实践,才能转化为生产力。社会科学知识只有运用到实践中去分析问题、解决问题,才能吸收、消化和提高。例如:贸易专业的学生只有亲自参与进出口业务的具体操作,才能熟悉商务谈判、合同的订立、进出口单证制作、报关、结算等书本中学到的理论知识;金融专业的学生只有去银行、证券公司等金融机构实践,才能真正理解利息、股票、债券、资产重组的概念等。

(二)加深对职业和行业的了解,明确职业目标

职业实践可以为学生提供了解和熟悉实际工作的机会。只有在实际工作中,他们才能知道工作是怎么回事、自己更适合做什么、哪些知识可以应用到实际工作中、哪些知识还是自己所欠缺的、如何处理工作中的人际关系,等等,这些都将有助于他们更全面地认识自己和了解职业,明确自己的职业兴趣、职业能力、职业目标,从而做出科学合理的职业发展规划。

(三)实现从学生到职场人士的顺利转换

职业实践是学生从大学课堂走向社会的第一步。通过职业实践,学生可以初步完成从理想到现实的心理转换和从学生到职场人士的角色转换。顺利的心理转换可以减轻学生初入职场将要经历的现实冲击,完整的角色转换能为他们将来尽快适应新的工作岗位打下良好的基础。通过职业实践,能够帮助学生树立独立自主的意识,从而能够以更积极的心态参与到社会竞争中去。

(四)增强学生的求职竞争力

职业实践要求学生走出校园,进入社会,寻找感兴趣的或者合适的职业进行实际体验。在实践的过程中,学生将尽可能地倾尽自己所学和所能完成工作任务,实现工作目标,因此,职业实践为学生提供了一个充分展现自我才华和能力的舞台。通过这个舞台,学生们不断地累积实际工作经历,总结实际工作经验,从而为真正求职应聘做好充分的准备,同时也在无形中增强了自身的竞争力。

·【提示】·

职业实践的获取途径及注意事项

获取职业实践的途径:

1.充分利用校内外职业实践基地;

2.重点把握校园招聘这一环节,主动出击,积极争取职业实践机会;

3.抓住“实习生”招募机会;

4.参与各类职业、商业大赛、论坛等;

5.充分利用企业在高校开展的奖学金计划;

6.善于利用网络优势,不失时机地寻找职业实践机会;

7.其他。

职业实践的注意事项:

1. 签订职业实践协议,维护自身合法权益;

2. 端正职业实践态度,认真履行工作职责,为企业和自身负责;

3. 贴近专业瞄准职业,选择职业实践岗位;

4.在职业实践中探索个人职业目标和定位;

5.在职业实践中考察单位,熟悉职场“生态环境”;

6. 记得开证明,作为经历凭证。

自我检测

1. 认知的内涵是什么？环境因素分析都包括哪些内容？了解职业环境的常规方法有哪些？

2. 职业的分类是怎样的？大学生职业实践的意义是什么？

阅读拓展→

《认识自己》
——认识现在，规划未来

作　　者：姜翠平

出 版 社：中国经济出版社

出版时间：2011-1-1

版　　次：1

页　　数：217

开　　本：16 开

I S B N：9787513604055

包　　装：平装

内容推荐→

你认识自己吗？

当你听到这个问题的时候，是不是感到很惊讶呢？谁能不认识自己呢？

每一个人都希望自己的一生是幸福和成功的，是有效率的。只有真正清醒地认识自己，才有可能获得成功的人生。而认识自己，却是一件非常难做到的事。在急剧变革的今天，面对色彩斑驳、日新月异，认识自己更是件困难的事情。有句话说得好，“万千皆识，唯有辩自己”。

部分选读→

认识自己，既是一种能力和智慧，又是一种德行，一种高贵的人格境界，更是走向成功的第一步。

我们能够预测我们的命运，这种预测是建立在对自己的正确认识的基础上的。所以，发现自己身上具有的天赋才能，就是我们改变自己命运的前提。有人问古希腊犬儒学派创始人安提司泰尼：“你从哲学中获得了什么呢？”他回答说：“发现自己的能力。”

我们每个人每天忙忙碌碌，没有时间反省自己，常常被生活的实际问题所困扰，不知道自己还具有一种可以改变的能力，正是这种能力的获得，使人的思想和情感有了往高尚和纯粹境界提升的可能。

人缺乏认识自己的能力，也就是缺乏对自己的审查、怀疑、反省、忏悔的能力，缺乏深入探究事物真相和本质的能力。人便会被自己蒙蔽，稀里糊涂地虚耗和损害自己的生命，甚至给别人、给社会带来伤害。

认识自己，就是发现另一个自己，发现假面具后面一个真实的自己，发现一个分裂自己的各个部分，发现自己的局部、偏见、愚昧、丑陋、冷漠、恐惧，发现自己的热情、灵感、勇气、创造力、想象力和独特个性。实际上，一个人多多少少是分裂的，在分裂的各个自我之间进行平等、理性的对话，正是一个人的内省过程，正是一个人的悟性从晦暗到敞亮的过程。正如真理越辩越明，在各个自我之间的诉说、解释、劝慰乃至激烈的辩论中，人心深处的仁爱、智慧和正义感就可能浮出海面。

第四章 练好“内功” 拓宽职场之路

——提高你的就业综合素质

学习导入

就业是人生路上的一次重大选择，也是对综合素质的一次检验。通过本章的学习，了解大学生常见的不良就业心理，掌握大学生就业心理调适的方法，消除求职心理障碍，培养积极主动的就业观，了解职业道德的作用和原则，熟知我国的职业道德规范，掌握提高职业素质的途径和方法，树立正确的就业观。从心理素质到职业道德，就业准备，一个都不能少。

·【拓展】·

吴静刚刚从一所专科院校毕业,虽然学习成绩优异,但家庭条件已经不允许她继续求学,她只能选择加入求职大军中。为了找到一份理想的工作,吴静做了很多准备:按照从学长学姐那里得来的经验,制作出了精美的简历,并且忍痛从并不宽裕的生活费挤出钱来,对自己的外表精心修饰了一番。可以说,只要是求职时所应注意的事项,她全都照着做了。某个周末,她得知该地将举办一场针对应届毕业生的大型人才招聘会,对于求职心切的她来说,这是个绝不可错过的好机会。

招聘现场人满为患。由于事先已经做好了充足的准备,吴静很快便锁定了一家知名的高新技术企业。由于应聘该单位的人非常多,吴静只能耐心地等待,无意间听到应聘队伍中的两个大学生在低声交谈。从两人交谈中,吴静得知,这两名大学生一个是毕业于211工程院校的本科生,一个是毕业于985工程院校的研究生,相比吴静所毕业的专科院校,不知要高了多少个档次。而谁也不知道的是,正是这两个人无意间的对话,使他们轻易地击败了一个有力的竞争者。之所以吴静会选中这家企业,是因为她所学的专业和该企业招聘岗位所需要的专业一致,而她的自身综合素质较高,学习成绩优异,年年都拿一等奖学金,同时还在学生会担任干部。可以说这个职位就是为她量身定做的。然而吴静听到那两位求职者的对话后,感觉到人家都有那么高的学历和优秀的条件,而自己仅仅是一个专科毕业生,在这个职位的竞争中,自己已经输在了起跑线上,还是不要在这里浪费时间为好。想到这里,她悄然离开了招聘现场。

·【提示】·

这是一种不良就业心态。出现这种念头是因为不能正确认识和评价自己,导致出现不自信而逃避竞争的行为表现。认为自身学历低,竞争不过别人,不可能如愿以偿。因此,在别人没下定论之前,先给自己判了“死刑”,从而丧失了一个又一个良机。

就业心态是指大学生在涉及有关就业问题时,特别是在准备就业与寻求职业的过程中形成的具体的心理状态,如焦虑、情绪高涨、失落、信心百倍、犹豫不决等状态。大学生的就业心态与他们的个人品质、个人能力、职业价值观等较稳定的心理特征有关,也与就业时所遇到的情境有关,如竞争激烈或遭受挫折等。就业心态是了解大学生就业心理倾向、就业心理素质的重要渠道。大学生就业心理健康问题常常是通过各种不正常的就业心态表现出来的。

调整就业心理,树立积极的择业观,勇于面对竞争,这是成功求职的第一法宝。

第一节　求职需要积极的心理素质

随着“双向选择，自主择业”这一制度的建立与完美，企事业单位拥有越来越多的用人自主权，他们根据自身的需要挑选毕业生。而且，由于我国教育事业的日趋发达，高素质的人才日益增多，用人单位对毕业生的要求越来越苛刻，对毕业生的个人素质要求也越来越高。毕业生不但要掌握扎实的基础知识、熟练的专业技术和社会活动所必需的能力，更要具备健康积极的职业心理素质，加强对社会适应能力即“情商”的培养。

一、培养良好的求职心理素质

(一)培养多种能力，增强竞争意识

能力是一个人在知识、技能和智力基础上形成的个性心理特征，是人们参加社会职业活动的本领，也是求职就业的重要准备。

大学生要想在就业竞争中获得成功，仅有竞争意识是远远不够的，还必须具备相应的竞争实力，竞争实力是综合能力素质的体现，包括思想品德素质、专业素质、文化素质、身心素质等。竞争实力是在大学学习过程中逐步培养起来的，是在工作实践中积累的。在公平、公正的竞争原则下，竞争实力就是个人实现择业理想的资本。

每年全国几百万的大学毕业生在短短的几个月的时间内，集中实现就业，这对每一位毕业生来说都存在一定的压力。如果没有强烈的竞争意识，不把外在的压力变为内在的动力，没有主动竞争的思想准备和能力素质的积淀，显然是难以顺利就业的。

(二)确立正确的择业观

目前，中国大学生就业形势严峻，毕业就业压力大，这是不容置疑的事实。虽然大环境难以改变，可是每个人都可以充分发挥自己的主观能动性。调整好求职心态至关重要，应该用平常心去应对挑战，认清自我，摆正位置，这样就能避免浮躁不安和患得患失。平常心，是对求职过程中的一时成败淡然处之，是一种放眼未来、目光长远的心态，是一种脚踏实地的务实态度。在激烈的职场角逐中遭受一些挫折在所难免，年轻人多经历些风雨将积累更多人生的宝贵财富。

按一般人的职业生涯发展规律，人的职业生涯是一个时间段概念，一般而言(不包括跨行业“跳槽”)由职业准备期、选择期、适应期、稳定期、衰退期五个相互联系的过程组成，而选择期就是大学毕业后1～3年，适应期为3～5年，选择期的作用是在自我和环境分析的基础上选择适合自己的行业职业，确定目标；适应期主要是学会做事、学会共事、学会求知。毕业后3～5年正是职业的积累期，是离开校园步入社会的再学习期。大学生要有先就业后择业的观念，有做才能活，能活才能选。先生存，后发展。

有机会进入大城市、大企业固然很好，而到中小城市、中小企业也未尝不可，避开人才

竞争最激烈的地方，做“鸡头”也许比做“凤尾”更易脱颖而出。大学生最大的资本是年轻，失败后不要气馁，不要等机会和运气降临，要主动出击，不要放弃从基层做起的难得历练的机会，相信自己，是金子在哪个岗位都会发光。

(三)有主动求职、终生择业的心理

大学生应了解所学专业的培养使用方向和适用范围，注意收集社会发展各方面的用人信息，不断调整自己的知识结构，不断修正自己的职业意向和就业期望水平。用人单位对专业有一定的要求，但专业对口不是最重要的，他们更看重的是毕业生的发展潜能，特别是有过管理经历的学生干部非常受用人单位的欢迎。

择业是一个选择和被选择的过程，大学毕业生在求职过程中随时有可能被用人单位拒绝，但社会为毕业生提供的职业是很多的，只要勇于竞争、耐心选择、敢于决断，一定会找到用武之地。择业也是掌握自己命运的开始，对工作不满意或单位对自己不满意都有机会重新选择，只要有变换职业的能力，总有施展才华的地方。

(四)转换角色，适应社会需要

择业是人生角色的重大转换或改变。在正式走向社会之前，大学生需要自觉调整个人意愿与社会需求之间的矛盾或反差，避免理想主义，及时调整就业期望值，不刻意追求最满意的结果。要把社会需要作为出发点和归宿，以社会对个人的要求为准绳，去认识和解决择业问题，进而决定自己的职业岗位。在选择岗位时，要明确现实职业岗位的重要性和职业岗位工作的意义，把个人兴趣专长与社会实际有机统一起来，既要考虑个人因素，也要自觉服从社会需要，将自己的人生目标与社会的需要紧密联系在一起。不要被社会舆论、经济利益、从众心理等因素干扰，要根据自身的能力和特长，树立以事业为重的思想，避免贪图享乐和盲目择业，克服懒怠消极的心理。

(五)做好就业遭遇挫折的准备

求职过程是一个竞争的过程，有竞争就有风险。参与竞争就难免要受到挫折。对于就业竞争中的大学生来说，首先要对自己和就业形势有清醒的认识，预想到可能出现的障碍和挫折，积极应对；其次要注意提高应对各种突发事件的心理承受力，把挫折看成是锻炼意志、增强能力的好机会；再者要保持良好的竞争心态，用积极的态度、适宜的方法对待挫折，主动摆脱受到挫折后的颓丧情绪，要认真分析失败的原因，调整自己的求职策略，鼓足勇气，争取新的机会。

(六)提高情商水平，培养稳定的情绪

情绪是人在情感、意志、耐受挫折等方面的品质。心理学家们普遍认为，情商水平的高低对一个人能否取得成功至关重要，有时其作用甚至超过智力水平。心理学家们还认为，情商水平高的人具有如下特点：社交能力强，外向而愉快，不易陷入恐惧和伤感；对事业较投入；为人正直，富有同情心；情感生活较丰富，但不逾矩，无论是独处还是群处都能怡然自得。

·【提示】·

美国心理学家认为,情商包括如下几个方面的内容:
①认识自身的情绪,因为只有认识自己,才能成为自己生活的主宰;
②能妥善管理自己的情绪,即能调控自己;
③自我激励,它能够使人走出生命中的低谷,重新出发;
④认识他人的情绪,这是与他人正常交往、实现顺利沟通的基础;
⑤人际关系的管理,即领导和管理能力。

(七)克服依赖心理,实现真正自立

在我国,大学生在毕业前大多仍依赖父母、老师和学校的帮助,没有实现真正意义上的自立。因此,有些大学生在择业过程中缺乏自信,把希望寄托在“拉关系”“走后门”上;有的大学生甚至由家长出面与用人单位洽谈就业事宜。实际上,大学生应该意识到现实社会是一个竞争激烈的社会,是一个需要每个社会成员积极参与竞争的社会,应该充分认识到自己才是求职的主体,要发挥自身的积极主动性,树立起强烈的主体意识。

总之,面对人生的转折,大学生要做好充分的心理准备,顺应社会发展。古人云:“凡事预则立,不预则废。”只有未雨绸缪,才能临阵不乱。

第二节　消极心理的表现及调整

随着改革开放的不断深入,国家的就业政策也在不断地调整和改革,所以毕业生的就业心理也在发生着深刻的变化,呈现出多样化、复杂化的发展态势。

所谓心理素质,是指人的认识过程、情感过程、意志过程以及人的个性特性(气质、能力、性格)与个性意识倾向(需要、动作、兴趣、自我意识、价值观、人生观、世界观等)的具体特征。

心理素质之所以会对择业产生重大影响,是因为:首先它对确立求职目标起着重要作用,它决定一个人能否客观分析自我与正确认识自我;其次,它对求职目标的实现过程起着重要作用,它决定一个人能否顺利接受各种考验,如自荐、面试、笔试、竞争等;最后,它对实现求职目标起着重要作用,决定一个人能否挖掘潜力、施展才华、实现抱负。因此,在求职过程中,摈弃消极的求职心理素质,是务必要做到的一件事。

一、大学生常见的消极就业心理

(一)依赖心理

一些毕业生缺乏独立意识,应聘时总要拉父母、同学相伴,或一帮学友共同应聘同一单位,希望日后相互照应,这种无主见和魄力的毕业生是很难应聘成功的。或者是自己不着急找工作,整天想着攀附哪个亲朋好友的关系背景,送点礼找个工作,这样得来的职位恐怕也难以安稳长久。

→→→→→

【案例】

即将大学毕业的李某某是个比较腼腆的女孩,在学校举办的几次不同规模的招聘会上,李某某都要求父母到现场帮助择业。李某某在招聘会尚未开始时,就早早地到会场打听用人单位的情况,并在招聘会开始后,陪同李某某前往用人单位摊位前面谈。面谈过程中,向用人单位提问和回答用人单位提出的问题基本上都由父母代劳,李某某发言的时间远没有其父母多,结果谈了一家又一家,最终仍一无所获。不仅如此,在少数几次招聘会上,其父母没空来参加,李某某就显得有点六神无主,不是向班主任求助,就是找学校就业指导部门的老师帮助,但最终还是无功而返。

←←←←←

(二)恋乡心理

目前,有相当一部分毕业生恋乡恋土情结比较严重,不愿背井离乡出远门谋职,贪图离家近、环境熟、生活习惯、舒适安逸,这样很难拥有较多的工作机会,可能也会影响未来的工作发展前景。

(三)自卑心理

由于个人、家庭、社会等各方面的原因,大学生自我意识发展不健全,不了解自己,也不敢正视现实,在屡遭挫折后,一些大学生容易产生强烈的自卑心理,胆小畏缩,觉得自己处处不如人。然而,市场经济需要的是富于开拓精神和充满自信的人才,自卑心理是毕业生择业的最大障碍之一。因此,要正确评价自己,多找自己的长处,要经常对自己进行积极的心理暗示。

·【提示】·

你是否心存自卑?

自卑是心理问题主要的症结之一。大多数心理障碍的原因,都可以归结到自卑上来。我们不妨进行一个测试,请认真完成以下10道题。答"是"或"否"。

1.遇到难事,你想寻求帮助,但又不愿开口求人,怕别人取笑或轻视你。

2.当别人遇到麻烦时,你常会幸灾乐祸。

3.你喜欢向别人炫耀自己的能力和"光荣史"。

4.你认为学习成绩、工作成绩是很重要的。

5.你觉得入乡随俗是一件困难的事。

6.你觉得人的面子最重要,轻易认错是很失面子的行为。

7.你害怕见陌生人或到陌生的地方。

8.你常自问"我能行吗"这一类的问题。

9.你常觉得自己是不利处境下的牺牲品。

10.你是一个爱慕虚荣的人。

评分标准:答"是"得1分,答"否"得0分。

结果分析:

0~2分,你很有自信心,能与人和睦相处。

3~6分,你缺乏自信心,可能行事保守,缺少魄力,但这也许能使你安于现状,生活在一种平静无事的环境中。如果你认真反思一下,把你认为能做的事和想做的事列成表格,你会发现,事实上,你能做的事要比你想做的事多一些。

7~10分,你有一种强烈的自卑感,即使你在表面上自信、自负或自傲,但你很可能在自负和自卑之间徘徊。有时这种性格上的矛盾令你感到痛苦或害怕,你要想办法采取行动,消除自己的自卑感。

(四)自大心理

与自卑心理相反,许多毕业生有着一种"天下舍我其谁"的心理,认为自己各方面非常优秀,自恃有所长,在就业时往往以个人的主观标准去衡量社会需要,在职位、薪金等诸多方面要求苛刻,最终"高不成、低不就",错失机会;在工作过程中,有的大学生好高骛远,眼高手低,给用人单位留下浮躁、不踏实的印象;有的大学生则就业想法脱离实际,怕吃苦、讲实惠,不愿到基层和艰苦的岗位上去,就业目标与现实之间反差太大,屡屡受挫。

(五)攀比心理

在就业过程中,由于每个人生活的环境、家庭背景、能力和性格及所遇到的机遇是不尽相同的，因而在择业目标、职业选择上不具有可比性。而部分大学生争强好胜，虚荣心较强，容易产生攀比心理。有些毕业生讲“面子”，觉得自己在学校学习期间成绩比别人好，荣誉比别人多，“官职”比别人大，理所当然工作也应比别人好。殊不知很多用人单位并非以此作为评判人才的唯一标准。盲目的攀比心态会使毕业生延误就业良机。因此，应对自己合理定位，及时出击。

(六)仕途心理

受中国传统思想的影响，有些毕业生觉得“学而优则仕”，认为进入政界仕途才是人生的最高目标，因而千方百计往行政执法单位钻，不愿到企业部门就业。殊不知，实现人生价值的途径是多种多样的，可谓“条条道路通罗马”，而非“自古华山一条路”。

(七)从众心理

部分大学生不能客观地分析社会的需要，对自己的竞争能力缺乏信心，缺乏独立见解，不是从自己的实际情况出发做出切合实际的选择，而是人云亦云、亦步亦趋，见别人往哪里跑，自己就跟着去哪里凑热闹，因而在就业时产生了随波逐流的从众心理。以这种心态求职，往往会使自己陷入被动的境地。

(八)患得患失心理

职业的选择往往是对机遇的一种把握，错过机遇，将会与成功失之交臂。一些大学生在就业的过程中“吃着碗里的，看着锅里的”“这山望着那山高”，殊不知任何的患得患失都有可能与成功失之交臂。

(九)急功近利心理

现在，许多毕业生在择业上功利心太强，不考虑自己的专业特长、兴趣爱好，过分看重利益，一心只想去发达地区和工资高、待遇好的单位，为了满足眼前的物质利益不惜放弃自己所学的专业。从长远看，这样并非明智之举。

→→→→→

【案例】

盲目择业的遗憾

在沈阳市的一次大型招聘会上，毕业于某名牌高校的小何向浙江一家汽车公司申请一个机械工程师的岗位。他学的是机械专业，在大学期间各门功课都优秀，毕业后的五六年时间里，他从事过医药、空调、摩托车等产品的销售、品质主管，哪个工作容易找就找哪个，哪个行业来钱快就干哪个，换了六七个工作，但是从没有机械方面的工作经历。后来还是考虑要从事专业技术相关工作，但招聘方看了他的情况后认为，如果他毕业后较稳定地从事过机械方面工作，则正是公司需要的人选，月薪8000元也不在话下，但是因为没有这方面的工作经验，公司无法录用他。一句话说得这名曾经的高才生后悔不已。

←←←←←

(十)焦虑心理

一般来说,轻度的焦虑属于正常现象。适度的焦虑会使人产生压力,消除自身的惰性,增强自我的进取心,产生求胜的心理和行动。但是,如果被过度焦虑甚至沮丧的情绪长期困扰就会产生压抑、抑郁心理。有些毕业生认为当今社会就业形势严峻,自己的学历较低,专业不好,很难找到工作,陷入一种悲观焦虑的心理状态,以致在校学习期间没有上进心,得过且过。悲观焦虑容易导致择业失败,失败的体验又会加剧沮丧,造成更强烈的悲观焦虑。

二、克服消极的心理素质

大学生求职的消极心理素质问题如不及时有效解决,不仅会影响到求职者个人的未来发展,更会因此产生一系列的家庭及社会问题。因此,如何有效地克服毕业生求职时的消极心理素质,是有关方面应当予以高度重视和认真研究的课题。这不仅是毕业生自己的问题,更要从社会、学校、家庭等多角度去进行探讨。

(一)影响大学生就业心理的因素

1.求职者自身因素

人与人之间存在着个体的差异,不同的个体具有不同的能力、个性。在大学生择业过程中,这些个体差异均有可能引起心理障碍。具有较强能力的个体在择业中容易表现出自信、积极、勇于竞争的心理状态,但也有可能自视甚高,极端自傲;能力较弱的个体有可能出消极、等待、退缩的心理状态。有的大学生人格不健全,如抗挫折能力差、意志薄弱、竞争与进取精神不强、精神和冒险精神差;有的大学生重功利,轻奉献,重稳定,不敢选择有风险、有挑战性的职业,更不敢自主创业。

2.社会因素

(1)高校毕业生不断增长。由于近年来高校不断扩招,毕业生人数急剧上升,从而造成了毕业生的就业压力。而社会岗位的增幅远低于扩招的增幅,供需的矛盾日益突出,毕业生就业从“卖方市场”转向“买方市场”,导致就业竞争日趋激烈。竞争在名校和名校、重点院校和地方院校、学历层次之间全面展开,使毕业生在就业过程中承受巨大的压力。同时,随着社会主义市场经济的建立,国有大中型企业采取减员增效、下岗分流的政策,各级党政机关、事业单位也“精兵简政”,压缩人员,使就业形势更加严峻。

(2)社会变迁。随着我国改革开放的深入发展,社会的面貌也相应地不断改变。而经济全球化、人才国际化的国际大环境,又强烈冲击着原有的价值观。在社会转型、新旧交替的过程中,社会价值观出现了多元化,人们的需求表现出多层次、全方位的特点。而大学毕业生们正处于一个刚刚步入社会的阶段,对社会的了解不够深入,缺乏坚定的信念和深度的理性思考,容易受外界影响,价值取向趋向个人主义和功利主义,容易导致择业价值取向错位。处于这一环境中的大学生，在就业中极易心理动荡。

(3)就业机制尚不完善。当前就业市场发展尚不完善，社会上存在不少不规范的就业行为。存在着优秀毕业生不能优先就业、差生凭借关系找到好单位的现象；就业体系不完善，还存在不同程度的待业壁垒和地方壁垒。这些社会因素客观上给大学生就业带来重重压力，致使他们找到一份合适的工作实属不易，因此极易产生焦虑、急躁、急功近利的就业心理障碍。

因此，社会有必要去营造良好的求职择业环境与氛围。国家也要制定和颁布大学生(高职学生)求职相关法律法规，使毕业生依法求职、守法择业。政府主管部门要通过政策引导，规范和完善就业市场；要深化用人制度改革，发挥心理咨询机构的作用。

3.学校因素

(1)高校改革相对滞后。在社会飞速发展的时代，我国的高校改革因受多方面的限制而产生滞后现象，尚不完全适应时代的需要。大学生就业难和某些高校教育质量不高有密切关系。在社会对人才要求越来越高的今天，大学生容易感到“知识不够用”和“能力不足”，从而导致自卑和焦虑。因此，高校为适应社会新形势，进行专业结构、课程设置、教学内容等的改革，提高师资水平，加强学校的配套发展，培养符合社会需要的人才，就显得尤为必要和重要。

(2)就业指导工作相对滞后。在国外，就业指导已有悠久的历史，但在我国才刚刚起步。从国外的经验看，从幼儿园开始，学校就承担着系统的职业生涯辅导和职业教育任务，在进入大学之前，学生已经具备较强的理性思考和感性处理能力。而我国传统教育体系属于应试教育，一些大学没有职业规划和就业指导的课程设置，使得许多毕业生在步入社会时茫然失措，导致大学生择业过程中出现种种不适应问题。

因此，学校要加强大学生求职择业的指导和心理咨询工作。不仅要注重生源进口和专业教学，而且应注重生源出口，关注毕业生就业；要广泛深入宣传就业政策、法规和就业信息；要积极开设择业指导课，帮助大学生树立正确的择业观，保持良好的心态，掌握求职心理与艺术。

4.家庭因素

家庭是社会的细胞，家长是子女的启蒙教师；家庭的教育方法、家长的价值观念都影响着大学生的心理发展，因此大学生求职择业时会不可避免地受到家庭的影响。一些大学生的家长在传统思想和观念的支配下，不考虑子女的主观意愿，强行为子女设计自以为最好的发展路线，从而造成了家长与子女之间的矛盾；还有一些家长为了自己的子女能找到一份理想的工作，不惜一切代价动用自己的关系为子女就业铺路搭桥，安排工作，这一些大学生不再为择业而担心，从而助长了他们的依赖心理。

总之，通过各方面的共同努力与协作，解决好大学生求职择业心理素质问题，必将促进高等教育更加快速、健康地发展。

(二)克服消极就业心理的途径

1.就业心理调适

心理调适就是运用心理学原理和方法，促使自己的心理和行为积极变化的过程。它能帮助大学生迅速走出心理误区，有效排除心理障碍，从而以积极心态面对求职择业。主要有如下几种方法：

(1)松弛法。如呼吸松弛法：慢慢深呼吸，每分钟呼吸10～15次，一般进行20次以上。又如想象松弛法：运用想象力以愉悦身心，想象自己在沐浴阳光，聆听海浪的拍击声，或漫步幽径，品赏花香。

(2)暗示法。该方法又称"自我命令法"，即利用指导性短语自我命令，增强意志力，保持镇定。

(3)转化法。这是指把自己的情感和精力转移到其他活动(如郊游等)上面，求得心理平衡。

(4)宣泄法。这是指参加大运动量的活动，或向师友倾诉，以求一吐为快，宣泄情绪，放松心情。

(5)自慰法。退一步，海阔天空；想一想，来日方长。磨刀不误砍柴工。留得青山在，不怕没柴烧。

2.理性评价自己

"知己知彼，百战不殆""知人者聪，知己者明"。求职者首先要对自己的气质、性格、能力等进行正确评价。

(1)气质上，要清楚自己属于什么类型的气质，不同气质类型，适宜不同职业范围。一般来讲，胆汁质型宜从事应急性强、难度大、竞争激烈、冒险性大和风险性高的职业；多血质型适合从事多变的社会性工作；黏液质型适宜从事细致的工作；抑郁质型适合从事某一较深领域(如哲学)的研究工作。

(2)性格上，要考虑自己是属于内向型还是外向型。前者适宜选择概括性、抽象性较强的工作；后者心理活动倾向于外露，适合选择具有自我表现性、自我强调性、灵活性的工作，如记者。

3.客观看待社会

目前，我国仍处于社会主义初级阶段，社会生产力水平总体上较低，物质和文化生活还不够丰富，社会提供就业岗位有限，人才供求矛盾相对突出，市场经济体制仍在建立与健全之中。

4.合理确定目标

马克思说过："人们总是不能选择自己认为合适的那种职业。人们不能随心所欲地创造自己的历史，并且不会在他们自己选定的条件下创造，而是在直接碰到的、客观规定的、从过去继承下来的条件下创造。"大学生确立求职目标，应注意与客观现实结合起来，正如诺贝尔生物学及医学奖得主摩尔根所说："不要把志向立得太高，太高近乎妄想，没有人耻笑你，而是你自己磨灭目标，目标不妨设得近些。"

5.敢于竞争，矢志追求

当前，我国大学生就业实行双向选择、自主择业的制度，充分体现了公开、公平、公正的竞争法则。种子找沃土，自寻生长点。大学生应能根据社会需求，结合自身特点，自我设计，自我包装，自我推销，自我实现。敢于竞争，必须具有蓬勃向上的朝气，具有敢为天下先的勇气，要不断开拓创新，与时俱进；敢于竞争，必须扬长避短，避实就虚。敢于竞争，也意味着要充分做好就业准备，从招聘信息求职到材料，从专业技能到职业能力，从职业道德养成到心理调适，在大学期间，充分做好求职的各项准备。

美国作家斯奇特·派克曾说过："生活绝非易事。"大学生要清醒地认识到，在求职择业的道路上，不会一帆风顺，将会遇到诸多艰难、坎坷、挫折乃至失败。因此，大学生在择业过程中要做到"胜不骄，败不馁"。

·【链接】·

献给应届毕业生

1.人生不总是公平的，习惯去接受某些不公平吧。

2.这个世界不会在乎你的自尊，而是期望你先做出成绩。

3.你不会一离开学校就有百万年薪，你不会马上就成为公司的副总裁。

4.如果你觉得你的老板很凶，等你当了老板就知道了，老板是没有工作任期保障的。

5.如果你一事无成，不是你父母的错，所以不要只会对自己犯的错发牢骚，要从错误中去学习。

6.在你出生前，你的父母并不像现在这样忙碌，他们变成这样是因为忙着支付你的开销。

7.在学校里可能有赢家、输家，在人生中却还言之过早。

8.人生没有寒暑假，人生不是学期制，没有哪个雇主有兴趣帮你寻找自我，请用自己的时间来做这件事吧。

9.电视上演的并非真实人生。

第三节　让职业道德为职业生涯开路

党的二十大报告指出："提高全社会文明程度。实施公民道德建设工程，弘扬中华传统美德，加强家庭家教家风建设，加强和改进未成年人思想道德建设，推动明大德、守公德、严私德，提高人民道德水准和文明素养。"职业道德大到对国家与社会，小到对个人，都有重大意义。

职业道德是同人们的职业活动紧密联系的符合职业特点所要求的道德准则、道德情操和道德品质的总和。它既是对本职人员在职业活动中行为的要求，又是职业对社会所负的道德责任与义务。

职业道德是每个身处职场上的人都应具备的一种品质。这种品质不仅可以让求职者加大求职的成功率，更可以让你在工作岗位上受到领导及同事的好评，对将来的职业发展有着极为重要的作用。因此，毕业生有必要在求职之时，掌握关于职业道德方面的知识，这也是求职素质的一个组成部分。

一、职业道德的形成

职业道德是随着社会分工而逐渐产生和发展起来的。早在人类历史上第一次出现独立的社会形态即原始社会的时候,社会的分工便以最简单的形式开始了。其分工主要建立在性别的基础上。例如,男性要出去狩猎,要保护本部落的安全;女性要进行耕作、抚育孩子等。在共同的劳动生活中,逐渐形成了一些相互遵循的道德观念。人类生产力水平的提高,人类社会的不断进步,推动了社会分工的具体化。个体手工业和商业的出现,使分工和交换逐渐成为一种普遍的社会现象,于是职业开始产生,职业生活也日益活跃和复杂起来。封建社会自给自足的自然经济迅速瓦解,取而代之的是资本主义社会分工复杂的社会化大生产。

大工业生产的社会化决定了人们必须要依赖他人才能在社会生活中独立创造自己所需的各种物质和文化资料,个人对社会以及个人与他人之间的依赖关系日趋明显。进入现代社会,社会的分工和协作更加具体化和紧密,成千上万种新的职业不断涌现,伴随着各种职业而产生的道德规范也在职业生活的实践中不断得到修正和完善,并且继承了传统职业道德中人们普遍、共同要求的基本内容,经过一定的集中、提炼,从一般意识中分化出来,形成了比较系统和规范的道德原则,从而发挥它调节人们相互关系的作用。

职业道德的形成是社会分工的必然结果。社会分工结束了人们长期独立生活的模式,从而促使各种职业出现于社会上,分工愈来愈细,生产逐渐专门化,不断分化出新的生产部门,使人们从封闭状况的经济形态中走出来。生产的专门化发展改变了过去生产全过程由一个人独立完成的状况,使得任何生产的完成都必须依靠人们之间的相互协作、相互配合。在手工业和农业分工前,从事农业生产的农民既可以自己制作生产工具,又能够进行耕种。但是,随着社会的发展,从事农业生产的农民就要依靠他人提供生产工具,而从事制造业的人们又要依赖农民为他们提供生活资料。所以,分工不仅没有切断人们之间的社会联系,反而进一步密切了人们之间的联系,形成了各种各样的职业和行业,使社会关系通过各种职业和行业,以职业关系的形式表现出来。所以,一个能够适应、调整、指导这种关系的行为规范成为客观上的要求。

一般认为,职业道德的形成有两个基本条件:第一,各种职业的形成和社会分工的出现是职业道德产生的历史条件。从历史上看,职业道德的萌芽已经出现。第二,人们所从事的各种职业活动是职业道德产生的实践基础。人们在各种职业生活的实践中,不断认识着人与人之间的道德关系、个人与社会的关系,从而形成了自己与职业生活实践紧密相连的道德心理、道德观念、道德标准和道德理想。由于这些道德品质是在各种职业活动的实践中获得的,所以它带有明显的职业色彩。职业的不同,使人们所承担的职责也就不同,从而影响着人们对生活目标的追求和具体生活道路的选择,最终形成不同的职业理想。不同的职业和行业对社会有不同的责任、权利和义务,从而影响了人们的道德观念和对事物评价的道德标准。

综上所述,社会的分工和职业形成的需要孕育了职业道德,职业活动的实践发展了职业道德,职业道德维系着人与人、人与社会之间的各种关系,促进了社会的发展。

二、职业道德的基本特征

（一）针对性

职业道德是同人们的具体职业活动相联系的，是协调从事一定职业活动的人们的行为和意识的总和。因此，职业道德表现出职业的针对性。它是家庭影响和学校教育所形成的道德状况的延续，是在从事一定职业活动的人们中间进行的更高层次的道德教育，是道德意识和道德行为的成熟阶段。职业道德的内容是和职业的具体利益和要求紧密相连的，是建立在本职业务范围内的，其内容随着各种职业活动的实践不断丰富。职业道德具有较强的针对性，不同的职业道德，只能在本职业和行业中发挥效力。如医生的职业道德是救死扶伤，实行人道主义，待患者如亲人；金融业从业者的职业道德是廉洁奉公，不谋私利，勤俭节约，精打细算，严格遵守财会制度；科研工作者的职业道德是追求真理，勤奋刻苦，淡泊名利，公平竞争，团结协作，扶植新事物，尊重客观规律。不同的职业和行业，都有各自不同的职业道德的具体内容、具体目标和应当担负的具体责任。职业道德的针对性，决定了任何不同的职业道德只能有针对性地约束和指导本行业人员的职业行为，超出这种范围，职业道德就失去了作用。

（二）历史继承性

职业道德属于社会意识形态的范畴，受社会经济形态和政治关系的制约，随社会经济形态和政治关系的变化而变化。但职业道德又是一种特殊的社会意识形态，分析其产生、形成和发展过程可以看出，职业道德一部分是一定社会的共同生活对人们的职业行为提出的道德要求，在人们的长期职业实践中所形成的较为稳定的职业意识、职业心理、职业习惯和职业传统的基础上，产生和形成了较为稳定的行为规范。职业道德不具有时代特征和阶级特色，它通过传统习俗和内心信念来维系，可以延续不断，世代相传，以得到继承和发展。例如，古今中外，医生都把治病救人、商人都把买卖公平作为自己职业行为的道德准则。

（三）主导性

职业道德是社会道德体系中的重要组成部分，它的一部分是一定社会的共同生活对人们的职业行为提出的道德要求，而另一部分则是一定社会的思想家，根据一定阶级的意志和利益，对职业人员在职业实践中表现出来的思想、行为和品质进行总结、概括的结果，是一般社会道德和阶级道德在职业生活中的具体体现，具有鲜明的时代特征和阶级特色。尽管职业道德的某些具体内容不可避免地受职业传统的影响，沿袭某些职业习惯，不随社会经济形态和政治关系的变化而变化，但占统治地位的社会道德和阶级道德，却主导着职业道德的性质和发展方向。正因为如此，不同社会制度下的相同职业具有不同的性质和地位，有着不同的道德规范。例如，在剥削阶级占统治地位的阶级社会里，宣扬地主“养活”农民、资本家“养活”工人，在这种腐朽的道德观念支配下，剥削和压迫是道德的行为，反抗和斗争都被视为不道德的行为。

(四)多样性

社会各行各业为了贯彻一般社会道德原则,更好地调节人们在本行业职业生活和不同行业职业生活之间的道德关系,为社会提供优良的服务,树立良好的职业形象,维护行业利益,总是从本行业、本职业活动和交往的内容、方式出发,制定具体、易记、易行的行为规范,并通常以某种行业公约、规程、制度、条例、誓词、岗位责任、工作守则、员工须知等多样性的形式予以表述,具体而灵活,使本行业、本职业的全体从业人员容易接受和执行,并在职业生活实践中形成本行业、本职业所需要的职业道德习惯,成为全体从业人员自觉承担和履行的职业责任和义务。

由于职业道德有上述特点,所以必然会使一般的道德原则和道德规范在职业活动中发生作用,对从事职业活动的每个社会成员的思想和行为发生经常的、具体的影响,促进他们增强搞好本职工作的事业心和责任感,从而不仅积极钻研本职业务,而且还把自己的行为约束于职业秩序要求的范围内。

三、职业道德的功能

(一)规范功能

任何道德的社会作用都是在社会生活中通过对人们行为的规范来实现的,职业道德更是如此。社会职业团体和组织,要求每一个从业成员必须具备良好的职业道德,正确地认识自己对他人、对家庭、对集体、对社会、对国家应负的责任和应尽的义务,从职业道德意识、情感、意志、行为等各个方面,按照职业道德规范所要求的基本准则去修炼自己。只有这样,每个从业人员才能做到识大体、顾大局,尽心尽责,全心全意为人民服务,提高服务质量。因此,职业道德的功能,首先在于规范人们的职业品质和行为表现。

(二)协调功能

我们讲职业道德具有协调功能,可从以下两个方面来认识:

1.职业道德能够协调职业团体和社会组织的内部关系。职业道德规范不但要求从业者忠于职守、敬业乐业、精通业务、对技术精益求精等,同时对搞好同事之间、上下级之间的关系也有规定,如提倡团结合作,共同进步,尊重领导,爱护下属,谦和,力戒骄傲等。因此,一个职业团体或社会组织内部的每一个成员,如果都能遵守职业道德规范,具备良好的职业道德,一定能创建出和谐、融洽的职业生活氛围,使这个团体或组织充满活力,欣欣向荣。

2.职业道德能够有效地调节职业团体或社会组织之间、职业服务主体与服务客体之间的关系。社会的各种职业都与广大服务主体与服务客体之间的关系、与广大群众的切身利益密切相关,职业道德在调节各方面的关系上有着重要的作用。例如,职业团体或社会组织之间总存在着利益上的一致性,只有各方面都能严格履行相应的职业道德规范,这种利益的一致性才能得到体现与保证。又如,商业道德调节着营业员与顾客之间的关系,医务道德调节着医护人员与患者之间的关系，教师道德调节着师生关系等。如果社会各行各业的从业者都具有良好的职业道德情操，都自觉遵守职业道德规范，就能创造出良好的社会道德氛围，使人与人之间建立起平等、友爱、互尊、互助、共同进取的新型关系，促进社会成员良好道德品质的养成，推动社会风尚的净化。

因此，在现代社会里，任何职业团体或社会组织，在录用新进人员时，都很重视对职业道德的考察。同时，为了在激烈的竞争中立于不败之地，他们也很重视对其从业人员的职业道德的培养和教育。

（三）评价功能

职业生活中的道德评价，是指从事一定职业的人们，依据一定社会的职业道德规范对自己和他人的职业行为所做的善恶褒贬的道德判断。为了使人们在职业活动中建立良好的道德关系，使职业生活能有序地进行，职业生活中的道德评价是不容忽视的，这种评价是一种无形的、健康向上的精神力量，是扬善抑恶、调整人们职业行为的有力武器。从一定意义上讲，没有职业生活中的道德评价，也就没有职业道德的社会作用。有了具体的职业道德规范和准则以后，人们就能在职业生活实践中，对某种职业行为做出是荣还是辱、是善还是恶、是高尚还是卑贱的恰当评价，从而强化人们的职业道德意识，创造一个良好的道德氛围，净化人们的心灵，使每一个从业者都能在职业生活中不断提高自己的道德觉悟和道德水平，从而成为一个道德高尚的人，为社会做出更大的贡献。

（四）教育功能

职业道德的教育功能是职业道德功能的重要形式，这种教育功能，对业务工作的完成能起到道义上的保证作用。每一种社会职业都有其自身的业务和技术工作，建立健全一定的职业规章制度是十分必要的，但规章制度不可能面面俱到和包罗万象，规章制度虽有约束作用，但它代替不了对人们的思想教育和道德教育。职业道德教育就像是在人们内心深处进行“道德立法”和“灵魂立法”，这种“立法”一旦成为人们自觉的职业习惯，成为从业者稳定的内在品德，其作用远比规章制度大得多。它可以对人们的思想、行为产生长远的、深刻的影响，能从根本上激励和调动从业者的积极性和创造性，从而保证各项工作任务的顺利完成，创造出最佳的工作成果。因此，教育培养从业者良好的职业道德意识，使其具有良好的职业道德行为，形成稳固的道德品质，巩固其职业信念和职业习惯是十分重要的。

四、我国的职业道德基本规范

人类社会发展的各个历史阶段，有着各种不同的行业和职业，相应地产生和形成了各种不同的职业道德及其行为规范，延续发展至今，形成了具有一定特征的复杂的职业道德体系。当今，我国正处于社会主义初级阶段，各行各业都建立了适应本行业特点的不同的职业道德。但由于社会主义制度是以生产资料公有制为主体的，人民是国家的主人，广大人民群众的根本利益是一致的，任何行业或职业都是社会主义事业不可缺少的一部分，都必须以社会主义道德原则为职业道德的基本指导原则。因此，社会主义职业道德具有鲜明的共性，对各行各业有着共同的职业道德规范要求。社会主义职业道德基本规范，概括起来讲有以下几个方面：

（一）对社会负责，对人民负责

社会主义建设事业是由各行各业组成的，从事各种职业的人们是由每一个具体的社会成员构成的社会群体。在这个社会群体中，任何一个从业者既是社会服务对象，又是社会服务主体，社会主义事业的发展归根结底取决于每一个社会成员在职业活动中的表现。如果每一个社会成员在其所从事的职业活动中都能尽心尽责，以高度的事业心和责任感，全心全意地做好工作，社会主义建设事业就能蓬勃发展，从而造福于社会，造福于人民。因此，对社会负责，对人民负责，尽心竭力为人民服务，是对从事各种职业的每一个社会成员共同的职业道德要求，是一切从业人员都必须遵循的根本宗旨。

（二）热爱本职工作，忠于职守，献身事业

在我国，每一个社会成员不论从事何种职业，都应当充分认识自己所从事的职业是整个社会主义事业的一部分，对国家、对人民都是不可缺少的，真正树立起正确的职业观，从而热爱本职工作，不论在什么样的条件下，都应忠于职守，把做好本职工作视为自己义不容辞的责任和义务。当前，我国正处于社会主义现代化建设的关键时期，全国人民正全力以赴地进行现代化建设。要改变我国现阶段相对美国等发达国家还比较落后的现状，提高科学技术水平，加快生产力的发展，缩短与它们之间的差距，就必须提倡和发扬热爱本职工作，艰苦奋斗，忠于职守，为祖国奉献一切的献身精神。其中，忠于职守是社会主义职业道德最基本也是最重要的职业道德规范。

（三）刻苦钻研本职业务，对技术精益求精

从事各种社会职业活动的每一个成员，要想更好地为人民服务，为社会做出贡献，首先要有为人民服务的良好科学素质和较强的创造能力，这就要努力学习和钻研有关业务知识，培养熟练的技巧，对技术精益求精，并善于应用当前科技进步提供的最新成果和信息，开创工作的新局面，创造出一流的工作成绩。如果满足于学习很少的知识和专业技术，不重视业务，工作应付了事，就不可能把本职工作做好，这是缺乏职业道德责任的表现。

（四）团结合作，共同进步

社会主义各行各业构成了社会主义事业的统一整体，要求每一个从事职业活动的社会成员要顾大局、识大体，行业之间、同事之间要通力合作，相互帮助，取长补短，彼此服务，对同行和同事不轻视，不排挤，以求共同进步。正如著名科学家钱学森所说："现代科学技术的研究不能靠一个人的劳动……百分之九十五的科学技术都要靠集体，不能靠单干，单干没有生命力。"我国在核技术、运载火箭技术、人工合成核糖核酸等方面取得的科学成就，都是团结合作、共同奋斗的结果，是集体智慧的结晶。

五、培养职业道德的方法

职业道德虽然是一个老生常谈的话题，但一直没有引起大学生的足够重视。如今许多用人单位在招聘时都把“道德品质”放在人才标准的首位。因此，大学生应重视培养自己的职业道德。

（一）自觉、自主地进行自我修养

在职业道德修养上，自觉是非常重要的，人一旦有了自觉性，就能在道德活动中处处留心，时时提醒自己，严格要求自己，完善自己的职业道德品格。

大学生处在人生的十字路口，自我管理和约束能力相对较差，但具有很强的可塑性，若能从自己内心培植职业道德的土壤，建立长效自我约束机制，就会在工作中爱岗敬业、谦逊礼让、严于律己、宽以待人；在感情上，以为社会多做贡献为荣，以自己的劳动成果能为社会和他人带来幸福为乐。从而更好地在自我教育中提高职业道德水平。

（二）职业道德理论与社会实践活动相结合

职业实践是职业道德的根本，只在职业活动中，从业者才能获得真实的道德体验，才能提高职业道德认知，培养职业道德情操，磨炼职业道德意志，树立职业道德信念，养成良好的职业道德习惯。人和道德品质不是与生俱来的，而是在长期的社会实践中逐步形成和发展的。实践是人们养成道德品质的源泉，也是进行职业道德修养的目的和归宿。大学生在学习职业道德理论的基础上，只有不断融入社会，才能更深刻地认识自身的价值所在，正确对待自己的不足，并在社会实践中锻炼自己、陶冶自己、完善自己，最终实现职业道德品质的提高。

→→→→→

【案例】

勤学善思　事半功倍

——11级国商韩倩琳的从业经验

大学只是人生的小小区间；当我们踏出校门，迎来的是人生新的起点，等待我们的是更多的机遇和挑战，这是职业生涯的开始，更是人生的转折点。

2014年，毕业后的我幸运地进入了平安银行，作为一名个贷客户经理，虽然贷款体量不断做大，但对风险的防控意识丝毫未减。严格准入、合规操作、交易真实、诚实守信，是作为一名个贷客户经理的坚守。在忙碌的工作之余不忘加强业务和技能学习，对每一项新产品、新政策都了然于胸，对同业的产品情况、市场的发展动态充分了解。正因如此，很多贷款客户和寿险业务员都愿意第一时间向我打电话咨询，同事们遇到疑难杂症也都愿意跟我探讨。为了不漏接任何一个客户的咨询电话，我的手机始终保持24小时开机状态，服务客户没有“八小时”概念。靠着这样每天“多认真一点”“多用心一点”的点滴积累，由量变转成质变，最终达到事半功倍的效果。

高效、专业，是赢得客户、打造品牌的关键。经年累月的摸索，使我总结出“多、快、好、省”四字制胜法宝，也让“业务员帮忙打品牌，客户热心做宣传”成为我工作的亮点。

1.多，就是要多走、多说。

2.快，就是工作效率要高。（以最快的速度去办理各道审批手续，急人之所急，力求为客户带来最完美的服务体验）

3.好，就是沟通要好。（在业务操作上需要有一个好的习惯，就是一笔业务报上去之后，便会及时跟紧系统进度，查看是否有被审查发起补充或者回退，以便及时补充材料或者和审查审批人员沟通。这个习惯同样保持在我和业务员的日常沟通上，方便合作方及时了解其客户贷款业务的办理进度）

4.省，精简手续和环节。（比如签单环节，需要的材料都会附上一份材料清单，和客户一次性说清楚）

总之，在工作中要加强学习，从点滴做起，循序渐进，不断提高自己的综合能力和业务技能；同时，也要不断总结反思，提升服务水平，希望自己能更快地成长为一名优秀的个贷经理。

←←←←←

（三）自觉地进行内省和慎独

内省就是内心省察检讨，去除私心杂念，使自己的言行符合道德标准的要求，树立正确的道德观念。从业者如果不对自己的职业思想和行为及时地进行自省，不认真检查自己的言行，那就会小错不识，积成大错。一个人只有在内心严于律己，在行为上善于反省自己，才能成为一个符合时代要求的有高尚职业道德的人。《礼记》中写道：“道也者，不可须臾离也；可离，非道也。是故君子戒慎乎其所不睹，恐惧乎其所不闻。莫见乎隐，莫显乎微，故君子慎其独也。”因此，独自一人时，同样要谨慎行事，防微杜渐，自知自爱，把握住自己。能否做到慎独，以及慎独所能达到的程度，是衡量大学生是否坚持自我修养及在修养及在修身中取得成绩好坏的重要标尺。

（四）从我做起，从小事做起，循序渐进

大学生正处在培养良好职业道德和练就技能本领的大好时期，只有在平凡的日常学习生活中从点滴小事做起，通过长期积累，才能逐步形成优秀的道德品质。因此，在道德修养中，要从我做起，严格要求自己。不能因为他人没有做到而原谅自己或自己也不去做；也不能因为社会存在不正之风，还有许多不道德的现象而放纵自己，甚至放松对自己的要求。相反，应该高标准、严要求，朝着高尚的职业道德境界去要求自己，只有这样才能自觉形成一种道德习惯，形成良好的职业道德品质。

自我检测

1. 大学生的消极就业心理有哪些？消极心理的形成原因是什么？克服消极就业心理因素的途径有哪些？

2. 我国的职业道德规范包含哪些内容？如何培养大学生的职业道德？

阅读拓展→

《你的降落伞是什么颜色》
——求职者和跳槽者的实用行动手册

书　　名：《你的降落伞是什么颜色》
作　　者：[美]理查德·尼尔森·鲍利斯
译　　者：陈玮　等
出 版 社：中国友谊出版社
出版时间：2018-12-01
版　　次：1
开　　本：16 开
I S B N：9787505744639
包装：平装

内容简介→

本书结合当下求职市场的最新形势，不仅解答了求职者面临的诸多最新问题，提供了实用有效的职业规划方法和求职技巧，而且推出了“降落伞行动手册”——花朵图，传授将职业规划融入人生规划的做法——发现最擅长的可转换技能，找到职业目标和理想工作，用激情和努力点亮人生梦想，追逐幸福和美好的生活。

还等什么，照着本书所说的赶紧行动吧！

部分选读→

1.你希望雇主为了提高效率而雇用你。不幸的是，大多数雇主只会在他们的产品和服务需求增长时才会雇人。

2.在“工作职务”一栏，网站提供的职务名称，通常和招聘经理们搜人时用的职务名称不匹配，所以你可以在后面加个短线，填上他们习惯使用的职务名称。如果你想换工作，输入目前的工作职务之后，加个短线，填上你想找工作的行业。（这样雇主的搜索引擎就能检索到你。）

3.在你最初加入公司或参与某一个项目，到你离开公司或项目结束，公司和项目有什么本质的区别吗？（用数字来说明。）

4.大多数时候，简历的目的仅仅是获得面试邀请，面试才是推销自己的时机。人对人，面对面，不是在纸上。所以，仔细阅读你简历上的每个句子，用这条标准来评判："这条会帮我获得邀请吗？还是看起来让人费解，令人讨厌，甚至直接拒绝？"如果对某个句子拿不定主意，就把它删掉。如果那点很重要，记着在面试的时候提及。"

5.研究表明，该你说话或回答问题时，如果想给雇主留下最好印象，一次尽量不超过2分钟。实际上，有时一个好答案只需要20秒来阐述。

6.比如说，一个叫比尔的求职者，在零售业干过几年，现在打算换职业到石油行业，但他对该行业一无所知。然而，他一个一个访谈石油公司的人，寻求行业信息。越做"职业访谈"，他知道得越多。实际上，在被梦想的公司录用前，他发现自己已经比访谈过的那些人，更了解竞争对手等行业的方方面面的信息了。

第五章　简历不简单

——打造你的求职名片

学习导八

我们对学校近两届毕业生的简历进行抽样调查发现，比较规范和符合要求的简历只占到10%左右，同学们惊呆了吗？就算是学校历年的简历大赛也不尽如人意，所以本章重点介绍如何撰写一份规范、能体现个性，并让用人单位眼前一亮的简历。

第一节　简历的制作

一、个人简历应包含的内容

简历不求多么华丽，但内容要充实，HR 在筛选简历时一般会重点注意几项内容：应聘者的期望；公司招聘岗位所需素质相关的表现，如学习成绩、社会工作经历、体现个人优秀素质的独特经历；教育背景，学历，专业及大学等。一份简历一般包括：

1.基本信息：姓名、性别、联系方式（邮寄地址和邮编，联系电话，电子邮件）。

2.留下手机并保持手机畅通。

3.教育背景：最高学历、毕业院校、专业。

4.与应聘岗位需求素质有关的表现、经历、技能和业绩等，最好主题突出，条理清楚地写下来。

5.应聘的岗位或求职希望。

6.自我的评价。

7.最后，可以附上有关证明材料的复印件，如获得奖学金、优秀干部、实习鉴定、专业资格证书和发表过的论文的复印件等。

个人简历内容列表如表 5-1 所示。

表 5-1　个人简历内容列表

项　　目	内　　容
个人资料	姓名、性别、籍贯、政治面貌、联系方式等
学业有关内容	教育经历、毕业学校、所学专业、学位
实践经历	大学以来的学习、社会工作和实习、实践经历等
技能总结	计算机水平、英语水平、职业资格鉴定等
所获荣誉	校内外各项重要奖项、奖学金等
求职意向	综合考虑、科学评估自己和应聘企业，选择适合的工作
自我评价	对自己的专长、性格、兴趣、能力等的评价

二、制作个人简历的技巧和注意事项

（一）制作个人简历的技巧

简历制作的指导原则为：

1.是一份使你获得初次面试的简历。

2.让决策者相信你就是干这份工作的不二人选。

3.和其他同事处在一起显得很协调,知道自己在求职市场上的价值。

技巧1:针对应聘岗位制作——有的放矢

首先,一份好的简历应该根据不同的职位有明显的针对性和侧重点,这个针对性有两层含义:一是简历要针对你所应聘的公司和职位;二是简历要针对你自己,写出自己在大学的亮点。其次,一份好简历要回答好以下三个问题:其一是为什么申请这份工作;其二是为什么说你适合这个工作;其三是未来你怎样为公司做贡献。

在写简历前应先将自己在大学的学习、社会工作和生活罗列出来,如优秀成绩,获得的奖项,曾经承担过的职务和工作,组织过有意义的活动及取得的业绩,实习实践经历等。找出能反映自己良好素质的成绩和与众不同的优势,然后根据所应聘的岗位和公司进行一定的筛选和修改。比如:应聘技术型的工作,重点是要突出你的专业成绩、实践能力、团队精神等。简历上应该体现你的专业成绩,曾经做过的与应聘岗位有关的项目及所取得的成绩,或在专业刊物上发表的论文;另外,也可以稍加一点你参加的社会活动,表现你的团队合作精神。如果是应聘销售类的工作,重点要突出你的沟通能力、人际交往能力和不服输的精神。简历上应体现你的社会活动业绩,你曾经做过的兼职,以及你因为坚持和毅力取得的成绩。

技巧2:简历要言简意赅

简历要突出一个"简"字,一般控制在1至2页A4纸内,突出要点,言简意赅。

简历在形式上要整洁、美观,一般岗位的简历不需要太花哨,关键要有内容。对于一些特殊的岗位,如设计类、公关类、策划类的岗位,简历形式可以做得别出心裁,与众不同。

简历一般不需要有封面和塑封。简历上的照片应该真实、朴素。

技巧3:巧用数字

简历一定要"突出个性、与众不同"。要学会多用定量化的语言来描述,因为数字会大大增强简历的可读性。社会实践总是为用人单位所关心的,公司/组织名称、时间、职位、职责、效果、经验应该尽可能具体客观。

技巧4:巧用表格

清晰的表格能起到将内容分割开来的视觉效果,恰当地运用表格是使你的简历清晰化的良好手段。但需要注意表格的合理意义,过多过繁的表格会起到相反的效果,会引起阅读的疲劳。

技巧5:自我评价的适度性

在写简历时要相对客观地写出自己的突出特点,最好结合职位要求,突出某个能胜任职位的优势。一个好的、适度的评价能够反映求职者的素质和自我认知的客观性。用人单位招聘时看重自我评价主要有两个目的:

(1)看求职者适合做哪项工作。比如性格沉稳、做事细致的人大多能胜任行政管理、助理等工作;勇于创新、喜欢接受挑战的人,比较适合做销售等职位;而态度温和有耐心的人适合做客服等工作。

(2)用人单位通过日后的面试,对求职者得出一个企业评价,企业评价与简历上的自我评价比较,两者较为一致,说明求职者自我评价较客观,而两者差距较大,用人单位就要考虑求职者的诚信度了。

技巧 6:巧妙表达你的能力

如果你的工作经历不多,就把兼职或暑期打工、实习工作和志愿服务等写进简历,不要让简历看上去内容很少。大学期间如做过推销员、直销员、服务员,等等,建议花重墨,因为这是了解企业、了解社会的过程,这段经历是主考官最感兴趣的。当然,如果瞎编,绝对不会逃过主考官的眼睛。实习经验表达也要注意:如果写"2002 年 7 月份至 8 月份"就容易给人跳槽的感觉,应该写"2002 年暑假在何地实习"。

技巧 7:加粗不斜体

斜体字不会对简历的表达效果有太大的帮助,实际上可能会降低阅读速度。而加粗字体的目的是强调某项内容,说明其是某一段或某一行文字中最重要的,会对简历有帮助,但也要适度使用。

(二)制作个人简历的注意事项

1.简历书写格式要规范化,简历中不能出现错别字、语法和标点符号方面的低级错误。这体现了求职者的基本训练和素质。

2.简历打印的注意事项:

(1)打印简历最好采用激光打印机;

(2)打印纸建议采用 80 克的纸,这样的纸张厚度适中,手感比较好;

(3)简历建议不要折叠,折叠显得比较随意。

3.简历递交的注意事项:

(1)电子邮件发送简历千万不要把简历只作为附件发出去;用私人邮箱发送主题鲜明的应聘邮件;在招聘网站填写资料时姓名一栏加上简短的特长自述。

(2)如果要上网发简历,最好把简历表做成 PDF 格式,这样一般不会出现乱码和错误。

(3)邮寄信件时,要采用标准信封,按要求填写对方要求在信封上说明的应征的职位或编号,明确写清楚邮寄地址,注明双方联系办法,以最大限度地方便用人单位。

三、个人简历制作案例和典型模板

(一)个人简历制作案例

→→→→→

【案例分析】

毕业生看到这类的招聘公告,一般而言首先应关注该单位的性质、工作地点,其次是招聘的岗位与基本条件,最后才是待遇和报名方法。上述某省电力企业的招聘是采用

某省电力公司培训中心浙西分中心
2013年员工招聘启事

一、XX分中心简介

XX省电力公司培训中心属于XX省电力公司主办和管理，主要承担国家电网公司、XX省电力公司的员工培训、科技服务、职业技能鉴定及比武竞赛等任务，为XX电力工业发展培养优秀人才。

二、招聘岗位及基本条件

1. 电力系统及自动化（变电类）、高电压输配线路专业毕业研究生，培训师岗位，若干名。

2. 其他条件：

（1）政治素质高，作风正派，责任心强，诚实守信，乐于学习，勇于创新，追求卓越。

（2）富有团队合作精神、奉献精神和吃苦耐劳精神。

（3）具有较强的协调沟通能力、语言表达能力、文字组织能力。有相应专业的技能等级证书者优先。

三、招聘程序

1. 根据报名条件，对报名者进行资格审查，确定并通知符合条件的报名者参加面试。

2. 根据应聘者的综合情况，确定入围人员名单。

3. 按要求登录国家电网公司统一的招聘网站，进行网上录入工作。

4. 对入围的应聘者，统一组织体检、体能测试。

5. 根据面试、体检和体能测试情况，报上级审定后，签订就业协议书，办理聘用手续。

上述程序如有变动，以实际变动后的程序为准。

四、性质及待遇

国企计划内用工，薪酬及其他福利待遇根据有关规定确定。

五、报名方法

1. 应聘者如实填报相关信息，将个人简历、荣誉证书及相关材料（就业推荐表、成绩单等证明材料需学校盖章）扫描件邮寄或电子邮件发送至leixiaoxiu@163.com。要求注明应聘岗位，为便于沟通联系，请务必正确填写联络方式并保证通讯畅通；报名时间：2012年12月18日起。

2. 单位地址：XX省XX市XX路241号，邮编：XXXXXX

3. 联系人：XX老师

图5-1　某电力企业的招聘启事

Email的方式，毕业生在看完招聘岗位和基本条件后，首先应仔细研究应聘岗位所具备的条件。1. 专业要求是电力系统及自动化（或相关专业），这是个硬条件，无法改变。2. 其他条件当中要求的团队合作精神，吃苦精神，和其他的能力具有可操作性，换句话说求职者可以通过具体的事件进行描述。那么对于应聘这种类型的单位，我们建议同学们的简历长度在2页A4纸即可，一般不要超过2页。

在这份简历中，要重点突出专业主修课程："电机学"，"电路"，"自动控制原理"等电力专业方面的主干课程，最好也同时标识出考试分数，虽然一般简历后都附有成绩单。但最好让面试官第一时间就看到你的专业成绩，留下好的印象。

后面的团队精神等经历可以介绍在校期间参与了哪些活动，在这里在特别说明：文化娱乐活动可以写，但不是主要的。单位领导最关心你在校期间参与过哪些与专业相关的科研、实践经历及参与过程中你的收获和对未来的设想。毕业生应该围绕着这些方面做重点的描述。

简历分析：

教育背景

- 2010.09—至今　硕士 上海电力学院　电力系统及其自动化专业

　学习认真刻苦，专业基础知识扎实，深入地研究了电能质量扰动的检测与识别。

　在班级担任组织委员，协调党支部委员工作。

- 2005.09--2009.07　本科　山西农业大学　电气工程及其自动化专业

　学习成绩优异，成绩排名5%，多次获得奖学金。

个人能力

1. 通过了英语六级，上海市英语中级口译笔试，听说读写能力良好，具有较强的阅读专业英语资料的能力，在施耐德实习期间给国外客户做陪同翻译。
2. 熟练操作 office 软件、AutoCAD 软件，通过了全国计算机等级考试二级和三级，获得了“AutoCAD 工程师”证。
3. 熟练使用 Matlab 软件进行编程、建模与仿真。
4. 熟悉屏柜的基本调试，可完成放线表的绘制及基本原理图的设计。

学术成果

- 论文成果：

1. 论文《XXXXXX》被 ICSGCE2012 国际会议录用，文章可被 EI 检索。
2. 《XXXXXXXX》被核心期刊《电源技术》录用。

- 专利成果：

1. 国家发明专利“基于超声测距温度补偿的红外测温装置”，第6发明人
2. 国家实用新型专利“数字式电缆绝缘故障自动定位仪”，第5发明人

校内实践

1. 2010.09—2011.01 在上海电力学院担任“数字电力技术”助教

　帮助任课老师批改学生作业，进行课程答疑。

2. 2011.07—2012.03 在上海电力学院参与上海市科委项目“XXXXXX”（项目编号：XXXXXX）

　焊接电路板，连接机械结构。

3. 2011.05 参观外高桥第三发电厂

社会实践

2011.07—2012.09 在上海施耐德电气电力自动化有限公司实习，担任项目助理

- 根据项目原理图绘制放线表和基本的原理图，协助工程师进行调试，掌握了基本的设计和调试功能。
- 参与的主要项目：

2012.06—2012.08　全程参与澳大利亚 Tarong 项目，根据原理图绘制了端子排图和放线表，在组屏厂现场指导接线，并协调工程师调试屏柜

2012.08　广州抽水蓄能项目原理图增加设备索引图

2012.09　绘制沙特 SABIC 项目的放线表，符号说明图，更改原理图中的 C264 接线图

2012.08—2012.09 绘制澳门大学项目部分放线表

所获荣誉

2007年11月获得“优秀学生奖”

2008年11月获得“优秀学生奖”

2008年11月获得“外语优秀奖”

2007年11月获得二等奖学金

2008年11月获得二等奖学金

自我评价

　本人性格开朗，勤奋刻苦，做事认真负责，承受压力能力强，有团队合作意识，对于新知识具有较强的接受能力。在校期间对电力系统及其自动化的专业知识进行了系统的学习，深入地研究了电能质量扰动的检测与识别，认真听取学术报告，积极参加社会实践。

　善于与人沟通，可熟练地操作 Autocad，在施耐德实习期间，参与了多个项目，学会了基本的设计和调试技能，并多次陪同项目客户参观。

图 5-2　简历分析

从上述同学的简历中我们看到，层次清晰，条理分明。用人单位可以在第一时间了解到求职者所修课程和校内外实践经历以及与招聘专业相符合的专业素养，简历长度也符合要求。该名求职者将自己的个人素养和优势以最精炼的方式展现了出来。

(二)中文个人简历典型模版

1.常用的表格式个人简历如图 5-3 所示。

个人简历

<table>
<tr><td>姓　　名</td><td colspan="2"></td><td>性　　别</td><td colspan="2"></td><td rowspan="5"></td></tr>
<tr><td>民　　族</td><td colspan="2"></td><td>籍　　贯</td><td colspan="2"></td></tr>
<tr><td>出生日期</td><td colspan="2"></td><td>政治面貌</td><td colspan="2"></td></tr>
<tr><td>学　　历</td><td colspan="2"></td><td>学　　位</td><td colspan="2"></td></tr>
<tr><td>毕业学校</td><td colspan="2"></td><td>专　　业</td><td colspan="2"></td></tr>
<tr><td>常住地址</td><td colspan="6"></td></tr>
<tr><td>联系电话</td><td colspan="3"></td><td>邮　箱</td><td colspan="2"></td></tr>
<tr><td>求职意向</td><td colspan="6"></td></tr>
<tr><td>教育经历</td><td colspan="6"></td></tr>
<tr><td>专业主修
课　　程</td><td colspan="6"></td></tr>
<tr><td>技能证书</td><td colspan="6"></td></tr>
<tr><td rowspan="2">主要实践</td><td>校内</td><td colspan="5"></td></tr>
<tr><td>校外</td><td colspan="5"></td></tr>
<tr><td>荣誉奖励</td><td colspan="6"></td></tr>
<tr><td>兴趣爱好</td><td colspan="6"></td></tr>
<tr><td>自我评价</td><td colspan="6"></td></tr>
</table>

图 5-3　常用表格式个人简历

2.常用的文字式个人简历如图 5-4 所示。

XXX 的个人简历

个人信息

年　　龄：　25 岁　　　性　　别：　男

手　　机：　1589999＊＊＊＊　　　电子邮件：　david.wang@163.com

地　　址：　上海·浦东

教育背景

平均成绩：　83.22/100

2009—2013 年　上海电力学院　计算机科学与技术　本科

2010—2011 年　上海电力学院学生会　科技实践部部长

2010—2011 年　上海电力学院大学生艺术团　话剧部部长

2009—2010 年　计算机 081 班　学习委员

获奖情况

2010.12　全国大学生数模竞赛二等奖

2010.2　上海电力学院一等奖学金

个人技能

英语水平：GRE 满分；拥有多项外语认证；参加华尔街口语大赛荣获"最佳表演奖；；率领外语兴趣小组参加 CCTV 杯国际辩论大赛，进入 16 强。

IT 技能：获得计算机中级证书；熟练掌握：Java、XML/XSLT、EJB、JSP、SQL Server 语言。

其他技能：2010 年获得普通话二级甲等证书；

2009 年考取 C1 驾驶执照。

实习/实践

2008.08—2009.08　DQ 上海总部实习

负责生产、工艺、材料、物流、采购 5 个门的市场培训计划。在实习过程中，实践技能和市场知识获得了提升。并将平面设计与舞台展现的理论应用于实践。

2010.02—2010.09　大夏科技视觉与交互中心国际部实习

参加了以下作品的创造：Flash 动画《睁着眼睛的雕塑》、《开往圣彼得堡》、《守望者》。特效动画《男人帮》。

2010.07—2010.09　会展中心志愿者

2012.07—2012.09　世界游泳锦标赛赛事志愿者

求职意向

视觉工程师　交互设计师

自我评价

梦想成为一名优秀的设计师，乔布斯是我的偶像；
聪明勤奋、不知疲倦，求实上进；
做事稳重、踏实，为人忠厚，人缘很好的。

图 5-4 常用的文字式个人简历

←←←←←

·【提示】·

毕业生简历“八不要”

1.不要长篇累牍。那种又厚又长的简历用人单位一般是不会看的。

2.不要说自己无所不能。对自身能力的虚夸，会让用人单位对求职者产生不诚实的印象，实事求是是非常重要的。

3.不要到处抒情。用人单位注重的是真才实学，而不是激情口才。

4.不要使用劣质的纸张，要注意检查的拼写和排版问题。

5.不要过分压缩字符和版面。用人单位不会仔细地分辨那些难以分辨的小字到底讲什么。

6.不要在填写工作经历时虚构日期或者赘述频繁更换的工作，诚实是原则。

7.不要简单抄袭别人的简历，最好把自己的长处写出来。

8.不要陈述个人隐私和信息。

第二节 求职信的撰写

求职信是目前最常用的一种自荐方式。写好求职信是敲开职业大门的重要一环。在西方，求职信和简历一样重要；而在我国，除了咨询公司一般对此有特别的要求外，其他很多公司都没有要求，但是，针对你特别在意的公司定制一份求职信也许可以为你带来优势，求职信的作用还是不容小觑。那么，如何写一封能让你脱颖而出的求职信呢？

一、求职信写作技巧和注意事项

(一)求职信格式

求职信的结构同一般书信大致相同，一封完整标准的求职信一般由标题、称谓、开头、正文、结尾、署名、日期、附件等部分构成，一般可参考的求职信模板如下所示：

标题：求职信

称谓：尊敬的××××：

开头语：您好！

用标准语句开始你的求职信，包括求职人的自我简介或用人信息的获得渠道。

正文：

核心段1：简单说明如何满足招聘信息中职位的要求（说明为什么你就是这样一个适合的人选，突出你的能力和你能够做的）。

核心段2：表明你对对方公司的一些了解和对对方相关职位的一些了解。

结尾：再一次表达获得进一步面试的愿望，随信附上简历，感谢对方对你的注意。

署名、日期：

你的姓名（手签）

你的姓名（机打）

××××年××月××日

图 5-5　求职信格式

（二）求职信写作技巧

1.标题

标题是求职信的眉目，居中写明“求职信”。

2.称谓

即对读信人的称呼，要顶格写，写给用人单位的人事部门或直接写给单位负责人，注意称谓要做到礼貌、得体。对用人单位明确的可直接写明单位名称，如“尊敬的××公司人事部”、“尊敬的××公司王经理”。在用人单位不确定的情况下，称谓可写“尊敬的公司人事部领导”、“尊敬的总经理先生”等。

3.开头语

先写问候语“您好”，表示礼貌、尊敬。再写求职人的自我简介和用人信息的获得渠道。如“我叫×××，是××大学工商管理系××专业的应届毕业生”。又如“最近从省人才市场获悉贵公司拟招聘××专业人才×名，这给我提供施展自己智慧和才能的机遇”。开头语表述应简洁明确、干脆利落，不宜过多过长。

4.正文

正文是求职信的核心部分。

首先详细介绍自己的专业优势，参加的专业实践活动及在校各类专业竞赛中的获奖情况等，要充分展示自己在专业方面的突出成绩，使自己在众多应聘者中脱颖而出。

其次介绍自己的工作能力及爱好特长，包括自己在院期间担任学生会、班级的主要干部职务，在各类活动中的组织能力、人际交往能力、口才表达能力，等等。个人的兴趣、爱好及特长也是竞争的优势。

再次，如果用人单位明确，可以谈谈对企业的认识、了解，表达迫切要求工作的愿望及录用后的打算。这部分撰写时，要力求简明，注意扬长避短，突出自己的优势与长处。

5.结尾

再次表达求职的愿望,希望获得机遇,起到吸引和打动对方的作用。如“希望给予面试的机会”、“热切地盼望着贵公司给予答复”等。也可写礼貌用语“此致　敬礼”。

6.署名、日期

署上求职者的姓名、日期。

7.附件

附件在求职信的写作中具有重要作用,它主要包括:个人简历、学历证书、成绩单、获奖证书、技能证书、发表的文章或专著、单位或个人、老师的推荐信等复印件。如材料多,依次标上序号。这些材料是个人专业优势和能力特长的验证,对用人单位来说是反映个人才能、知识的重要证据。

(三)撰写求职信的注意事项

求职信写得清楚、准确又有条理,会给用人单位留下一个良好的第一印象。也是吸引用人单位的重要条件之一,下面简单介绍一下求职信写作的一些常见的注意事项:

1.简明扼要,但要引人入胜

有效的求职信应当易于阅读,字体要比简历中的字体更大,而且要简短——四五个简短的段落就足够了。哈佛人力资源研究所曾经出过一份测试报告,如果一封求职报告内容超过 400 个单词,则其效果只有 25%,即阅读者只会留下对 1/4 内容的印象。

求职信要重点突出你的背景材料与未来企业和岗位最有关系的内容和信息,引起招聘人员对你作为候选人的兴趣,并激发阅读者的热情。阅读者为什么要读这封信?你能够为他做什么?

2.突出重点,切忌面面俱到

谦虚是美德,但在求职信里过分谦虚,就不能正确反映出你的实绩和才能。应该在求职信里突出自己的长处、成就等,推销你的价值。你那些能够满足阅读者需要和工作要求的技能、能力、资质是什么?但是在写时要懂得取舍,切忌面面俱到。

3.要有针对性和个性化

每申请一份工作,都应该针对你要应聘的单位和岗位认真写好求职信,这样会使你的求职信既有针对性,又能针对不同的岗位体现个性化,用人单位也会体会到你的真诚。千篇一律地写几十份求职信到处投寄,其结果必然是处处落空。

4.文面整洁,切忌有文字上的错讹

一份好的求职信不仅能体现你清晰的思路和良好的表达能力,还能考察出你的性格和职业化程度。所以一定要注意措辞和语言,字迹不要潦草,应清楚、工整,给人一种办事认真负责的印象,绝对不要出现拼写、打印和语法错误。

5.态度要诚恳,切忌过分吹嘘

在强调长处时,又要避免出现过于自负、自信。在求职信中需要用我觉得、我看、我想、我认为等语气来说明自己的观点时,要慎重,否则会给聘人单位留下你自高自大、思想不成熟的感觉。不要说谎或者夸大其词。你在求职信和简历中说的一切都必须能够在面试中得到支持和证实。

同时也要注意在求职信中回避负面和相互矛盾的话题。附信和简历的目的是要展现你最好的一面。那些负面材料(挂科、纪律处分等)能够在面试中采用变通的方法处理。

二、求职信范文及实例分析

(一)计算机专业学生求职信范文

求职信

尊敬的招聘主管:

您好!

在招聘网站上看到贵公司的招聘信息,我怀着兴奋的心情发出我的简历。

我是××大学××专业的学生,希望能够将二十余年所积累的学识和锻炼的能力贡献给贵单位,诚挚希望贵单位给我一个机会!

在校期间,我抓住一切机会学习各方面知识,锻炼自己各方面的能力,使自己朝着现代社会所需要的具有创新精神的复合型人才发展。

我的英语达到××级,计算机通过国家二级,在专业考试中屡次获得单科第一,并连年获得奖学金。

我注重专业知识的学习,精通 Visual Basic、SQL Server、ASP。熟练使用 Linux、Windows 9x/Me/NT/2000/XP 等操作系统。熟练使用 Office、WPS 办公自动化软件。自学 HTML、Frontpage、Dreamweaver、Fireworks、Flash 等网页制作相关软件。同时对于法律、文学等方面的非专业知识我也有浓厚的兴趣。

我曾担任院学生会成员、副班长等职,现任计算机系团总支组织部部长。多次组织系部、班级联欢会、春游等活动,受到老师、同学们的一致好评。

四年的大学生活,我对自己严格要求,注重能力的培养,尤其是实践动手能力更是我的强项。曾在苏州新区的富士通公司、高达公司实习。在江苏燕舞集团、江苏省电信科学技术研究院参加工程项目。在校期间多次深入企业实习,进一步增强了社会实践能力。

手捧菲薄求职之书,心怀自信诚挚之念,我期待着能为成为贵公司的一员!

此致

敬礼!

求职人:×××(手签)

求职人:×××(机打)

XX 年 XX 月 XX 日

图 5-6 求职信范文

(二)求职信案例分析

下面是一位即将毕业的学生写的求职信(初稿和修改稿),通过分析比较,我们可以进一步总结出求职信撰写的技巧。

1.初稿

尊敬的××学校领导:

我是一名即将毕业的大学生,现在就读于××大学的电气自动化专业。当你收到我的自荐信的时候,肯定会惊讶我是否投错门了,在你们认为我应该找一家很有前途的企业,以自己在专业方面的特长谋求出路，而不应该是从一名工程师成为一名人民教师，的的确确，你的惊讶也就是我向你发这封信发自内心的求职心得原因了。

首先我除了有自己扎实的专业知识外，对物理有着很深的认识和兴趣。所以，我对成为一名中学的物理教师很有信心，并且自我总结了一套有效的教学方法。在教学实习当中，反响不错，深受教师的赞许和同学的好评。另外，本人有着良好的普通话水平，表达流畅、自然，完全能掌握课堂45分钟的节奏。

再则，如果你对我从事理科教学有疑虑的话，没有关系，作为一名跨世纪的大学生，我将很有实力接受你的选择。在优秀的学业成绩之外，我想告诉你的是我并不是一位只知道埋头苦读的学子，我的双眼还关注着这个社会，我最热爱运动，一直以来，我把健康当作人生最宝贵的一笔财富。我是校篮球队、排球队的主力，刚一入校，我便被选拔进校田径队训练。长期参加体育活动，在田径项目方面驾轻就熟，怀着对体育运动的热爱，我曾三次代表学校参加省级大学生田径赛和大学生运动会，取得骄人成绩，并且是我校100米、200米、110米栏、400米栏纪录保持者。从另一个角度说，从事我热爱的工作——体育，也将是我极其乐意的，相信我完全合乎一名体育教师的要求。

兴趣和热爱是干好工作的动力，本着对人民教师的热爱，对物理教学的热爱，对体育教学的热爱，我向你推荐我自己，并想通过你的赏识，谋求一份真正是我想毕生热爱及专心投入的工作——教师。随信附个人档案一份，有关细节，在此补在重述。

此致

敬礼！

求职人：×××

XX年XX月XX日

图5-7　求职信初稿

2.修改稿

求职信

尊敬的××学校校长：

您好！

我是××大学××专业一名即将毕业的学生。得悉贵校正需要物理老师和体育老师，我特写信应聘物理老师。

在大学四年中我系统学习了物理方面的知识，担任物理课代表，物理成绩年级排名第一。曾代表学校参加全国部分高校大学生物理竞赛获得一等奖（见附件），在《大学物理》（见附件）等学术期刊上发表论文两篇，获得大学生创新项目一项（见附件），在刚刚结束的教育实践中，我所讲授的电力学一章深受学生和老师的好评。

同时我热爱教师这份工作，我深信，只要贵校能给我这个机会，我一定能做一个出色的物理教师。

此致

敬礼！

求职人：×××（手签）

求职人：×××（机打）

XX年XX月XX日

附件1:全国部分高校大学生物理竞赛获得一等奖复印件

附件2:论文复印件

附件3:各种奖项复印件

图5-8　求职信修改稿

3.分析

初稿存在的问题:第一,这封信要达到什么目的并没有表达得很清楚,应聘物理老师的同时又应聘体育老师既冲淡了招聘老师对他追求当物理老师之主要目标的注意,让人感觉他自己对应聘物理老师没有信心;第二,对自己的优势没有很好的归纳、总结,文章没有说服力;第三,语言空洞,不简练。

经过修改:第一,去掉应聘体育老师的内容,使应聘目标一目了然;第二,围绕物理老师岗位的需求,重点突出他的优势,添加附件,又没有冲淡招聘老师对他追求当物理老师之主要目标的注意,也没有让人感觉他自己对应聘物理老师没有信心,却含蓄展现了他其他的特长和优势;第三,把多余空洞的话去掉,使整个文章变得非常的简洁,明了。

·【提示】·

投递求职信,小处莫疏忽

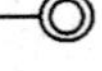

1.为投寄求职信的所有单位建个档,这样要是某天接到某家单位的应聘电话不会手忙脚乱,不知东家为谁。

2.在电脑打印出的求职信上,别忘了最后用手写体签上自己的大名,以示尊重。

3.为增加保险系数,一些求职者爱在同一家单位应聘多个岗位,这样反而会暴露出自己能力不突出、自信心不强的特点。

4.你精心制作的求职简历并非就是"万能钥匙",适用所有单位和职位,最好能针对不同企业、不同应聘岗位设计不同的求职材料。

5.一份没有页码或没有装订的求职材料,会让某个粗心的人事专员弄得杂乱无章。

6.手写体最好亲力亲为,为追求美观效果请人代写,反而会弄巧成拙。

7.材料证明人要及时进行核实,要是证明人换了单位或联系方式有变,后果怎样你不难猜出。

8.简语过多会让用人单位不知所云,如"湖大",是指湖北大学、湖南大学,还是东湖大学?会让招聘单位摸不着头脑。

(资料来源:《家庭科技》)

三、求职辅助资料

在求职的前期准备过程中，除了需要精心准备求职信与简历外，还有一些辅助材料也需要注意。

其中，成绩表是学生大学生活中学习成绩的记录，也是学生业务水平和智力能力的量化表现，对于成绩较好的同学，这是一个具有帮助意义的材料，可以为自己加分，而对于成绩稍差的同学，则有可能是一种不利因素，但是这个因素并不是决定性的，只能作为参考。因为有经验的用人单位和人事部门领导往往会更注重伴随成绩表体现出来的其他方面的能力。所以成绩不太好的同学大可不必为成绩表发愁。可以着重体现自己其他方面的优势，从综合素质中寻求闪光点，以争取面试机会。

除成绩表以外，有关的证书、成果、文章等也是需要准备的材料，可以做成复印件附在简历后面，以备用人单位感兴趣时进一步了解。例如外语及计算机等级考试证书，各类奖学金证书，三好学生、优秀学生干部、优秀团员、优秀党员、优秀毕业生等证书，社会实践、演讲比赛、征文比赛、文艺演出、社团活动等荣誉证书，正式出版或发表过的科研论文、文学作品、美术设计等资料以及其他业余爱好，如乐器等级考试、书法比赛、体育比赛等证书。这些材料可以集中反映一个人在某一方面或某几方面的能力和水平，认真搜集、整理、编排上述材料的复印件是制作求职材料不可缺少的环节，证书较多的同学要有选择性地编排，突出重点，较少的同学要尽量收集完整，对于没有的同学来说，就要在求职信和个人简历部分下功夫了，力求使自己的求职材料简洁明了、重点突出，尽最大努力展现一个完整的求职者形象。但这些材料不用随每份简历都附上，可以等到用人单位有要求或是面试时带上，以便用人单位参考。

四、关于网络简历申请的填写

（一）电子简历的制作要有针对性

无论是去就业招聘会上递交纸质简历还是通过网络申请上传电子简历，针对性都应该是简历制作的首要元素。具体说来，电子简历中篇幅不应很长，要针对你所应聘的单位和职位作相应的自我描述。根据职位的特征和单位的文化，应聘者要将自己在大学期间所具备的相应素质作精确阐述，特别是将一些重要荣誉和亮点的经历放在主要且显著的位置，这样才能给用人单位留下深刻的印象。

网申过程中还应注意电子求职照的选择。首先，求职照一定要清晰，正面免冠相片（在某种程度上与证件照较为类似）并符合网申规定的尺寸；其次，相片要符合本人实际，在现实中，许多毕业生找到非常专业的摄影店，在相片上大花心思，将经过精心处理过的相片上传，虽然会给别人留下非常好的印象，但是这种相片和本人相差极大，即便幸运地进入复试后，这种差别会给面试官带来不好的印象。相反，干净、大方（符合学生特质的相片），反而会让用人单位觉得该求职者踏实。尽管第一印象非常重要，但是希望同学们还是以较为真实的相片作为求职照。

(二)网申表格要谨慎填写

对于通过用人单位网站或委托第三方进行招聘的单位,网申表格设计得比较完善,所以你要注意的是:第一,所以要求填写的信息都要认真填完整,并覆盖能体现的重要关键字。第二,开放性的问题,描述性语言少一些,数据用得多一些,并充分利用限定的字数。第三,如果要选择两个及以上职位必须特别慎重,除非有充分的理由让HR相信你同时具备这两个职位所要求的能力,否则适得其反。

投递简历3次仍不中,那一定是简历不够吸引人或者说简历与岗位的匹配度不足,应该对简历进行修改。但也要注意别人的感受,同一个人的简历一下子发了好几次,容易使用人单位心里产生反感。

(三)其他一些注意事项

1.经常修改刷新简历,提高被搜索到的概率。

2.不要太在意职位的有限期,职位的有限期会被很多客观因素影响。有些岗位流动性比较大,有些岗位确实没有招到人也没有刷新,但依然有效。

3.有的求职者会改动邮件时间,保证HR收件后简历会在第一封位置,但有些HR不喜欢这样的小聪明,请谨慎使用。多上论坛和就业网翻看各大公司网申的秘籍以及招聘流程,及时吸取别人的经验和体会。

4.每次网申之后都要做好记录,包括新出现的开放性问题、申请时间、申请公司、申请网址、申请职位、登录的用户名和密码等,不断总结网申经验,这样方便日后查看申请结果,也可以帮助自己不断提高网申效率,命中率。

5.切记在不了解该单位背景的情况下,打开网页就直接填资料,这样很容易出现错误,同时也会给用人单位留下不好的印象,觉得该求职者只是为了找工作而工作,根本不了解单位的企业文化和相关背景。

(四)网申实践

网申一般分为Email、直接进入用人单位网站填写相关资料、委托专业招聘机构三种方式。下面以“中国华为集团招聘”为例指导网申工作。

→→→→→

【案例分析】

中国华为集团招聘网申

招聘网址:http://icareer.huawei.com/campus/default.html

Step 1:打开网页,单击“加入华为”,再选择“校园招聘”选项,弹出如图5-9界面,在“我的职位申请与管理”下拉列表框中选择学校所在地。弹出如图5-10的注册界面。

Step 2:注册后,进入图5-11“我的简历”界面,你把已经制作好的简历信息填入。其

图 5-9 华为应聘页面

图 5-10 华为应聘注册界面

中:“培养类型”一般分为:统招统分(全日制)、自筹、委培(即单位出钱供你读书)和定向(哪里来哪里去)四种,一般本科毕业多为统招统分,自筹、委培和定向一般出现在研究生中比较多。“外语水平”一栏,如果有四六级证书则选择相应选项,如果没有,一般填精通、良好、一般。基本信息填完后务必点保存。一般来说网申做好一个单元,一定要点保存,否则会出现两种情况:一种是信息全部被系统清除那就要重新填写,另一种则是无法进入到下一步,因此一定要培养良好的网申习惯。做完一个单元就点击保存。(自我评价在其他章节有专门论述,这里不再重复)

Step 3:填写教育经历。

教育经历本科一般从高中填起,硕士及以上一般从大学填起,如果用人单位有专门的填写要求则按照用人单位的要求填写。比如:华为则要求从获得的最高学历填起。其中专业描述、社会实践和受过何种奖惩,一定要有针对性。并且不能超过500字。专业描述

解决方案 | 产品 | 服务 | 技术支持 | 关于华为

我的简历(编号:)

温馨提示：请认真填写简历（带*号的为必填项），填写完整后请不要忘记提交。 保存草稿 打印预览

基本信息

姓　名*		性　别	◉男 ○女	出生日期*	1982-04-05
国　籍*	中国	籍　贯*			
身份证号*					
身　高	[厘米]	婚　否*	○已婚 ◉未婚	子女数量	
高考生源地*		户口所在地		在读院校*	
学校所在地*	省/直辖市* 市(海外中国留学生请选择可参加面试的城市所在地)				
在读院系*		在读专业*		在读学位*	请选择
培养类型*	统招统分	学　号		导师姓名	
毕业时间*	年 月	移动电话*		宿舍电话	
Email	nsl207@126.com	QQ		MSN	

外语能力

第一外语*	英语	水　平*	请选择	口　语	请选择
第二外语		水　平	请选择	口　语	请选择

自我评价*

性格特征、个人专长、业余爱好等。 允许输入500字(已输入0字)

既往病史*

请如实填写：如重大疾病、家庭遗传疾病、传染性疾病等，没有请填写"无"。 允许输入100字(已输入0字)

图 5-11 "我的简历"界面

中要突出专业对口或相近的情况。如果专业关联性不强,那你则要将自己所掌握的或在校期间所学的与该岗位有关联性的课程描述出来,并放在显著位置。社会实践中应将与应聘岗位有关的经历描述出,并同时附上收获和成果。最好以时间为单位;如:何时在何地参加了何种类型的实践,分层次写。

Step 4:填写工作经验。

华为要求有全职社会经验者可以填写,对于本科生来说一般没有过全职社会经验,故有部分求职者这一栏就放弃或不填了。这是非常可惜的,如果你有过相关的工作经验,尽管是兼职的,但如果你觉得在这个兼职过程中学到了东西还是可以填写的。因此,对于有相关工作经历的求职者,即使不是全职,也可以填写。

"项目经验":项目经验一般分为两种:一种是在企业实践中参与过的项目,另一种是在校期间自己独立或跟随着导师完成某项科研或实践调查任务。求职者可根据自己的实际,有选择性地填写。这里必须要说明的是:这里要求你填写的项目不是你在校组织或完成的某种社团活动,而是与应聘工作有关的。

"求职意向":该栏中,关键的是两个是否愿意接受调整,如果你对这家公司非常中意

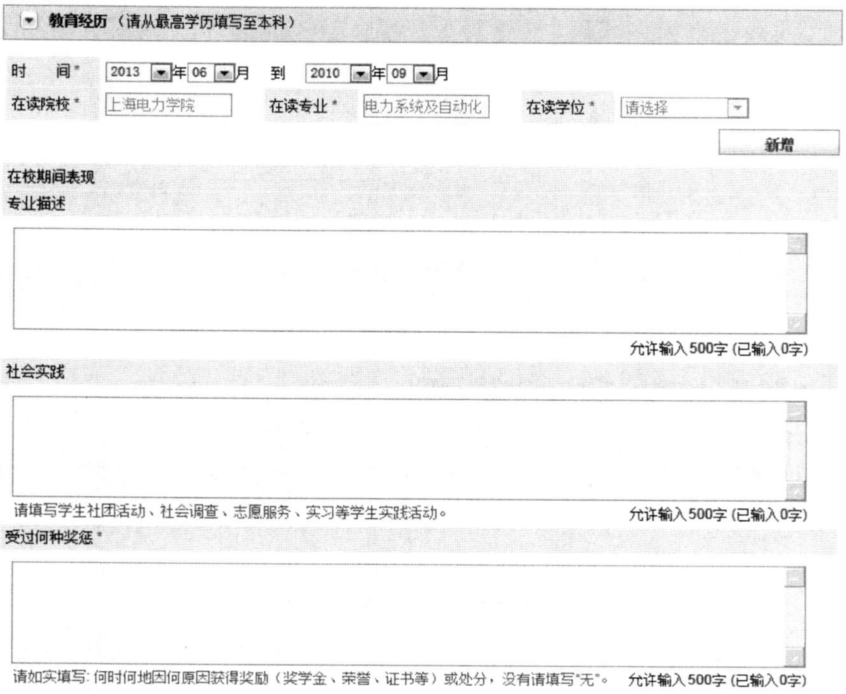

教育经历（请从最高学历填写至本科）

时 间* 2013 年 06 月 到 2010 年 09 月
在读院校* 上海电力学院 在读专业* 电力系统及自动化 在读学位* 请选择
新增

在校期间表现
专业描述

允许输入500字（已输入0字）

社会实践

请填写学生社团活动、社会调查、志愿服务、实习等学生实践活动。 允许输入500字（已输入0字）

受过何种奖惩*

请如实填写：何时何地因何原因获得奖励（奖学金、荣誉、证书等）或处分，没有请填写"无"。 允许输入500字（已输入0字）

图 5-12 “教育经历”界面

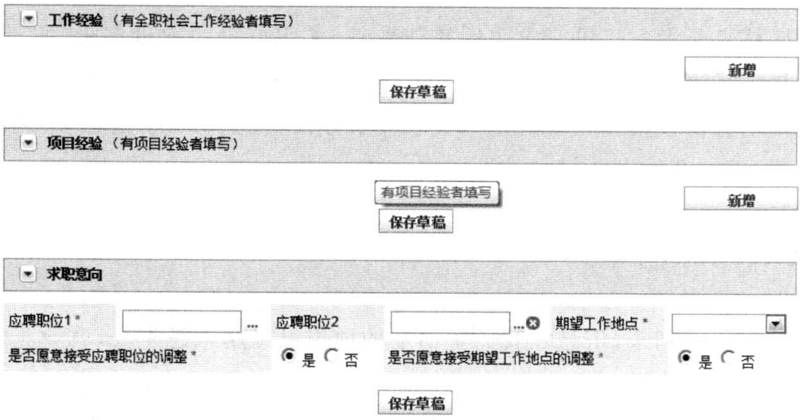

工作经验（有全职社会工作经验者填写）
新增
保存草稿

项目经验（有项目经验者填写）
有项目经验者填写 新增
保存草稿

求职意向
应聘职位1* ... 应聘职位2 ... 期望工作地点*
是否愿意接受应聘职位的调整* 是 否 是否愿意接受期望工作地点的调整* 是 否
保存草稿

图 5-13 “工作经验”界面

的话，建议全部填“是”。填写完毕后，点击保存，进入到下一个环节。

Step 5：社会关系和更多信息。

“家庭成员”栏，一般只填爸爸和妈妈。“是否有亲属在华为任职”栏，应该实事求是填写，但是要切记不要将学长学姐写在此栏中。

社会关系

家庭成员*

姓　名*		关　系*		单　位*		职　务*	
姓　名		关　系		单　位		职　务	
姓　名		关　系		单　位		职　务	

是否有亲属在华为任职* ○ 无 ◉ 有

姓　名*		关　系*		工作部门		职　务	

保存草稿

更多信息（在您被华为公司录用后可能需要使用以下信息）

家庭联系人*		家庭联系电话*	
家庭联系地址*		邮编	
学校联系地址		邮编	

图 5-14　“社会关系”界面

第三节　求职信息准备

获取求职信息是大学生进行求职的基础准备，求职信息的数量多少、质量高低、使用效率等将直接关系到求职的结果。因此大学生在正式开始自己的求职历程时，首先要重点关注的便是信息的搜集和处理问题。信息在于寻找，机会在于把握，如果能及时获取信息并有效处理，就能获得求职的主动权。

一、获取信息的意义

随着信息时代的到来，信息在我们生活中的地位已经越来越重要，就业竞争在一定程度上可以看作是拥有信息能力的竞争。谁掌握的信息多，谁就能在竞争中获取更多的机会。在大学生求职过程中，大部分同学能够意识到信息的重要性，及时抓住信息，把握就业机会；也有部分同学，闭目塞听、缺乏信息，一味拿着自荐材料四处乱碰；还有的同学由于信息不够全面、准确，在没有找到最适合自己的工作时就草率决定，签约后又后悔不已。大学生求职，不仅取决于社会因素、政治因素、经济因素，以及毕业生个人的专业、能力、学历等，还取决于毕业生是否拥有有效的信息。

（一）求职信息是大学生求职的基础

求职信息是通往用人单位的桥梁，随着毕业生就业工作的逐步市场化，用人单位与求职毕业生的双向选择关系愈益强化，通过政府职能部门进行人才分配早已成为历史。对毕业生而言，如果不能拥有准确有效的求职信息，就无法把握就业的主动权，顺利走入社会、实现职业理想将变成一句空话。

（二）求职信息是就业决策的重要依据

大学生要想使自己的就业决策更具科学性，就必须要保障求职信息的质量。在主要关注用人单位信息的同时，也要适当了解国家的就业方针、各地方及行业的就业政策、自己所属院校的就业细则等，如果这些信息的获取量不足，毕业生在进行就业决策的时候，其科学性、合理性就要大打折扣。

（三）求职信息是大学生顺利就业的有效保证

如果学生依据所拥有的求职信息，经过筛选比较后确定了目标，那么最终所要面临的就是求职面试。对于大学毕业生而言，要想顺利通过面试关，首要一点是必须对用人单位的情况有一定程度的了解，这是对求职信息深度上的要求。如果在单位面试过程中，只能抽象地表明求职的意愿，对企业的经营方式、产品结构、市场行情及以往的历史和今后的发展一无所知，不能将自身优势与企业发展相结合，那这样的面试结果可想而知。当然，就业成败涉及的因素是多方面的，把握就业信息的深度只是其中的一个条件。

二、信息收集的内容

毕业生需要收集的求职信息，主要包括两大类：一是宏观就业信息，即国家社会经济发展和人才供求状况、方针政策等；另一类是微观就业信息，即各用人单位具体的人才需求信息。对于用人单位的信息，要了解到位，不能模棱两可，很多信息都不容忽视。

（一）用人单位的需求信息

首先，要关注用人单位的人才需求信息，这也是大部分求职者通常关注的部分。要了解用人单位到底有什么岗位需要招纳人才，在生源、学历、技能、性别、经验等方面都有什么样的要求和规定，这个岗位是否适合自己等。如果岗位要求与自己的能力不匹配，而且与自己的兴趣也相差甚远，那就不用做考虑了。并且，了解基本的岗位信息，对于应聘者准备材料也有指导作用，求职者可以根据岗位需求，将自己与岗位相匹配的能力特长突出出来，辅以相关材料证明自己的实力，以提高应聘成功的概率。

（二）用人单位的基本情况

在对岗位有了一定的了解之后，可以进一步对单位做一个整体熟悉。以某企业为例，要知道这家企业的性质、规模、主要业务领域、发展历史、未来的发展战略、组织构成、文化理念等，通过多方面的信息介绍，初步对该企业形成一个基本认识，同时还可以通过相关论坛、新闻，发掘一些外界对该企业的评价，从而获得更多的信息。

（三）工作环境和时间

对于工作单位的地理位置、工作环境以及岗位所要求的工作时间要清楚。工作是在室内还是室外，办公地点具体在什么位置，自己是否可以接受，工作环境是否符合《劳动法》规定的劳动保护条件，工作是否需要经常出差、加班，节假日是否能正常休息等。虽然有些人对工作环境不太在意，不管在什么样的环境下都可以努力工作，但有些信息还是提前掌握比较好，例如单位很不错，岗位也可以接受，但单位离自己目前的住处距离太远，交通也不是十分便利，那这些问题自己是否可以克服或是解决，这就需要事前做出考虑。虽然从短期来看地理位置并不是十分重要，但如果想要在一家单位长期发展，这就是不得不考虑的问题。当然，目前的求职市场竞争十分激烈，求职者也不要对工作地点和环境过分挑剔。但无论怎样，对目前的选择多一点考虑总是会让自己有更多的准备。

(四)薪酬福利待遇

首先对于薪酬部分，要关注单位给予薪酬的范围。是否会有五险一金，是否有其他福利，薪资的基础和绩效部分如何计算，是否有附加条件，行业内同等职位的薪酬大致是什么水平，权、责、利是否对应等，诸如此类的问题都可以在信息收集时多做了解，以免到最后谈合同的时候，才发现公司给予的薪酬福利水平是自己不能接受的，那之前付出的时间和精力都将付诸东流。

三、获取信息的途径

搜集求职信息是择业的基础，求职信息越广泛，择业的视野就越宽阔，求职信息质量越高，择业的把握就越大。多拥有一则信息，就等于为自己增加一次择业机遇。因此，大学生必须利用各种渠道、各种方式，广泛、全面、准确地收集与求职有关的各种信息，为择业做好充分的准备。

(一)学校负责就业的有关部门

学校的毕业生就业指导中心和各院系的相关机构作为毕业生就业的重要中介机构，与中央有关部委和各省市的毕业生就业主管部门以及有关用人单位都保持着密切联系。无论从哪个角度来看，学校都应是收集就业信息的主要渠道之一。因为就目前的就业机制来看，学校是连接大学生就业工作所涉及的有关对象的核心环节。他们既与毕业生就业工作所涉及的各级主管部门之间保持着密切联系，同时也是用人单位选录毕业生所依赖的一个重要窗口。正是由于这一特定位置，使学校对就业信息的占有量大于任何一个部门，同时其所掌握信息的准确性、权威性也相对较高。并且，由于学校接触到的所有信息都是用人单位针对学校情况设置而来的，因此适用性、可信度也较高。目前各高校毕业生就业工作的职能部门大都开始逐渐转变观念，以市场为导向，以服务为宗旨，在公布信息、提供咨询、就业指导等方面都做了大量的工作，也取得了显著成效。因此，毕业生要主动依靠他们，充分利用学校就业信息网络的丰富资源，获取有价值的信息。

(二)就业中介服务机构及双选会

目前大学生就业面向三大人才市场，教育系统的毕业生就业市场、人事部门的人才市场以及劳动部门的劳动力市场。除此之外，还有一些私营中介举办的不同规模和层次的招聘会和宣讲会。各类毕业生就业服务机构和就业市场是政府为促进就业，搭建用人单位与人才的沟通交流桥梁，积极为用人单位选用人才和服务毕业生就业搭建的交流平台。各地方都有专门的人才市场，地方和各行各业每年都要举办大大小小的人才交流会，很多高校也要组织大型的双选会或校园专场招聘会。这些人才市场、交流会、双选会和招聘会不仅为用人单位和毕业生面对面接触提供了机会，而且为毕业生提供了大量的需求信息，毕业生要高度重视，充分利用这些机会，走访用人单位的摊位，寻找交流的机会，尽可能多地了解相关职业和行业情况，收集大量的用人信息。此外，猎头公司作为中介机构，与一般的人才服务机构不同，他们的服务对象是中高级管理人员和技术人才，手中掌握着大量跨国公司职位空缺情况。不过对于应届毕业生来说，由于初出茅庐，缺少实践经验，故而想成为猎取对象的机会不大。但如果出身名校，且在校期间有专利发明或是发表了在国际上具有影响力的论文，又或者在实践、实习过程中有非凡的经历和表现，得到猎头公司的推荐也是有可能的。

·【提示】·

应届毕业生参加招聘会的注意事项

求职意向清楚表达。在简历中标明自己的求职意向，同时要把自己的联系方式注明，使用人单位能及时与你取得联系。

保证良好的精神面貌。应该朝气蓬勃、充满自信，要相信自己所掌握的技能一定能胜任要从事的工作。

进入人才市场不宜太晚。及时进入，可以有充足的时间收集信息，了解行情，掌握到会单位的情况。

交谈不必太早。进入人才市场后，最好是先尽快地浏览一遍，根据自己的求职意向，确定几个重点，再去交谈。

参会时不要带过多的证件原件。因为参会人多，用人单位没时间当时验证，而是会主要参照初次面试和简历来判断。

充分利用大会的会刊。从上面查找自己感兴趣的单位，然后直接去其所在场馆，这样能够提高应聘效率。

善咨询、问明白。应仔细询问招聘单位的详细情况，包括单位的上级主管部门、所有制性质、法人、招聘的内容和目的、用工形式、工作时间、薪水支付方式等，做到心中有数。

听议论、听反响。在求职时，应注意听招聘者向其他求职者的介绍是否与你了解到的情况一致，听一听其他求职者的议论，再听取一下别人的建议和意见。

多小心、防受骗。近年来，一些骗子利用招聘大会行骗的事时有发生，其手法往往并不高明，但总能得手，主要是不少应聘者缺乏必要的自我保护意识。

不要让家长陪同。让家长陪同参加招聘会会给用人单位留下"缺乏独立性"的不良印象。

重视举止形象。毕业生要掌握必要的礼仪和谈话技巧，并要适当地"包装"自己。

留下必需的资料。如果单位不能当场签约，还要继续面试或考核，就要留下自荐书、简历等材料。

会后两三天内及时与用人单位联系，不能被动等待。

签约一定要慎重。

（资料来源：第一招聘网）

（三）各种社会关系

所谓通过社会关系，就是通过亲戚、朋友、师长及其他熟人等社会关系获取求职信息。通俗地讲，就是我们日常所说的"门路"，这里不能将社会关系简单地归位走后门，并一味加以排斥，这里所说的关系实际上指的是一种途径和渠道。就个人和家庭的各种社会关系在帮助和推荐毕业生就业这方面来看，他们可以利用自己的各种优势和人际资源尽力去帮助毕业生就业或提供就业信息；从师长这个渠道来看，他们对相关行业和专业领域的发展情况，毕业生适合的就业区域、单位、岗位等信息的把握都比较准确，具体这些资源对毕业生求职信息的获取所起的作用不可低估。事实上，每年都有相当一部分毕业生是通过这种方式就业的。

（四）实习单位

实习是大学生专业理论知识应用于实践，加强对理论知识的理解和进一步提高理论水平的过程，实习单位一般都是专业对口单位。通过实习，大学生可以比较深入地了解单位各方面的信息，同时单位对大学生也有所了解，如果单位有招聘毕业生的名额，而毕业生的条件又恰好让单位满意，毕业生就极有可能成为招聘对象，每年通过实习落实就业的毕业生数量也相当可观。而且通过实习，大学生可以对社会上的职业结构、行业发展和专业需求有所了解，能够较为充分地收集信息。大学生要学会去充分利用这些机会，在增长实践知识、提高实践能力的同时，为就业做好准备。

（五）大众传媒

由于毕业生就业是社会关注的焦点问题，近些年来已经逐渐引起了大众传媒的普遍关注，有关就业的讲座、招聘广告时常登载或报道。大众传媒具有受众面广、传播速度快、形式多样、信息量大等特点，是获取求职信息最广泛、最快速的渠道。大学生可以通过报刊、电视、网络等渠道，了解就业市场动态，获取求职信息。尤其在信息网络化时代，利用互联网寻找求职信息已经给我们提供了极大的便利。互联网上信息量大，查询快捷，毕业生要养成经常上网查询的习惯，这样可以获得大量的求职信息。同时，通过浏览各类人才网站、企业网站、政府就业网站等，除了可以获得就业岗位信息外，还可以获得大量的就业政策、行业发展、市场分析信息以及招聘会、宣讲会等的时间安排，各高校也均有相应的就业指导网站，这类信息时效性强，更新快，更加针对在校毕业生的特点，非常值得毕业生关注。

·【提示】·

各大求职信息网站

中国国家人才网 http://www.newjobs.com.cn
中国南方人才网 http://www.job68.com
中国北方人才网 http://bfrc.online.tj.cn
中国企业人才网 http://www.jobl00.com
21世纪求职频道 http://job88.21cn.com
前程无忧网 http://www.51job.com
中华英才网 http://www.chinahr.com
智联招聘网 http://www.zhaopin.com.cn
伯乐人才网 http://www.goodjob.cn
中国大学生网 http://www.chinadaxuesheng.com
中国高校毕业生就业服务信息网 http://www.myjob.edu.cn
中国海峡人才网 http://www.hxrc.com
福建省毕业生就业公共网 http://www.fjbys.gov.cn

·【实践应用】·

设定你是一名即将毕业的大学生,面临外出实习并找工作的局面。为了获取广泛、可靠、丰富的就业信息,你需要从四面八方挖掘就业信息。请你从以下几个方面对自己进行一个模拟测试,收集各方面的就业信息,了解自己在哪方面获得的就业信息更适合自己。

(1)从学校层面入手,有哪些信息资源可以利用。

(2)从政府层面入手,有哪些渠道可以获取就业信息。

(3)充分利用身边所有人的人际关系资源,获取就业信息。

(4)从实习、社会实践的单位寻找就业信息。

(5)利用网络资源寻找就业信息。

要求:记下所有渠道及其攻略,并逐步付诸实施,记下自己的成功经验,反省自己的不足,并与同学进行交流分享。

四、存在的问题

虽然现在是信息时代,我们每天的生活中都充斥着大量的信息,但在解读招聘广告时,要注意识别其中的一些陷阱。例如现在有一些人才网站在信息量欠缺,不能为求职者提供有效、足量的用人单位招聘信息的情况下，为提升网站的点击率，会直接从其他网站上复制招聘信息，而这些未经核实或已过时无效的信息，将白白浪费求职者的时间和精力。而且网络招聘在中国出现的时间尚短，目前还处于初级阶段，相关的法律法规并不完善，使有些犯罪分子有机可乘。现在中国大约有3000家提供招聘服务的网站，但达到一定规模、能够为用户提供全面服务的只有少数。在这种情况下，对于毕业生来说，要优先选择规模大、知名度较高、门户型的招聘网站，这是搜集信息时的明智之举。

(一)以招聘的名义诈取钱财

就业指导专家曾经指出，某些招聘企业会利用求职者求职心切的心理，变相收取一些费用。例如巧立名目收取保证金，之后告诉求职者单位人员名额已满，而保证金也不再退还，或者干脆是人去楼空。更加隐蔽的收费还包括工装费、档案管理费、转档手续费、培训费，等等，这些本应该由企业承担的费用统统转嫁到了求职者身上，而且一旦遇上这种情形，求职者往往不会通过单位后期的考核，单位会以各种理由迫使求职者放弃。目前国家的法律法规已经明确规定，用人单位不得向应聘者收取任何费用(包括押金或保证金)，所以，那些在求职初期或任职初期需要求职者缴纳押金的公司多是不合法的。此外，还有一些规模小、夸大其词的中介机构，向求职者索要信息服务费，不用多想，这一定是骗局。因此，求职者在遇到需要交钱的情况时，一定要提高警惕。

(二)以招聘名义储备人才

所谓“醉翁之意不在酒”，现下不论是中小型企业还是大型企业，在某些时期，出于对公司发展的考虑，都会以招聘为名，一方面宣传自己的企业，提高知名度，一方面搜集人才做储备之用。有些财大气粗的企业，动辄就包下招聘会的几个展位，或是报纸的整个版面，招聘岗位十分丰富，以求吸引更多的招聘者关注自己的公司。而那些热血沸腾的求职青年，往往认认真真填好各种表格，过五关斩六将地熬到最后审核阶段，却被用人单位以各种理由告知不能录用。而且就招聘会而言，尽管主办方在招聘会开场前已对参会单位进行了资格审查，对其发布的职位信息往往也做过仔细的过滤，但在成千上万的职位信息中难免存在虚假信息。一方面，招聘单位为了吸引求职者、宣传企业形象，会有意将需求人数提高；或者原本要招聘一般工作人员，但为了吸引那些高素质人才前来应聘，而将招聘岗位改成中层干部，让职位听起来很体面。由于信息不实，求职者往往会被迷惑，使自己对岗位职责的理解与实际情况产生偏差。另一方面，个别招聘会主办方有时为了吸引人气，举办各类专场，导致求职者冲着专场而来，结果却发现有很多不相干的单位设置了展位。或是在招聘会的淡季，有些主办方甚至会虚设招聘单位，制造招聘会异常火爆的假象等。

毕业生应当正确对待招聘会，认真核查相关信息的准确性，要有选择性地参加，不要盲从。

(三)利用求职过程诈取劳动成果

此种情况主要出现在一些小规模的设计公司，这些公司由于缺乏足够的人才和良好的创意，又不想支付额外的费用高薪聘请专业人员，故想出这样的招数，通过招聘新人的幌子，窃取创意或是设计成果。这些企业通常也会有十分完整、严格的考核系统，从投递简历、网络申请，到参加笔试、面试、复试等，每个环节都让人感觉极其正规，丝毫不会引起应聘者的怀疑。而用人单位会很巧妙地将自己的需求设置成考核题目，例如按主题要求提交创意设计，或是提交一套程序编码等，而很多应聘者在进入最后一轮考核时，往往也认为胜利在望，面谈也进行得相当愉快，从工作内容、培训方案谈到薪酬福利等，可最后却迟迟等不来录取通知，回顾自己的求职过程，也找不到失败的原因，电话询问用人单位也只能得到一个模棱两可的回答。所以建议求职者，如果担心自己的劳动成果可能会在面试过程中被公司占用或是窃取，要事前同公司讲明版权归属问题。

五、正确处理搜集到的信息

（一）科学筛选

由于信息的来源和获取的方式不尽相同，已经收集到的大量的求职信息内容很可能是杂乱无章的，有的相互矛盾，有的虚假不实。因此大学生对于已经搜集到的需求信息，应结合自己的实际情况加以筛选处理，去伪存真，有目的、有选择地进行排列、整理和分析，只有这样才能使求职信息具有科学性和有效性，使之能更好地为自己的求职服务。科学地筛选求职信息需要注意以下几点：

1.去伪存真，有效筛选

面对众多的求职信息，要进行筛选和处理。这个过程简单来讲就是要结合自己的实际情况，对信息进行去粗取精、去伪存真，有方向、有条理地进行整理和分析，使得到的信息更具准确性和有效性。筛选信息可以依照真实性、时效性、价值性三个标准进行，同时通过分析已经获取信息的具体情况，如用人单位的要求、具体岗位、发展空间、薪酬待遇、工作地点等，依次对信息进行筛选，这个过程主要基于大学生对自我的客观评估以及对信息进行剖析。

2.善于对比，把握重点

这一点是处理信息的核心之所在。筛选信息的时候，要将与自己有关的信息按重要程度排序标明，一般的信息则仅作参考。主次不分，可能使你在求职过程中走过多的弯路，耗费过多的精力，有时求职者将时间花在众多一般信息上，结果可能使自己错过好的机遇。因为信息并不为个人所独有，而且信息具有明显的时效性，谁赢得时间，谁就可能抢占主动，因此要注意信息的时效性，如简历提交的截止日期、面试或笔试时间等。

3.了解透彻，充分利用

对求职信息的充分利用，主要表现在求职者可以根据信息调整自己的求职策略。对于重要的信息，要注重寻根究底，争取对目标单位的历史、现状、未来等各个方面有一个清醒的整体认识。有些情况还要通过合适的方式或侧面进行了解，如果能详细掌握这些材料，就能在随后进行的面试中处于主动，从众多应聘者中脱颖而出，同时可以拉近自己与用人单位的距离，使面试官感受到你对面试的重视以及进入公司发展的渴望。

4.求证归整，做好准备

对于已经筛选过的求职信息，还要做信息的求证工作。可以通过电话、网络、实地访问等查询方式来了解用人单位各方面的情况，修正和补充有关信息，以此来验证我们筛选信息的真实度和时效性。而求职信息经过筛选和求证后，有时仍然是零碎纷乱的，这就需要我们对所有信息加以归整和分类，既防止了求职信息的遗漏，又方便了我们自己对所收集的求职信息进行检索和查阅，使自己再利用这些信息时更加方便快捷，这样就不至于出现有些求职者由于在前期随意投递简历，当用人单位致电通知其参加面试时，自己完全对该公司没有任何印象，并且自己也没有记录可以查询。在此为大家列出一些信息整理的表格，以供参考。

表 5-2　个人就业信息管理表

个人就业信息管理库									
时间	单位名称	单位性质	招聘岗位	招聘人数	公司地址	联系电话	E-mail	网址	备注

表 5-3　招聘会、宣讲会信息管理表

招聘会、宣讲会信息管理库						
举办时间	名称	主办单位	地点	联系人	联系方式	备注

表 5-4　用人单位基本情况信息表

用人单位基本情况信息库			
单位名称		所有制性质	
所在地		联系方式	
经营范围		福利待遇	
发展前景		经济情况	

(二)合理运用

求职信息的运用实际上就是在求职信息整理分析的基础上，充分利用那些可用信息去付诸实施，进行职业知识能力提升、职业选择和职业确立的过程。求职信息直接受当前就业形势与就业政策的影响，在当年的就业期限内对毕业生能否就业起到了举足轻重的作用。毕业生只有充分利用信息，全面分析市场需求，不断加强自身学习和实践活动，使自身的知识结构、知识水平和综合素质适应市场标准，达成顺利完成择业这一过程，才算达到了收集和分析筛选信息的目的。

求职重点目标一旦确定，就要及时主动与用人单位联系，询问面试时间、地点和要求，并按照要求准备好一套相应的应聘材料，使求职信息尽快变成供需双方交流沟通的纽带。

求职信息的运用主要体现在三个方面：首先，是要运用有价值的信息，及时有效地选择适合于自己的工作，要根据职业的要求和自己具备的条件，选择适合于自己的最佳职业。其次，是要根据筛选出来的信息，发现自己的不足，调整自己的知识结构，提高自己的工作能力。如发现自己的哪方面课程和知识不足，要主动去学习；发现自己哪方面的技能欠缺，要及时参加训练，以便尽快掌握，弥补自己的不足。再次，对就业信息的充分利用，还表现在可以分享那些对自己没用但对身边朋友、同学有价值的信息上，通过分享信息帮助他人，在拓宽信息来源的同时，也体现了大学生互帮互助的良好素质。

第四节　投递求职材料

一、整理求职材料

(一)求职材料整理的顺序

在整理时，求职信和简历可以手写，也可以用计算机打印，若字写得漂亮，最好用笔书写，以便展示自己的特长。求职材料不宜过厚，一般以 6～8 页为宜。附加材料最好按统一规格的纸张复印，一般以 A4 纸为宜，然后按照求职信、简历、毕业生就业推荐表、附加材料的顺序装订。这里需要注意的是，求职材料中一定要附上自己的联系地址和联系电话。

（二）求职材料中的照片要求

求职材料中是否要附上个人照片，不能一概而论，而是根据具体情况而定。有的工作如公关、涉外、秘书、高铁乘务等比较注意相貌，申请这方面的职位，一般来说应当贴上照片；有的工作如公司会计、计算机等，对相貌没有特殊要求，申请这方面的职位，一般可以不贴照片。若要附上照片，应选免冠照片。不同的职业，审美的要求不一样，应根据自己所选择的职业特点和要求，选择合适的照片。

二、投递求职材料

一些大学生向很多用人单位投递了求职材料，可是很少得到面试的机会。要知道，投递求职材料时必须掌握一定的技巧。

（一）有的放矢

一些刚毕业的大学生急于找到一份工作，于是漫无目的地乱投简历，不管什么单位、什么职位，也不管自己适不适合都投，以致求职的成功率很低。

为了提高求职的成功率，必须仔细阅读用人单位的简介、招聘介绍、信息发布时间、有效期等，必要时还可以登录用人单位网站的主页了解更多的相关信息。要留意对方的用人计划及招聘要求，在全面详细了解招聘的职位信息后根据自己的实际情况投递简历。

→→→→→

【案例】

突出重点　有的放矢

小张是一名会计专业的大学毕业生，他的职业目标首先是金融行业的会计人员，其次是营销行业的销售员，最后是大型公司的客服人员。因此，他设计了 3 份简历，应聘金融行业的会计人员，注重介绍自己在学习期间的课程，同时，介绍自己在会计专业学习所得到的奖励和参加的比赛；针对营销行业，他主要介绍自己在学校参加市场策略创新大赛和社会实践成果；针对大型公司的客服人员，他重点介绍自己在学校组织的社会实践中所学会的团队合作精神。用小张的话说，写 3 份不同的简历投到不同的岗位，才是真正做到了有的放矢。

←←←←←

（二）第一时间投简历

在当今就业激烈的形势下，大学生掌握招聘信息后，第一时间做出反应就显得非常重要，尤其是一些网络招聘会，收简历时间较短，所以一定要争取在第一时间寻找出中意的用人单位，并投递出简历，以便抢占先机。

（三）不要向同一家用人单位申请多个职位

目前，向同一家用人单位同时申请多个职位的大学生不在少数。其实，向同一个用人单位同时申请多个职位，并不能表明你的能力超常，相反，用人单位会觉得你非常盲目，没有自己明确的目标，缺乏主见。因此，向同一家用人单位申请多个职位的做法并不可取。

（四）及时更新简历

所谓更新简历，并不是指无目的的更新。这时提出的更新是要针对不同的用人单位和职位制作有针对性内容的简历。要根据新的用人单位和职位更新简历。

自我检测

1.什么是简历？简历上都包括哪些内容？制作简历时要遵循哪些原则

2.求职信息的意义有哪些？可以通过哪些途径获取求职信息？如何从搜集到的大量信息中找到自己需要的信息？

◆作业

做一份属于自己的简历。

阅读拓展→

《别告诉我你会做简历》

——做简历，看这本书就够了

作　　者：陈乾文

出 版 社：龙门书局

丛 书 名：大众生活实用全书

出版时间：2010-9-1

版　　次：1

页　　数：197

开　　本：24 开

I S B N：9787508826486

包　　装：平装

编辑推荐→

求职时如有以下想法，请勿翻阅此书：

诸葛亮出山前也没有带过兵，凭啥要求我有工作经验啊？

坚持就是胜利，每天投上50份简历，一定会有面试机会的！

做简历，关键是要能吹，再找个熟人推荐一下就OK了！

本书特别赠送英文简历常用词汇表。经典职场图书品牌"快阅读"重磅推荐！资深HR现身说法，让你15秒就脱颖而出！

内容推荐→

用人单位会因为你是汉族人而雇佣你吗？还是会因为你是少数民族而对你另眼相看？如果不会，那你不用写民族。

别罗列课程了，除非你所学的是全国独一无二的，否则你写的就不再是你，而是你的专业！全国学这个专业的人都上过这些课，你的优势何在？

诸葛亮刚出山时也没带过兵啊，凭啥我要有工作经验？问题在于，你可以没有资历，但绝对不能没有资质！知道怎么证明你是个"可造之材"吗？

在本书中，你将发现大量这种"痞气"十足的话语，看似"雷人"，实则"醒人"。资深HR陈乾文现身说法，教你如何与用人单位过招儿，让你轻松掌握秒杀HR的职场秘籍，迅速从茫茫人海中脱颖而出！

作者简介→

陈乾文，从事招聘工作，却不敢声称"阅人无数"，今朝"现身说法"与您分享招聘、应聘的那点事儿。

第六章 “礼”多人不怪
——为你诠释礼仪的力量

学习导八

中国是一个有着五千年历史的文明古国，中华民族素来是一个温文尔雅、落落大方、谦恭礼让的礼仪之邦。礼仪是人类为维系社会正常生活而要求人们共同遵守的最起码的道德规范，它是人们长期共同生活和相互交往中逐渐形成的，并且以风俗、习惯和传统等方式固定下来。对一个人来说，礼仪是一个人的思想道德水平、文化修养、交际能力的外在表现，职场人才济济，如何才能在激烈的竞争中谋得一席之地？较好的仪容仪表、礼仪礼节能为你加分不少。

第一节 大学生进行礼仪训练的必要性

礼者养也，是指一个人的修养；仪，指具体表现的形式。礼仪是人们在长期的社会实践中，以建立和谐关系为目标，对人类自身言谈行为的模式和思维方式达成的一套社会协议和共识，是人们必须共同遵守的一系列言行和仪式的标准。它以社会道德观念为基础，以各民族的文化传统为背景，受到宗教信仰的强烈影响，具有浓厚的时空特色和社会约束能力，其目的是为了在人类社会物质条件和需求欲望之间达到动态平衡，维系社会生活正常运行和发展。

礼仪是在人际交往中，以一定的、约定俗成的程序和方式来表现律己、敬人的过程，涉及穿着、交往、沟通等内容，主要体现在职业形象、职业素养和职业意识三个方面。职业礼仪是一个人职业形象的外在表现，一名成功的职业人，除具备坚实的专业能力外，还应具有良好的职业形象。从个人修养的角度来看，礼仪可以说是一个人内在修养和素质的外在表现；从交际的角度来看，礼仪可以说是人际交往中适用的一种艺术，一种交际方式或交际方法，是人际交往中约定俗成的给人以尊重、友好的习惯做法；从传播的角度来看，礼仪可以说是在人际交往中进行相互沟通的技巧。

知书达理，待人以礼，应当是当代大学生的一个基本素养。大学生活是大学生进入社会之前的最后一个准备阶段，除了需要充实必要的文化知识外，还应当做好充足准备，为将来走上社会建立良好的人际关系，保持健康的身心，尽快适应并为决胜职场奠定坚实的基础。

（一）礼仪训练有利于大学生与他人建立良好的人际关系，促进大学生的身心健康

任何社会的交际活动都离不开礼仪，而且人类越进步、生活越社会化，人们也就越需要礼仪来调节社会生活。礼仪是人际交往的前提条件，是交际生活的钥匙。当代大学生随着年龄的增长和生活环境的变化，自我意识有了新的发展，他们十分渴望获得真正的友谊，进行更多的情感交流。大学生一般都远离家乡父母，过着集体生活，与其他同学处在平等位置，失去了以前那种对父母的“血缘上的”、“无条件的”依赖。因此，通过人际交往活动，并在交往过程中获得友谊，是适应新的生活环境的需要，是从“依赖于人”的人发展成“独立”的人的需要，也是大学生成功地走向社会的需要。

实践表明，良好的人际交往有助于提高大学生的自信和自尊，降低挫折感，缓解内心的冲突和苦闷，宣泄愤怒、压抑和痛苦，减少孤独、寂寞、空虚等。这样十分有益于大学生身心健康，而且也会使大学生最大限度地避免不良情绪的产生，产生的不良情绪则能够得到有效的排遣。同时，社交礼仪本身就是一种特殊的语言，让大学生学习和掌握社交礼仪的基本知识和规范，他们就能凭借它去顺利地开启各种交际活动的大门，建立和谐融洽的人际关系。这样，不仅是形成良好的社会心理氛围的主要途径，而且对于大学生个体来说，也具有极其重要的心理保健功能。

(二)礼仪训练有利于促进大学生的社会化,提高社会心理承受力

大学生堪称"准社会人",他们有一种强烈的走向社会的需要,同时又普遍存在一些心理困惑。比如,走上工作岗位后如何与领导、同事相处,如何建立良好的人际关系,如何进行自我形象设计,如何尽快地适应社会生活等社会交往问题。然而大学生的社会心理承受力直接影响到交际活动的质量。一个具有良好心理承受力的人,在交际活动中遇到各种情况和困难时,都能始终保持沉着稳定的心理状态,根据所掌握的信息,迅速采取最合理的行为方式,化险为夷,争取主动。

相反,一些缺乏良好的心理承受力的人,在参加重大交际活动前,常会出现惊慌恐惧、心神不定、坐卧不安的状况,有的在交际活动开始后,甚至会出现心跳加快、四肢颤抖、说话声调不正常等现象。因此,对大学生进行礼仪训练,让大学生掌握符合社会要求的各种行为规范,不仅能满足大学生走向社会的需要,更好地促进大学生社会化,而且,还可以培养大学生适应社会生活的能力,提高他们的社会心理承受力。

(三)礼仪训练有利于对大学生进行思想道德教育,提高思想道德素质

目前,在不少高校中存在着这样的现象:学生学的是高层次的道德规范,实际行为上却往往达不到基础道德的水平。这种现象与社交礼仪教育的缺乏是分不开的。因为,礼仪是一种社会规范,是调整社会成员在社会生活中相互关系的行为准则。社会规范主要包括法律规范和非法律规范两大类。礼仪是一种非法律规范,它主要包括道德规范、宗教规范、习俗、共同生活准则等。其中,道德规范具有特殊的地位和作用,因为它是从社会生活中概括提炼出来的一种自觉的社会意识形态,它是依靠社会舆论、传统习惯和个人的内心信念来维持的。社会礼仪反映了人们在共同生活、彼此交往中最一般的道德关系,是保证交往活动顺利进行和社会生活正常秩序的重要因素。社交礼仪是一门具有较强的实践性和实用性的学科。大学生进行系统的礼仪训练可以丰富自身的礼仪知识,掌握符合社会主义道德要求的礼仪规范,指导在实际生活中如何按照社交礼仪规范来约束自己的行为,真正做到"诚于中而行于外,慧于心而秀于言",把内在的道德品质和外在的礼仪形式有机地统一起来,成为真正名副其实的有较高道德素质的现代文明人。

(四)礼仪训练有利于对大学生进行人文知识教育,提高大学生的人文素质

文化素质教育主要是指通过人文学科的教育去塑造和培养大学生的内在品格和修养,也就是塑造大学生具有高尚的精神境界和高品位的文化境界。人文教育有明显的教化功能,它作用于人的情感状态,影响和改变人的价值观、人生观、个性等,最终目标是教会大学生学会与他人相处。礼仪训练作为文化素质教育的重要组成部分,有利于对大学生进行人文知识教育,提高大学生的人文素质。

第二节　基本礼仪

一、仪表——第一印象的关键

仪表，也就是人的外表形象，包括仪容、服饰、姿态和风度，是一个人教养、性格内涵的外在表现。

讲究个人卫生、保持衣着整洁是仪表美的最基本要求。在日常生活中，只要有条件，就必须勤梳洗、讲卫生，尤其在社交场合务必穿戴整齐，精神振作。

要正确认识自己，不盲目追赶潮流，注意得体和谐，做到装扮适宜，举止大方，态度亲切，秀外慧中，个性鲜明。

二、仪容——淡妆浓抹要相宜

仪容即容貌，由发式、面容以及人体所有未被服饰遮掩的肌肤所构成，是个人仪表的基本要素。保持清洁是最基本、最简单、最普遍的美容。

男士要注意细部的整洁，如眼部、鼻腔、口腔、胡须、指甲等。要知道，有时"细节"也能决定一切。

风华正茂的学生，天生丽质，一般不必化妆。职业女性，尤其是社交场合的女士，通常要化妆。在某些场合，适当的美容化妆则是一种礼貌，也是自尊、尊人的体现。

化妆的浓淡要根据不同的时间和场合来选择。在平时，以化淡妆为宜，注重自然和谐，不宜浓妆艳抹、香气袭人；参加晚会、舞会等社交活动时，则应适当浓妆。

(一)美发——并非时尚就是好

发型是仪容极为重要的部分。头发整洁、发型得体是美发的基本要求。整洁得体大方的发式易给人留下神清气爽的美感，而蓬头垢面难免使人觉得你生活很邋遢。

发型的选择要根据自然、大方、整洁、美观的原则，既要观察发型的流行趋势，又不能盲目追赶潮流，重要的是应该考虑到自己的年龄、性别、职业、性格、爱好和脸型特点。

头发的护理：

1.常梳洗保清洁。洗发时用十指按摩头皮，以促进血液循环，也有助于头发生长。常梳头亦可促进头部的血液循环，还应及时将枯黄、开叉的发梢剪掉，保持头发的美观。

2.烫发、染发要审慎对待，把握好分寸，否则会损伤头发，损害自己的形象。

(二)服饰——也要讲原则

1.遵循国际通行的"TPO"三原则

T(Time)表示时间，即穿着要应时。不仅要考虑到时令变换、早晚温差，而且要注意时代要求，尽量避免穿着与季节格格不入的服装。

P(Place)表示场合，即穿着要应地。上班要着符合职业要求的服饰，重要社交场合应穿庄重的正装。衣冠不整、低胸露背者委实不宜进入法庭、博物馆之类的庄严场所。

O(Object)表示着装者和着装目的，即穿着要应己。要根据自己的工作性质、社交活动的具体要求、自身形象特点来选择服装。

2.讲究协调

要与年龄、形体相协调。偏瘦和偏胖的人不宜穿过于紧身的衣服，以免欠美之处凸现。

要与职业身份相协调。有一定身份地位的人，服饰不大自由。行政、教育、卫生、金融、电信以及服务等行业人士的服饰要求稳重、端庄、清爽，给人以可信赖感。

(三)西装——穿出你的风度

西装的穿着比较讲究，否则就显得不伦不类。

1.西装的衬衫

衬衫一般应选用硬领尖角式的，领口一定要挺直，而且要比外套的领子高出 1.5 厘米左右，并贴紧。颜色以纯色的为佳，其中白色为最容易搭配的颜色。袖口略长出西装袖口约 2 厘米。下摆要塞进裤子里，不要散在外面。衬衫配领带时，应把所有的扣子系上，不能将袖子卷起。不系领带时，最上面扣子不要扣。

2.西装的外套

新买来的西装在穿着之前，要把袖子上的商标(小布条)剪掉。

双排扣的西装比较庄重，一般要把扣子系好，不宜敞开。单排两粒扣的西装扣法很有讲究：只系上面一粒的是庄重，敞开都不扣的是潇洒，两粒都扣的是呆板，只扣最下面一粒的是流气。三粒扣的西装，扣好上面两粒为佳，只扣中间一粒的也行，全不扣的也未尝不可；切忌只扣最下面一粒，也不宜只扣下面两粒。

西装外套上的口袋只是装饰性的，一般不装东西，以保持平整挺拔。左胸的口袋，只可插鲜花或手帕。切忌把钢笔、记事本等装在左胸外口袋，这些小物品可放在外套左右胸内侧口袋里。

3.领带

穿着西装，领带起着画龙点睛的作用。首先要注意领带的色彩，要与外套协调搭配。领带系好后，其长度以大箭头垂到腰带下沿处为佳，可上下浮动一寸左右。领带夹一般夹在衬衫的第三、第四粒扣子中间；也可将领带夹别在里面而不外露，只起固定作用。如果穿马甲或毛衣，一定要把领带放在毛衣、马甲里面，还要注意毛衣、马甲的下摆切不可塞进裤子里面，以免臃肿不堪。

4.西装的长裤

西装的长裤以裤脚接触脚背，一般达到皮鞋后帮的一半为佳。裤线要清晰、笔直。裤扣要扣好，拉链全部拉严。

5.配套的鞋袜

穿西装一定要配皮鞋，千万不要穿凉鞋、布鞋、旅游鞋等，而且皮鞋要擦亮。黑色皮鞋可配各种颜色的西服，其他色彩的皮鞋要与西服的颜色相同或接近才能相配。配袜子也应讲究，不可忽略。袜子的色彩应采用与皮鞋相同或接近的颜色。不宜用白袜子配黑皮鞋，男士切忌穿女士常用的肉色丝袜。

(四)女装——体现品位与风采

对于爱美的女士来说，着装要得体、有品位。

1.首先考虑自己的身材。

身材矮胖的人，应避免选择过于鲜艳和大花、大格子的衣服，而应穿着垂直线条式样、颜色素雅、剪裁合体的服装。身材高瘦的人，要避免穿垂直线条、过于透明的衣服。

2.也要考虑自身的肤色。

肤色白皙的人穿什么颜色都合适，如穿深色服装，更显得肤色细白洁润；肤色黝黑的人则最好选颜色素雅、较明亮的颜色，可获得健美效果。

3.衣着搭配要协调。

一般来讲，上衣与下装的质地款式应相配，不要上衣十分厚重而下装又极轻薄，也不要上着职业装而下着牛仔裤。除此之外，还要讲究色彩的和谐统一。

4.服装与鞋子也要在颜色款式上加以搭配，比如套装配高级皮鞋，运动装配旅游鞋等。

(五)时髦——也可能有伤大雅

近年，姑娘们时兴露背低胸的吊带装和拖鞋，构成一个个靓丽的聚焦点。此类服装在休闲娱乐时可以穿，而在办公室、图书馆、教室却有伤大雅！

公务员、公司白领人士在办公室工作时就必须穿着整齐、稳重、大方。工作人员上班时不能穿运动休闲装及短裤、运动服、拖鞋，尤其是女性在办公室不得穿超短裙、吊带衫、露背装、紧身裤、露脐装之类时髦性感的衣服。

(六)饰品——巧着一物尽风流

装饰品是人装束的点缀，既可画龙点睛，亦可画蛇添足，并非多多益善，因此不得不讲究。

1.适应场合。高档珠宝首饰，适用于隆重的社交场合，不宜在工作、休闲时佩戴。

2.适合身份。选戴首饰要与自己的性别、年龄、职业及角色相适应。青少年学生一般不宜戴首饰；公务员穿着执法制服时不能佩戴首饰，平时佩戴的饰物以少为好；男士若戴项链最好不要外露。

3.扬长避短。选戴首饰要考虑自身的身材、肤色、衣服款式等因素，注意扬长避短。比如体型较胖、脖子较短的人应选佩较长而细的项链；身材苗条、脖子细长的人则最好选佩宽粗一些的短项链，造成视错觉以弥补颈项美感之不足。

4.量少为佳。炫耀性地佩戴众多首饰显得俗不可耐。若有意同时佩戴多种首饰，总量上不可超过 3 种，只有新娘可以例外。

5.色质相同。若同时佩戴多件首饰，应力求色彩、质地相同，以避免五花八门、眼花缭乱之感。

6.佩戴得法。要了解并尊重风俗习惯。项链通常只戴一条,不宜同时挂着金项链、珍珠项链等;耳环讲究成对佩戴,且不宜在一只耳朵上同时戴多只耳环;手镯戴一只两只皆可,但也不宜在一只手上戴多只手镯,手链通常只在左手上戴一条,不宜双手同时戴手链;胸针通常别在西装左侧领上或左侧胸前。

(七)微笑——人生的无价之宝

微笑是人人皆会流露的礼貌表情,不仅为日常生活及其社交活动增光添彩,而且在经济生活中也有无限的潜在价值。

而这"微笑"就是礼仪中最简单、最通常的表达方式,也是人们亲切友好最具美感的表情。

微笑犹如百万财富般的珍贵。它既是一种感情,也是一种品格,还是一种技巧,它可以化为巨大能源和物资。

可见,微笑礼仪已成为流行于世界的社会竞争的有效手段,这既是社会文明进步的体现,又反映了在当今社会竞争加剧、人的生活节奏紧张的状况下,人类更加需要用笑容来点缀生活的现实。

三、仪态

(一)仪态——展示您的教养

仪态,指人的姿态、举止和风度,即一个人的表情、行为、动作,也包括人的体态语。它反映一个人的性格、心理、感情、素养和气质。个人的礼仪修养正是通过一举一动表现出来的。

一个人即使有出众的姿色、时髦的衣着,但如果没有相应的行为美,就破坏了自己的形象。我们的姿态举止就应该体现秀雅合适的行为美。

要站有站相、坐有坐相、行有行相。要率直而不鲁莽,活泼而不轻佻,工作紧张而不失措,休息时轻松而不懒散,与宾客接触时有礼而不自卑。

一个人的气质、风度及其礼仪教养不能仅是靠高档的服饰装扮而成的,更不是靠人们拥捧而就的,而是在一言一行中自然体现出来的。

(二)站姿——要有稳定感

最容易表现体态特征的是人处于站立时的姿势。社交场合中的站姿,要求做到"站有站相",注意站姿的优美和典雅。

女性应是亭亭玉立,文静优雅;男性应是刚劲挺拔,稳健大方。

正确的站立姿势应是:端正、庄重,具有稳定性。站立时的人,从正面看去,应以鼻为点与地面作垂直状,人体在垂直线的两侧对称,表情自然明朗。

温馨提示——注意防止不雅站姿,例如:

(1)上身。歪着脖子、斜着肩或一肩高一肩低、弓背、挺着腹、撅臀或身体依靠其他物体等。

(2)手脚。两腿弯曲、叉开很大以及在一般情境中双手叉腰、双臂抱在胸前、两手插在口袋等。

(3)动作。搔头抓痒,摆弄衣带、发辫、咬指甲等。

(三)坐姿——讲究稳重感

坐姿是人际交往中最重要的人体姿态,它反映的信息非常丰富。优美的坐姿是端正、优雅、自然、大方。

入座时,要走到座位前面再转身,然后右脚向后退半步,再轻稳地坐下,收右脚。

入座后,上体自然坐直,双肩平正放松,立腰、挺胸,两手放在双膝上或两手交叉半握拳放在腿上,亦可两臂微屈,掌心向下,放在桌上。两腿自然弯曲,双脚平落地上,男士双膝稍稍分开,女士双膝必须靠紧,两脚平行,臀部坐在椅子的中央(男士可坐满椅子,背轻靠椅背)。双目平视,嘴唇微闭,微收下颌,面带笑容。起立时,右脚向后退半步,而后直立站起,收右脚。

温馨提示——要坚决避免以下几种不良坐姿:

(1)就座时前倾后仰,或是歪歪扭扭,脊背弯曲,头过于前倾,耸肩。

(2)两腿过于叉开或长长地伸出去,萎靡不振地瘫坐在椅子上。

(3)坐下后随意挪动椅子,在正式场合跷二郎腿时摇腿。

(4)为了表示谦虚,故意坐在椅子边上,身体萎缩前倾地与人交谈。

(5)大腿并拢,小腿分开,或双手放在臀下,腿脚不停地抖动。

(四)走姿——展精神风貌

行走是人生活中的主要动作。从一个人的走姿就可以看出其精神是奋发进取或失意懒散,以及是否受人欢迎等,它最能体现出一个人的精神面貌。

在生活中,有的人精心打扮穿着入时,如果走姿不美,就会逊色三分;而有的人尽管服装样式简单,优美的走姿却使他气度不凡。

标准的走姿要求行走时上身挺直,双肩平稳,目光平视,下颌微收,面带微笑;手臂伸直放松,手指自然弯曲,摆动时,以肩关节为轴,上臂带动前臂,向前、后自然摆动;身体稍向前倾,提髋屈大腿,带动小腿向前迈。

温馨提示——注意矫正不雅的走姿:

(1)内八字和外八字。

(2)弯腰驼背,歪肩晃膀。

(3)走路时大甩手,扭腰摆臀,大摇大摆,左顾右盼。

(4)双腿过于弯曲或走曲线。

(5)步子太大或太小;不要脚蹭地面、双手插在裤兜或后脚拖在地面上行走。

(6)男士的走姿像小脚女人走路一样,一步一挪;或像闲人一样八字步迈开,那会给人以萎靡不振的感觉。

(五)蹲姿——别不顾优雅

蹲姿一般以下列两种为宜：

(1)交叉式蹲姿。下蹲时，右脚在前，左脚在后，右小腿基本垂直于地面，全脚着地，左腿在后与右腿交叉重叠，左膝由后面伸向右侧，左脚跟抬起，脚掌着地，两腿前后靠紧，合力支撑身体。臀部向下，上身稍前倾。

(2)高低式蹲姿。下蹲时左脚在前，右脚稍后，两腿靠紧往下蹲。左脚全脚着地，小腿基本垂直于地面，右脚脚跟提起，脚掌着地。右膝低于左膝，右膝内侧靠于左小腿内侧，形成左膝高右膝低的姿势，臀部向下，基本上靠一只腿支撑身体。

·【提示】·

下蹲礼仪

下蹲时一定要注意不要有弯腰、臀部向后撅起的动作；切忌两腿叉开，两腿展开平衡下蹲，以及下蹲时，露出内衣裤等不雅的动作，以免影响你的姿态美。因此，当要捡起落在地上的东西或拿取低处物品的时候，不可有只弯上身、翘臀部的动作，而是首先走到要捡或拿的东西旁边，再使用正确的蹲姿，将东西拿起。

(六)递物——讲究安全、便利、尊重

行为举止要考虑到是否有礼貌，是否伤害他人。以日常生活常见的递交物品为例，请把握递交物品三原则：安全、便利、尊重。

若递刀递笔给他人，就必须“授人以柄”，千万不要把刀尖、笔尖对着他人递过去，要令人有安全感并使对方很方便地接住，还要等对方接稳后才能松手，这就是尊重他人的表现。

端茶递水最好双手递上，注意不要溅湿他人；要讲究卫生，捧茶杯的手不要触及杯口上沿，避免客人喝水时嘴唇碰到你手指接触过的地方。

若递交书本、文件，也要尽量双手递上，让文字正向朝着对方，使对方一目了然，不能只顾自己方便而让他人接过书本文件后再倒转一下才看清文字。

·【提示】·

递交物品礼仪

递交物品时一般要求和颜悦色，并说“请接好”、“请用茶”、“请收好”之类的礼貌语，还

要注意目光的交流，双方最好处于“平视”状态，尽量避免“俯视”时的傲慢、施舍之意或“仰视”时的畏惧、讨好之态。

(七)行为——注意情境、角色、距离

行为举止应恰到好处。举止三要素：情境、角色、距离。

(1)注意场合

行为应随情境变化。在办公室与在运动场，在教室与在足球看台上，出席婚礼与出席葬礼，朋友聚会与商务谈判……所表现出来的举止神态截然不同，才是正常现象。

(2)有角色意识

如果主次不分，没大没小，反客为主，不是别有用心，就是贻笑大方。人是社会的一分子，行为举止就不可能为所欲为。特别是官员、军人、教师等类型人物的行动就显然不大自由。特殊人物的举止格外令人关注，其效果也与众不同。

(3)有距离概念

男女同学之间如果经常靠得太近，未免有“相处过密”之嫌；情侣之间，如果离得太远，就有闹别扭之感。尤其是在社交活动中，人与人之间保持距离的远近具有特定的含义。比如，距离75厘米左右是“个人界域”，意为“亲切、友好、融洽”，适合于朋友、同志、同事谈心；距离在45厘米以内是“亲密界域”，意为“亲密无间、爱抚”，适合于恋人、夫妻、母女等最亲近者的交流。

(八)握手——友好情感的传递

握手次序应把握尊者优先和女士优先的原则，其次序是：上级、长辈、女士。具体说，在上下级之间，一般由上级先伸手，下级再相握；长辈与晚辈之间，应是长辈主动先伸手，晚辈立即反应；在男性与女性之间，应由女士先大方地伸手，男士有礼貌地响应。

在表示祝贺、慰问的特殊场合，下级、晚辈、男士也可先伸手。

主客之间：迎客时，主人先伸手，以示欢迎；告别时，客人应先伸手，表示感谢。告别时，若由主人先伸手，就有逐客之意。

·【提示】·

握手礼仪

1.伸手时右手掌要与地面垂直，以示友好、平等。如果伸出的手，掌心向上是顺从性的握手姿势，以示谦恭、服从，乃至乞求、巴结；如果伸出的手，掌心向下是控制性的握手姿势，表达的是居高临下、傲慢，支配控制对方之意。

2.握手时，必须注意目光交流，适当寒暄。切忌与对方握手时目光游移、左顾右盼，与

第三人谈话。

3.通常,握手只能一对一,注意不能几个人交叉握手,要等别人握完后再握。

4.不能戴手套与人握手,女士戴的礼服手套除外。

5.与一般女性握手只要握手指部分。

6.不要用湿手、脏手或有疾病的手与人握手,如果对方已伸手,你应该亮出双手,简单说明情况表示歉意,以求得谅解,才不至于失礼。

7.跨门槛时不可握手。宾主告别时,要注意跨门槛(一只脚在门槛边,一只脚在门槛外面)时,不可握手。

(九)行礼——多姿多彩、灵活运用

(1)鞠躬

鞠躬是我国古代传统礼节之一,至今仍是人们见面表示恭敬、友好的一种人体语言。和握手相比,鞠躬表达的敬意更深一些,常用于婚丧节庆、演员谢幕、讲演、领奖等场面以及下级对上级、服务员对客人、初次与朋友见面。特别是在大众场合个体与群体的交往时,个人不可能和许多人逐一握手,则以鞠躬代之,既恭敬,又节约时间,值得大大提倡。

(2)拱手(抱拳)

拱手礼是一种极具民族特色的礼节,而且它既可以避免人数众多时握手的不便,又可以不受距离的限制,特别适用于春节拜年、单位团拜、亲朋好友聚会或向别人祝贺时。

(3)起立

这是向尊长、来宾表示敬意的礼貌举止。常用于上课前学生对老师,开会时对重要领导、来宾、报告人到场时的致敬。平时,坐着的位低者看到刚进屋的位尊者,坐着的男子看到站立着的女子,或者在送他们离去时,也都要用起立以表示自己的敬意。

第三节　求职面试礼仪

面试是成功求职的临门一脚。求职者能否实现求职目标,关键的一步是与用人单位见面,与人事主管进行信息交流,以便使人事主管确信求职者就是用人单位所需要的人才。面试是其他求职形式永远无法代替的,因为在人与人的信息交流形式中,面谈是最有效的。在面谈中,面试官对求职者的了解,语言交流只占了30%的比例,眼神交流和面试者的气质、形象、身体语言占了绝大部分,所以求职者在面试时不仅要注意自己的外表及谈吐,而且要注意避免谈话时做出很多下意识的小动作和姿态。

整个面试过程的时间通常只有半个小时左右,我们可以把它想象成为一部舞台剧。戏里的主角是人事主管和求职者,角色只有两个,但剧情是千变万化的。作为扮演求职者的一方,一定要把握求职礼仪上的分寸,不要过火或不到位,把“好戏”给演砸了。

一、面试准备时的礼仪

守时是职业道德的一个基本要求，提前10～15分钟到达面试地点效果最佳，可熟悉一下环境，稳定一下心神。提前半小时以上到达会被视为没有时间观念，但在面试时迟到或是匆匆忙忙赶到却是致命的，如果你面试迟到，那么不管你有什么理由，也会被视为缺乏自我管理和约束能力，即缺乏职业能力，给面试者留下非常不好的印象。不管什么理由，迟到会影响自身的形象，这是一个对人、对自己尊重的问题。而且大公司的面试往往一次要安排很多人，迟到了几分钟，就很可能永远与这家公司失之交臂了，因为这是面试的第一道题，你的分值就被扣掉，后面的你也会因状态不佳而搞砸面试。

二、面试开始前的礼仪

进入公司前台，要把访问的主题、有无约定、访问者的名字和自己名字报上。到达面试地点后应在等候室耐心等候，并保持安静及正确的坐姿。如果此时有的单位为使面试能尽可能多地略过单位情况介绍步骤，尽快进入实质性阶段而准备了公司的介绍材料，是应该仔细阅读以先期了解其情况，也可自带一些试题重温，而不要来回走动显示浮躁不安，也不要与别的接受面试者聊天，因为这可能是你未来的同事，甚至是决定你能否称职的人，你的谈话对周围的影响是你难以把握的，这也许会导致你应聘的失败。更要坚决制止的是：在接待室恰巧遇到朋友或熟人，就旁若无人地大声说话或笑闹；抽香烟或大声接手机。

三、面试开始时的礼仪

进入面试场地，求职者应始终面带微笑，不要过分紧张，对碰到的每个公司员工都应彬彬有礼。身体语言在人际交流中占50%以上，大家一定遇到过面试失败的例子，分析起来，专业也对口，也没说过什么不得体的话，一句话，不知道输在哪里。其实，除了职场竞争激烈是主要原因外，面试时身体语言表现不当而暴露弱点也是一个重要因素。

身体语言包括：说话时的目光接触；身体的姿势控制；习惯动作；讲话时的嗓音等。

首先是目光接触，面试时，应试者应当与主考官保持目光接触，以表示对主考官的尊重。目光接触的技巧是，盯住主考官的鼻梁处，每次15秒左右，然后自然地转向其他地方，例如望向主考官的手，办公桌等其他地方，然后隔30秒左右，又再望向主考官的双眼鼻梁处。切忌目光犹疑，躲避闪烁，这是缺乏自信的表现。

然后是身体姿势和习惯动作，在进出面试办公室时，注意进退礼仪，一定要保持抬头挺胸的姿态和饱满的精神，不要与人交谈时频繁地耸肩，手舞足蹈，左顾右盼，坐姿歪斜，晃动双腿等，这都是不好的身体语言，总之，手势不宜过多，需要时适度配合表达。

再者是讲话时的嗓音，嗓音可以看出一个人是否紧张，是否自信等，平时应多练习演讲、交谈的艺术，控制说话的语速，不要尖声尖气，声细无力，应保持音调平静，音量适中，回答简练，不带“嗯”、“这个”等无关紧要的习惯语，这些都显示出在自我表达方面的欠缺。

参加面试时，除了熟记自己准备的资料外，如何把握短短一个小时左右的时机，最大限度地利用自己的长处和树立良好形象，掌握良好的交谈技巧也是实施成功面试的重要因素。面试主考官一般较欣赏谈吐优雅、表达清晰、逻辑性强的职位应试者。在前几章中我们介绍过准备面试时，要与同伴找时间互相进行角色扮演，多熟悉一下面试时自我介绍的环节和有关问题的回答方式，多研究主考官观察人的角度和侧重点。

在整个面试过程中，注意不要紧张，表述要简洁、清晰、自信、幽默等，同时注意观察主考官的表情变化，也就是做到察言观色，尽快掌握主考官感兴趣的在哪些方面，再根据事先的准备做着重表达。切记：在与主考官的意见不一致时，不要据理力争，那会导致一时"嘴巴上的快活"而满盘皆输，要知道生死大权皆掌握在主考官手上，即使你不同意他的看法，也不能直接给予反驳，可以用诸如"是的，您说的也有道理，在这一点上您是经验丰富的，不过我也遇到过一件事……"等类似的开头方式进行交流。但在下结论时不要主动说与主考官的观点完全相反，要引导主考官自己做结论，这样就避免了与主考官直接发生冲突，又巧妙地表明了自己的观点，特别是在回答情景面试问题时，稍不注意，容易处理失当，过度自信而忽略了场面控制。

四、面试结束时的礼仪

面试结束时，不论是否如你所料，被顺利录取，得到梦寐已久的工作机会，或者只是得到一个模棱两可的答复："这样吧，××先生/小姐，我们还要进一步考虑你和其他候选人的情况，如果有进一步的消息，我们会及时通知你的。"我们都不能不注意礼貌相待，用平常心对待用人单位，况且许多跨国公司经常是经过两三轮面试之后才知道最后几个候选人是谁，还要再做最后的综合评估。竞争是相当激烈的。

如果得到这样的答复，我们应该对用人单位的人事主管抽出宝贵时间来与自己见面表示感谢，并且表示期待着有进一步与××先生/小姐面谈的机会。这样既保持了与相关单位主管的良好关系，又表现出自己杰出的人际交往能力。当用人单位最后考虑人选时，能增加自己的分数。与人事经理最好以握手的方式道别，离开办公室时，应该把刚才坐的椅子扶正到刚进门时的位置，再次致谢后出门。经过前台时，要主动与前台工作人员点头致意或说"谢谢你，再见"之类的话。

面试之后，回到家里，应该仔细记录整个面试经过，每个面试提问，每个细节都要记载在面试记录手册里。面试成功与否并不是最重要的，最重要的是从上一次面试中分析各种因素，学到经验，下次面试会更好。

五、求职礼仪自我检视清单

1. 求职面试前的礼仪

(1)头发干净自然，如要染发则注意颜色和发型不可太标新立异。

(2)服饰大方整齐合身。男女皆以时尚大方的套服为宜。

(3)面试前一天修剪指甲，忌涂指甲油。

(4)不要佩戴标新立异的装饰物。

(5)选择平时习惯穿的皮鞋,出门办事前一定要清洁擦拭。

2. 求职面试过程的礼仪

(1)任何情况下都要注意进房先敲门。

(2)待人态度从容,有礼貌。

(3)眼睛平视,面带微笑。

(4)说话清晰,音量适中。

(5)神情专注,切忌边说话边整理头发。

(6)手势不宜过多,需要时适度配合。

(7)进入面谈办公室前,可以嚼一片口香糖,消除口气,缓和紧张的情绪。

3. 求职面试结束时的礼仪

(1)礼貌地与主考官握手并致谢。

(2)轻声起立并将座椅轻手推至原位置。

(3)出公司大门时对接待小姐表示感谢。

(4)24 小时之内致以邮件、电话或者短信感谢。

第四节　社交礼仪

社交礼仪是社会交往中使用频率较高的日常礼节。一个人生活在社会上,要想让别人尊重自己,首先要学会尊重别人。掌握规范的社交礼仪,能为交往创造出和谐融洽的气氛,建立、保持、改善人际关系。社交礼仪的基本原则为尊重、遵守、适度、自律。

一、问候礼仪

问候是见面时最先向对方传递的信息。对不同环境里所见的人,要用不同方式的问候语。和初次见面的人问候,最标准的说法是:"你好"、"很高兴认识您"、"见到您非常荣幸"等。如果对方是有名望的人,也可以说"久仰"、"幸会";与熟人相见,用语可以亲切、具体一些,如"可见着你了"。对于一些业务上往来的朋友,可以使用一些称赞语:"你气色不错"、"你越长越漂亮了",等等。

二、称呼礼仪

在社交中,人们对称呼一直都很敏感,选择正确,恰当的称呼,既反映自身的教养,又体现对他人的重视。

称呼一般可以分为职务称、姓名称、职业称、一般称、代词称、年龄称等。职务称包括经理、主任、董事长、医生、律师、教授、科长、老板等;姓名称通常是以姓或姓名加"先生、女士、小姐";职业称是以职业为特征的称呼,如:护士小姐、服务生等;代词称是用"您"、"你们”等来代替其他称呼；年龄称主要以“大爷、大妈、叔叔、阿姨”等来称呼。使用称呼时，一定要注意主次关系及年龄特点，如果对多人称呼，应以年长为先，上级为先，关系远为先。

三、介绍礼仪

介绍就基本方式而言，可分为：自我介绍、为他人作介绍、被人介绍三种。在做介绍的过程中，介绍者与被介绍者的态度都要热情得体、举止大方，整个介绍过程应面带微笑。一般情况下，介绍时，双方应当保持站立姿势，相互热情应答。

（一）为他人作介绍

应遵循“让长者、客人先知”的原则。即先把身份低的、年纪轻的介绍给身份高的、年纪大的；先将主人介绍给客人；先将男士介绍给女士。

介绍时，应简洁清楚，不能含糊其辞。可简要地介绍双方的职业、籍贯等情况，便于不相识的两人相互交谈。介绍某人时，不可用手指指向对方，应有礼貌地以手掌示意。

（二）被人介绍

被人介绍时，应面对对方，显示出想结识对方的诚意。等介绍完毕后，可以握一握手并说“你好！”“幸会！”“久仰！”等客气话表示友好。

男士被介绍给女士时，男士应主动点头并稍稍欠身，等候女士的反应。按一般规矩，男士不用先伸手，如果女士伸出手来，男士便应立即伸手轻轻点头就合乎礼貌了。

·【提示】·

倾听的艺术

1.积极努力去听，去关怀、了解和接受对方。
2.要让对方把话说完，不要随意打断对方。
3.要体察对方的感觉，要注意反馈、应答，反应要冷静。
4.要全神贯注地聆听，不要做无关的动作。
5.不要总想占主导地位。
6.不必介意对方谈话时的语言和动作特点，要注意语言以外的表达手段。
7.要抓住主要意思，不被细枝末节所吸引。
8.要使思考的速度与谈话相适应。

（三）自我介绍

可一边伸手跟对方握手，一边作自我介绍，也可主动打招呼说声“你好！”来引起对方的注意，眼睛要注视对方，得到回应再向对方报出自己的姓名、身份、单位及其他有关情况，语调要热情友好，态度要谦恭有礼。

四、握手礼仪

握手是沟通思想、交流感情、增进友谊的一种方式。握手时应注意不用湿手或脏手，不戴手套和墨镜，不交叉握手，不摇晃或推拉，不坐着与人握手。

握手的顺序一般讲究"尊者决定"，即待女士、长辈、已婚者、职位高者伸出手之后，男士、晚辈、未婚者、职位低者方可伸手去呼应。平辈之间，应主动握手。若一个人要与许多人握手，顺序是：先长辈后晚辈，先主人后客人，先上级后下级，先女士后男士。握手时要用右手，目视对方，表示尊重。男士同女士握手时，一般只轻握对方的手指部分，不宜握得太紧太久。右手握住后，左手又搭在其手上，是我国常用的礼节，表示更为亲切，更加尊重对方。

五、电话礼仪

（一）打电话的礼仪

电话是人们最常用的通讯工具。打电话时，要考虑对方是否方便。一般应在早上九时后，晚上十时前。拨通电话后，应首先向对方问好，自报家门和证实对方的身份。通话时，语言要简洁明了。事情说完，道一声"再见"，及时挂上电话。在办公室打电话，要照顾到其他电话的进出，不可以久占线。

（二）接听电话礼仪

电话铃响后，要迅速拿起电话机问候"您好"，自报家门，然后询问对方来电事由。要认真理解对方意图，并对对方的谈话作出积极回应。应备有电话记录本，对重要的电话做好记录。电话内容讲完，应等对方放下话筒之后，自己再轻轻放下，以示尊敬。

（三）手机礼仪

使用个性化手机铃声应注意场合，铃声要和身份相匹配，音量不能太大，内容要健康，铃声不能给公众传导错误信息。开会、上课或其他重要集会时应关机或设置静音。非经同意，不能随意动别人的手机或代别人接听手机。不要用手机偷拍。

六、名片礼仪

在国际交往中，没有名片的人，将被视为没有社会地位的人。一个不随身携带名片的人，是个不懂得尊重别人的人。名片不仅要有，而且要带着。在外国的企业公司，员工这个名片放在什么地方都有讲究，一般放在专用名片包里，或放在西装上衣口袋里，不能乱放。

（一）出示名片的礼节

1.出示名片的顺序：名片的递送先后虽说没有太严格的礼仪讲究，但是，也是有一定的顺序的。一般是地位低的人先向地位高的人递名片，男性先向女性递名片。当对方不止一人时，应先将名片递给职务较高或年龄较大者；或者由近至远处递，依次进行，切勿跳跃式地进行，以免对方误认为有厚此薄彼之感。

2.出示名片的礼节：向对方递送名片时，应面带微笑，稍欠身，注视对方，将名片正对着对方，用双手的拇指和食指分别持握名片上端的两角送给对方，如果是坐着的，应当起立或欠身递送，递送时可以说一些"我是××，这是我的名片，请笑纳。""我的名片，请你收下。""这是我的名片，请多关照。"之类的客气话。在递名片时，切忌目光游移或漫不经心。出示名片还应把握好时机。当初次相识，自我介绍或别人为你介绍时可出示名片；当双方谈得较融洽，表示愿意建立联系时就应出示名片；当双方告辞时，可顺手取出自己的名片递给对方，以示愿结识对方并希望能再次相见，这样可加深对方对你的印象。

(二)接受名片的礼节

接受他人递过来的名片时，应尽快起身或欠身，面带微笑，用双手的拇指和食指接住名片的下方两角，态度也要毕恭毕敬，使对方感到你对名片很感兴趣，接到名片时要认真地看一下，可以说："谢谢！"、"能得到您的名片，真是十分荣幸"，等等。然后郑重地放入自己的口袋、名片夹或其他稳妥的地方。切忌接过对方的名片一眼不看就随手放在一边，也不要在手中随意玩弄，不要随便拎在手上，不要拿在手中搓来搓去，否则会伤害对方的自尊，影响彼此的交往。

七、网络礼仪

如同任何一种沟通方式一样，网上沟通同样存在着道德规范和文明礼仪。网络礼仪要遵循彼此尊重、容许异议、宽以待人、保持平静、与人分享的原则。网上的道德和法律与现实生活是相同的。

网上网下行为要一致。记住人的存在，当着面不能说的话在网上也不要说；分享你的知识；尊重别人的时间和带宽，在提问题以前，先自己花些时间搜索和研究；平心静气地争论，以理服人，不要人身攻击；在论坛、博客等发帖的时候应该做到主题明确，对别人的回复应表示感谢；不要做有失尊严的事情；尊重他人的劳动和隐私权，不剽窃别的作品。

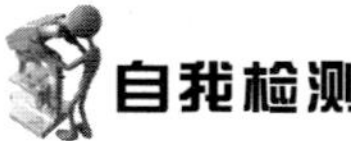

自我检测

1.大学生进行礼仪训练的必要性有哪些？

2.基本礼仪有哪些？

3.面试礼仪主要注重哪些方面？

4.商务礼仪有哪些？

《优雅的力量》
——让你脱颖而出的 4 种特质修炼

作　　者:[美]杰奎琳·惠特摩尔　著,高艳芳　译
出 版 社:机械工业出版社
出版时间:2013-4-1
版　　次:1
页　　数:168
开　　本:16 开
I S B N:9787111414551
包　　装:平装

编辑推荐→

★杰奎琳用自己白手起家的创业成功路启迪读者,语言亲切自然,极富感染力与说服力。

★本书翻译意达文雅,装帧设计精良,为你提供最佳的视觉与精神体验!

你如果要为成功做好准备,必须培养杰奎琳所倡导的四种性格特质:气质、优雅、专业和热情。这就是说要懂得:

打造个人品牌,包装自己;

放眼未来,拓展职场人脉;

精通五种窍门,让自己更容易被人记住;

知晓有关职场规范的七条潜规则。

内容推荐→

本书的重点不在于礼节礼仪,而在于如何建立一种更持久、更有意义的人际关系以及如何在自己的生活中以人为先。通过学习如何培养四种性格特质:气质、优雅、专业和热情,你就能够推动自己迈向成功。成功就如同目的地之对于旅行一样。本书的目的是你的旅行成为一个更有计划性、更有意义的一个过程。

阅读本书就是对自己进行投资;它将帮助你做好准备,随时迎接机遇来叩响你的大门。把这四种杰出的特质应用到日常的实践中,你会抓住那些稍纵即逝的机遇;你会有更好的人际关系,扩展视野,满怀信心地将事业推向更高阶段。

作者简介→

杰奎琳·惠特摩尔,著名礼仪专家,拥有专业认证的演讲家,7 月全美电话礼仪月的创始人,美国棕榈滩礼仪学校的创始人兼董事长。

第七章 “面霸”是怎样炼成的

——讲述你不知道的面试秘密

学习导入

对于大多数求职者来说，面试是一道必经的程序，它也是求职成功与否的关键步骤。面试与笔试相比，具有更大的灵活性和综合性，它不仅能考核一个人的职业水平，而且可以面对面地来观察应聘者的综合素质。对于大学生而言，他们由于初入社会，对一切都很陌生，很多时候会显得无所适从。但是，同学们只要事先进行充分准备，详细了解面试的过程和内容，掌握面试的基本技巧，从容应对，就能成功。

第一节 面试前的准备

在撰写完个人简历和求职信后，你已对自己有了一个比较完整的总结和提炼，最后再要对面试进行一些准备，主要包括下面8个方面的准备：

一、了解面试单位及应聘岗位

当接到面试通知后，你要做的准备是通过各种渠道收集应聘单位及岗位的相关材料，并进行深入的研究，第一是对企业的具体情况和企业的文化进行研究。比如：单位的性质、主要功能、组织结构和规模；人员结构、产品、顾客类型、子公司、总公司、地理位置、工业级别、销售和利润趋势、当前规划、主要竞争对手及它们之间的业绩比较、主要领导等。第二是对应聘的岗位情况进行研究，自己应聘了什么岗位？这个岗位在这家企业有哪些职责？这家企业对候选人有哪些要求？这些都写在企业的招聘需求里，虽然，在有些求职者看来，企业的招聘需求都是千篇一律的，但实际情况是，在招聘需求方面，企业是花了功夫的，因此，在面试前，一定要研究企业的招聘需求。这样才能有备而来。比如：工作性质、基本的责任和权力、任职的专业要求等，从中找出自己现有的知识、能力和该岗位契合的点，使雇主能在应聘者身上找到一些特殊的能力。第三是对面试官及该企业的面试要求进行了解，不同的企业、不同的岗位对面试的形式、要求都不尽相同，所以我们必须首先了解清楚，深入发掘可能聘用你的雇主所关心的一些话题，做一些有针对性的准备，同时有可能的话，我们可以适当地知道一些关于面试官的相关资料，这样有利于留给他们一个良好印象。当面试时，也可以投其所好，创造共同话题，赢得实习的机会。再者，知道了一些面试官的相关资料后，我们可以在穿衣打扮，谈话聊天中避开一些犯了面试官忌讳的领域。只要用心准备、都是会有成果的，在你的谈话当中结合这些知识，肯定能感动那些铁石心肠的招聘者，使你在竞争中脱颖而出。你花在这个阶段的时间越多，你就会准备得越好。即使你觉得时间极端紧迫，你也应抽出时间做面试前的调查和准备。

二、准备面试自我介绍

面试自我介绍基本是面试的开场题和必问题，因此，在面试自我介绍上做些准备是非常重要的。通常准备1～3分钟的面试自我介绍就可以了，准备好，并背下来，对面试非常有益，自我介绍应注意以下几点：

1.要与个人简历上的一致。如果前后矛盾，就会使考官怀疑你的诚信，从而埋下失败的种子；

2.尽量避免谈及与做好所面试工作无关的东西，即使是你的特长和优点；

3.增加与公司的关联性。你如果半天也扯不到和应聘公司相关的内容，面试官一定会心存疑问：这个人到底是来干什么的？

4.适当展示过去的成就。既不要说得太过——要永远记住“楼外有楼”,也不要表现得太保守——你自己都不愿展示,怎么叫别人发现你的优势呢?

5.说话要有条理。把自己的信息编排一下次序,再告诉面试官,这样可以体现你有很强的目的性和逻辑性。

6.态度坦诚,心态自然。要和面试官做平等交流,不要给人感觉自己很“被动”,也不必满脑子地想“表现一定要好”,否则心态就会有所扭曲。

7.把握非语言因素。声线可略微低沉,语速要适当放慢。可以有适当手势,但不要过多,不然会分散面试官的注意力。

→→→→→

【案例分析】

某企业要招聘一名企业内刊编辑,在众多的大学毕业生中挑选了5位来面试。当5位面试者来到面试现场时,招聘者问他们是否发表过文章。5位应聘者中只有一位坦言没有发表过任何文章,当面试官问他为什么没有发表时,他说可能是自己的文笔不够好。虽然其他4名面试者都说自己发表过文章,但招聘者并没有表现出对他们有兴趣的样子。当招聘者看到那位诚实的同学的简历和求职信后,觉得他的文笔并不像他自己口中所说的那么差,而且他的谦虚和诚意也着实让招聘者心动。最终,招聘者录用了这位虽然没有发表过文章,但却诚实而又谦逊的应聘者。

←←←←←

三、面试的形象准备

(一)仪容修饰

求职者的仪容是给招聘单位的第一印象,美好的仪容总是令人愉悦,在面试的时候一定要注意自己的仪容,赢得面试官的好感,促使面试成功。

仪容修饰的基本规则是:美观,大方,卫生,得体。因此,无论男士还是女士,在面试前都一定要精心梳理,不必涂抹的太多油腻,要除去头皮屑和头饰中闪亮的饰物,如果带有近视镜,一定要擦亮镜片。此外,女士一般不留披肩发,以梳扎为好;男士不留长发,不烫卷发,在出发前最好刮刮胡须,这样会显得非常精干。

妆容要大方、亲切、简洁、自然为恰到好处。对于女性,可以化一些淡妆,切记不可浓妆淡抹,或是另类前卫,以免弄巧成拙。

(二)适当衣着

在面试时,合乎自身形象的着装会给人以干净利落、有专业精神的印象,男士应显得干练大方,女士应显得庄重俏丽。男士最好以西装为主要服饰,避免穿着过于休闲的服装，那会给人以不稳重的感觉。女性服装以职业套装为主，避免穿过于花哨或奇异的服装，否则，会给人以轻佻的印象。无论天多热，男士都要避免穿短裤、背心、拖鞋；女士则不能穿背心、超短裙或短裤。面试中不能戴帽子、手套或耳套，这些东西都是对人不尊重的表现。男士穿鞋要以皮鞋为主，又以黑色为佳，避免穿运动鞋；女性为中跟正装皮鞋，夏天不要穿凉拖鞋。男士、女士都可以采用庄重或素雅的服饰，无论是谁都应选择适合自己的色彩和搭配效果。同样你的头发和化妆，也会影响你的形象。化妆越淡雅自然越好。

(三)标准的语言

(1)普通话力求标准，不可讲错字念错音，方言最好不要使用。发音清晰，语调得体，声音自然，音量适中，语速适宜，恰当使用语气词、口头语。(2)准确地选用词语。(3)恰当地运用语句。(4)语言练习，包括站立不语练习(练心)、随便说话练习(练口)、命题演讲练习(表达练习)、即兴演讲练习(全面练习)。练习者以抽签的方式来确定自己演讲的题目和内容，然后用10分钟左右的时间打腹稿，再开始演讲。

→→→→→

【案例分析】

某校毕业生王某曾经讲了这么一段经历：参加学校里的招聘会时，我杀入了一家国内知名企业的面试现场，据说投简历的就有数百人，最后杀进面试的只有30多人。当时我们被分成三人一组回答面试官的问题，我觉得要脱颖而出必须表现得更积极，所以在回答问题的时候，我总是抢在别人前面，而且一定要比别人多说两句。记得面试官问了这么一个问题：如果你的同事中有不好沟通的人，你会怎么办？别人还没有说话，我就抢着回答："最重要的是工作，每个人都有自己的个性，不需要去勉强。"整个面试下来，有2/3的问题都是我回答的。一个星期后我收到通知，被客气地告知不需要参加复试了，因为公司觉得我不注重团体合作精神，太急于表现自己，不是他们需要的人才。

←←←←←

四、面试问题的准备

学习一些实用的面试技巧。关键要在3～5分钟内如何做自我介绍、如何尽可能展现自己的优势和实力，给面试官一个选择你的理由。对一些常见的面试问题要有应对的准备。最好能做个模拟面试演练，在亲友中找个在企业做经理或人事的人做个现场评判，提提建议，以便发现问题，及时调整。

五、面试的材料准备

(一)个人材料准备

准备一份完美优秀的个人简历,并根据应聘职位要求制作一份能表达你能力并可以说服面试官你完全能胜任这个岗位的求职信,并把相关材料打印出来,装订成册。当用人单位是由多个面试官进行集体面试的时候,你多带几份材料前往面试,显示你准备得充分,这样不仅有助你获得好感,面试完了也可以再要回来。细节决定成败,预先料到这一点并准备好会显得你做事正规、细致,给用人单位留下好印象。

(二)搜集证明人资料

在开始面试前,有一点你要做的就是准备 3～5 个证明人的名字。除非你是个新手,否则证明人当中应该至少有两个是来自以前聘用者或企业的同事或专业人士。另一些可能的证明人可以是老师、教授、志愿者协会的负责人,或者是生意圈子里比较有名望的朋友。不要把家庭成员列为证明人。

在你列举他们为证明人之前,一定要征得他们的同意。如果他们同意了,则一定要有他们的职衔,他们所在公司的名称、地址和电话号码。然后把你的证明人连同你自己的名字一起整齐地打印在首页。你要复印几份,在面试的时候随时带在手边上。千万不要犯的一个错误是把你的证明人写进自己的简历里。这样的结果是证明人常被认为是不适合的,并且是非专业的。

(三)完整地填妥公司的表格

很多公司面试前都会要求你填一张表格,你愿意并且有始有终地填完这张表,会传达出你做事正规、做事善始善终的信息,字体也需要端正,不要觉得满不在乎,否则用人单位也会觉得你对这份工作同样有可能满不在乎。

六、踩点及模拟面试

首先必须在面试前了解到达公司的路线、时间,有可能的话提前实际进行路线的考查,以获得更加真实的感觉效果,避免面试当天迷路、迟到。晚上回去之后了解公司情况和自己的个人简历,匹配两者之间的信息吻合度。在自己的简历中突出自己的技能。并且把自己的简历、纸笔、化妆品放好,第二天面试时就不会手忙脚乱的。

你要是担心面试,也可以选择面试诊断。模拟一个真实面试的整个过程,从多个角度反映你的面试表现,并得到全面的诊断报告,帮助你了解自己在面试过程中存在的问题,如面试优势、面试失败可能的原因等,并给出演练提升的方案,从根本上提升其求职成功概率。

七、面试的心理准备

(1)切忌苛求完美。(2)修炼平常心。(3)时刻保有自信心。另外,要想在面试中,有充分的自信,不要把面试考官和其他应试者都想象成自己的敌人,而要把考官想象成自己的领导,把其他应试者想象成自己的同事。这样就会获得一种轻松的心理预期,在积极和富有建设性的场景中,应试者也就能够更好地把握自己的自信。

八、准备电话面试

你一旦上网,你所期盼到的很可能就是一次电话面试,有时候招聘者会打电话预约一个稍后时间的面试,但通常都会在打电话给你当时就进行一些问题的询问以决定选择最好的人选进行面谈,所以我们首先要准备好上面所提到的面试相关准备,其次把你准备的材料放在电话机旁边,把一些你认为和你所应聘的企业或所应聘的工作类型相关的、又代表你的观点的关键词列出来和材料放到一块,同时在电话旁边放一些纸和一支笔,仔细记下你被问的问题和看似对招聘者至关重要的东西(这些信息对你稍后面试很有帮助),记下给你打电话的人的名字(拼写要正确)、电话号码和地址,最后要对电话中的谈话技巧进行充分准备并勤加练习,你可以充分利用你的电话留言,不在家的时候往家里打电话,录下强调你的一个观点的谈话信息。回家后听你自己说得怎样。

·【提示】·

求职何时问薪水最恰当

即使你实在是想知道自己到底能从这份职业里挣到多少钱,你也应该选择一个适当的时机。一般来说,只有在面试最后,招聘方明确地说要雇用你的时候,你才能谈到薪水问题。或者说,当你在满足以下条件的时候,才是你谈薪水的时候:

这是你在该公司的最后一次面试。

他们已了解你,也看出你高出其他求职者一筹。

你也已了解他们,而且很全面,你可以看出他们什么时候坚定,什么时候犹豫。

你已清楚工作状况。

他们已了解你,认为你正适合工作需要。

他们已说:"我们需要你!"

他们已说:"我们必须把你留下。"

为什么推迟些谈薪资待遇比较好?因为如果你在面试中表现出色,他们可能开出一个比预期更高的工资,所以,你不要先去触碰这个"雷区"。但是,如果面试官很早就提出了这个问题,你最好的回答是:"我很愿意谈论这个问题,但是能不能先请你谈一下工作内容?"或者说:"在你决定雇用我、我决定在这儿工作之前讨论这个问题还为时过早。"大多数情况下，这样的说法都是奏效的。

当然，如果他们早早地提出这个问题是因为他们决定给任何从事这份工作的人以最低的薪水，那只能说明这次你的运气不太好。如果你真的很喜欢这份工作，那你则必须就待遇问题与他们进行协商。当然，更在乎工作本身不在乎待遇问题的除外。

第二节　面试的形式和内容

面试一般大多是采用一聊、二讲、三问、四答的形式。首先，面试官会聊与招聘职位相关的内容，大致三分钟；然后会留给应聘者大约三分钟的时间给应聘者展示自己与应聘岗位相宜的才能与品质；第三步就是面试官发问，会问到应聘者讲到的关键内容和相互矛盾的地方。一般包括三方面内容：如在简历和笔试以及在三分钟陈述中一直没有叙述出来的问题；问应聘者在陈述中自相矛盾的地方或陈述中和简历矛盾的地方；问应聘者陈述的事实以及简历中反映出来的内容与应聘职位不相宜的地方。最后，应聘者可以在回答面试官的问题后主动反问面试官一些所关心的问题。

一、面试的形式

(一)根据面试考官人数划分

根据面试考官人数划分可分为个人面试、集体面试两种。

个人面试又称单独面试。指主考官与应聘者单独面谈，是面试中最常见的一种形式。单独面试又有两种情况：一是只有一个主考官负责整个面试的过程。这种面试大多在较小规模的单位录用较低职位人员时采用。二是由多位主考官参加整个面试过程，但每次均只与一位应试者交谈。公务员选拔面试大多属于这种形式。个人面试的优点是能够提供一个面对面的机会，让面试双方较深入地交流。单独面试一旦通过，一般可以参加小组面试。

集体面试主要用于考查应试者的人际沟通能力、洞察与把握环境的能力、组织领导能力等。无领导小组讨论是最常见的一种集体面试法。众考官坐于离应试者一定距离的地方，不参加提问或讨论，通过观察、倾听为应试者进行评分，应试者自由讨论主考官给定的讨论题目，这一题目一般取自于拟任岗位的职务需要，或是现实生活中的热点问题，具有很强的岗位特殊性、情景逼真性、典型性及可操作性。

(二)根据面试结构化程度划分

第一，是结构化面试，是指面试前就面试所涉及的内容、试题评分标准、评分方法等一系列问题进行了系统的结构化设计。正规的面试一般都为结构化面试，公务员录用面试即为结构化面试。

第二，非结构化面试是指面试内容和程序都没有事先商定，是对与面试有关的因素不做任何限定的面试，也就是通常没有任何规范的随意性面试。

第三，混合型面试，此面试方式是上两种的综合运用。

（三）根据压力的大小划分

根据压力的大小不同，可以分为行为描述式面试和压力面试两种方式。

行为描述式面试是考官从应聘者提供的材料中发现的完整行为事例来推测应聘者工作表现的一种方法。比如：对于技术测试，考官会提问，请描述一个您过去成功地解决比较棘手的技术问题的情况。对于团队领导能力测试，考官会提问，请描述一个您曾经成功领导一个团队完成某一个任务的情况。对于适应能力测试，考官会提问，请描述一个您必须按照不断变化的要求进行调整的事例等。

压力面试是指考官故意营造紧张的气氛，以考察应聘者在外界压力环境下的反应。主要考察应聘者的灵活应变能力、情绪控制能力及心理素质等。

例如："这次公务员考试，很多人都托了关系，听说你也走后门了？"、"从你的专业来看，你似乎不适合这项工作，你认为呢？"、"这个问题你没有给我们满意的答复，你被录用的可能性很小。"只要你明白了这是主考官故意对你施加压力，就能够迅速调整自己的心态，泰然地应付主考官的提问。另外，千万不能面对主考官的"刁难"而发怒，甚至指责主考官。

·【课堂测试】·

压力面试试题 

（1）面试官："你性格过于内向，这恐怕与我们的职业不适合。"

你可以微笑着回答："据说内向的人往往具有专心致志的品质，另外，我善于倾听，因为我感到应把发言的机会多多地留给别人。"

（2）面试官："你的学习成绩并不是很优秀，这是怎么回事？"

你可以坦然地承认这一点，然后以分析原因的方式带出你的优点。例如：在校期间学习成绩之所以不很优秀，是因为我担任社团负责人，投入到社团活动上的精力太多。虽然社团活动带给我的收获不少，但是学习成绩不优秀，这一点让我耿耿于怀。当我意识到这一点的时候，我一直在努力纠正自己的偏差。

（3）面试官："你的专业与所应聘的职位不对口。"

你可以巧妙地回答："据说，21 世纪最抢手的就是复合型人才，而外行的灵感也许会超过内行，因为他们没有思维定式，没有条条框框。"

（4）面试官："我们需要名牌院校的毕业生，你并非毕业于名牌院校。"

你可以幽默地说："听说比尔·盖茨也并未毕业于哈佛大学。"

(四)根据面试次数划分

根据面试次数划分可以划分为一次性面试、分阶段面试两种：

一次性面试是指用人单位对应聘者的面试集中于一次进行，应聘者能否面试过关甚至最终能否被录用，就取决于这一次面试表现。

分阶段面试，一种叫依序面试，一种叫逐步面试。依序面试一般分为初试、复试和综合评定三步，应聘者初试合格后进入复试，复试合格后再由人事部门会同用人部门综合评定每位应聘者的成绩，确定最终的合格人选。逐步面试一般是由面试小组按照小组成员的层次，由低到高，依次对应聘者进行面试。面试的内容依层次各有侧重，低层一般以考察专业及业务知识为主，中层以考察能力为主，高层则实施全面考察与最终把关，实行逐层淘汰筛选，越来越严格。

(五)根据面试方式划分

根据面试方式划分可以划分为常规面试、情景面试与综合性面试三种：

常规面试是我们日常见到的面试官和应聘者面对面地以问答形式为主的面试。在这种面试条件下，面试官处于积极主动的位置，应聘者一般是被动应答的姿态。面试官提出问题，应聘者根据面试官的提问作出回答，展示自己的知识、能力和经验。

情景面试打破了常规面试一问一答的模式，由面试官事先设定一个情景，提出一个问题或一项计划，引入无领导小组讨论、角色扮演、公文处理、案例分析等情景，请应聘者进入角色模拟完成。其目的在于考察应聘者的分析和解决问题的能力。

综合性面试是面试官通过多种方式考察应聘者的综合素质及能力。如用外语与应聘者交谈，要求其现场操作计算机、即兴演讲或写作等，以考察其外语水平、计算机应用水平、口头及文字表达能力等。

二、面试测评的内容

面试主要测评应聘者的基本素质和实际工作能力，具体分为若干要素，一般主要包括如下几方面：

(一)个性特征

这是指对应聘者的外貌、言谈举止、性格特征等方面。像国家公务员、教师、公关人员、企业经理人员等职位，对仪表风度的要求较高。研究表明，仪表端正、衣着整洁、举止文明的人，一般做事有规律，注意自我约束，责任心强。

(二)专业知识水平

了解应试者掌握专业知识的深度和广度，其专业知识是否符合所要录用职位的要求，作为对专业知识笔试的补充。面试对专业知识的考察更具灵活性和深度，所提问题也更接近空缺岗位对专业知识的需求。

(三)工作能力水平

工作能力水平主要包括综合分析判断能力、逻辑思维能力、语言表达能力、人际沟通能力、求职动机与拟任职位的匹配性、灵活应变能力六大方面,是对应聘者能力的一个全面考核,也是整个考核中占比比较大的一部分。

第三节　面试技巧与典型试题分析

一、面试的技巧

(一)巧妙应用面试法则

1.STAR(Situation、Target、Action、Result)法则:这个是面试中最受 HR 肯定,也最容易掌握的法则。就是说你在某个事件过程中,当时的情况如何(S)、你们的目的为何(T)、为达到这个目标你们采取了哪些行动(A)、结果如何(R)。

比如:面试官通常会问"请你具体谈谈大学期间你做过最成功或最自豪的一件事",遇到这个问题是采用 STAR 法则最好的时候了。

2.黄金法则:即二八法则,就是面试过程中,面试官的言语只占20%,80%的是你自己在描述或者回答。

3.白金法则:引导面试官对你进行提问。有两个方法,一个是前面提到的,用简历引导;另一个就是在你回答某问题的时候故意遗漏一些,细化其他的部分,当面试官追问的时候你再细化地描述遗漏的部分,有点像相声、小品里面的抖包袱,这样可以将问题更多地控制在你掌握的范围内。

4.钻石法则:将面试官提出的问题反过来踢给面试官。这个其实很难把握,还是举个例子说明吧。

比如面试官问了这样一个问题"在上级领导意见和客观事实产生矛盾的时候你会怎么做",其实这种问题本来就没有什么固定的答案,你可以先简单地举个事例,说你之前遇到过类似的情况,如何处理——注意说话的语气和方式,不要太有偏向性,末了说完了加上这样一句"可能自己处理这些问题的时候还稍显稚嫩,不知道如果是您,遇到这样的问题是怎么解决的?我想听听您的意见"。

(二)严格遵循面试四原则

回答面试官的提问,应该严格遵循四条原则:第一,观点要明确,重点要突出;第二,实事求是回答问题;第三,有针对性,有特色;第四,时时体现文明礼貌素质。

1.观点要明确,突出重点。一般情况下回答问题要结论在先,议论在后,先将自己的中心意思表达清晰,讲清原委,避免抽象,然后再做叙述和论证。面试时间有限,多余的话太多，反倒会将主题冲淡或漏掉。

2.回答问题实事求是；在回答问题时注意你的回答要前后一致，同时和提交材料上的内容也要一致，不要弄虚作假一旦被发现，就是道德和诚信的问题，一个没有诚信的人，无论他有多优秀，也是要受到用人单位鄙视的。

3.有针对性，有特色。相同的问题在不同的企业，HR想得到的答案是不同的，同时相同的问题已经有许多人都回答过，所以只有具有独到的个人见解和个人特色的回答，才会引起对方的兴趣和注意。

4.时时体现文明礼貌素质。在整个面试过程中，要保持举止文雅大方，谈吐谦虚谨慎，态度积极热情，要注意自己行为语言上的小细节。例如握手、告别、关门等容易被忽略，但却是面试官观察候选人的一个很重要的途径。同时在语言应用上要保持口齿清晰，语言流利，文雅大方，表现你机智、幽默的特色，展示你的优越气质和从容风度。

二、面试礼仪

(一)面试前五分钟

1. 检查仪表

进招聘单位前照一下小镜子，看看需不需要补妆，发型有没有乱，口红及齿间有没有杂物等。在感觉一切准备就绪的状态下，才能从容地接受招聘单位的面试。

2. 检索简单常识

人在紧张的时候，往往连平时挂在嘴边的话都想不起来。面试前把一些常用词汇、时事用语、经济术语整理一下，所整理的词汇可根据具体应聘职务而有所不同。

(二)面试过程中

1.进门时

听到喊自己的名字时就有力地答一声“是”，然后再进入面试房间。如果门关着的话，就要以里面听得见的力度敲门，听到回复后再进去。开门关门时动作尽量要轻，向招聘方各位行过礼之后，清楚地说出自己的名字。

2.坐姿

进入面试房间后，在没有听到面试官说“请坐”之前，绝对不可以坐下，面试官还没有开口，就顺势把自己挂在椅子上的人，已经被扣掉一半分数了。坐下时也不要在椅沿上轻坐，要舒服地坐进去，并拢双膝，把手自然地放在上面。

3.使用敬语

使用过分夸张的敬语是一件令双方都很尴尬的事。所以，这一点在平时待人接物时就应下工夫，如要习惯对长辈说敬语等。

4.视线范围

说话时不要低头，要看着对方的眼睛或眉间，不要回避视线。做出具体答复前，可以把视线投在对方背景上，如墙面等，停留两三秒钟以便思考，但时间不宜过长，开口回答问题时，应把视线收回来。

5.集中注意力

无论谈话投机与否，都不要因此分散注意力。不要四处看，显出似听非听的样子。如果你对对方的提问漫不经心，回答时言论空洞，或是轻率下断语，借以表现自己的高明，或是连珠炮似的发问，让对方觉得你过分热心和要求太高，这些都容易破坏交谈气氛，是不好的交谈习惯。

·【提示】·

微表情让你的面试泡汤了吗?

微表情，是内心流露与掩饰。人们通过做一些表情把内心感受表达给对方看。在人们做的不同表情之间，或是某个表情里，脸部会“泄露”出其他的信息。“微表情”一闪而过，它暴露了人在压力下的心理素质。

面试时，面试官主要会参考微表情考察两点：面试者的自信心以及所回答内容的可信度；再综合考虑其展现的性格特征，考量其是否符合职位需求。

1.微笑，代表自信；而微偏头微笑，则代表自在友善。

2.指尖搭成塔尖，代表深具自信。研究指出，若紧张时双手十指是难以一下对准的。

3.常扶眼镜，或把玩领带、项链等小动作，对于从事销售职位的人而言，有可能代表自信不足、心神不宁。

4.手指摩擦手心，代表焦虑；而咬指甲则是代表缺乏安全感。

5.手插口袋，眼睛左顾右盼，不敢直视对方，代表紧张害怕、对自己没有信心。

6.抿嘴唇、挠头，代表窘迫紧张和不知所措。

7.眼睛向上看，代表迟疑。

8.扶眉骨，是典型的羞愧表现。若在面试时出现，则要留意当时其所叙述的内容有何不妥。

9.嘴微张、眼睁大，表示错愕；而向一边撇嘴唇则表示持有反对意见。

10.在谈话中时常打断对方的话，或作出切断性手势，表示此人独断性较强。

(三)面试典型试题

应届毕业生找工作时，许多用人单位在招聘考试时会出一系列与行业特点相关的试题，能否答好这些问题，往往对能否被录用起着举足轻重的作用。这里，我们整理了一部分用人单位的招聘考试试题，从中，读者也许能够领悟到一些东西，从而更好地备战。

1.第一类，语言表达能力、自我认识能力及求职动机

通过应试者简明扼要地介绍自己的情况，让考官获得对应试者的初步印象。着重考

查应试者对问题的归纳能力、语言表达能力，考查应试者的求职动机、进取精神、自我认知能力。

(1)你有三分钟来表现自己，请简要介绍一下自己及家庭背景。

(2)你和你的对手相比有什么竞争力？

(3)你所取得的成绩和所获得的成就有哪些？(若时间允许，可详细了解一个人所获得的成绩、所克服的困难)

(4)请谈谈选择本单位的原因？同时请结合自己的经历，谈谈你报考现在职位有什么优势和不足。

(5)请你谈谈对本企业的了解。

(6)如被录取，你对工资、待遇有何要求？

(7)你的兴趣、爱好是什么？业余时间你是如何安排的？

(8)你择业考虑的主要问题是什么？

2.第二类，专业知识水平

(1)请你谈谈你为何选择该专业及所掌握的专业技能？

(2)请介绍一下你的学习成绩和擅长科目。

(3)你有何特长，具备何种资格？

(4)举一个理论和实践相结合的运用事例。

(5)你有何工作经验？你有什么社会实践经验？

(6)学校学的课程对所应聘的工作有些什么帮助？

(7)谈谈你的毕业设计相关内容。

3.第三类，工作能力水平

考查应试者思维的逻辑性、严密性，思维的广度和深度，综合概括能力，分析比较能力，推理判断能力，观察力与知识面，人际沟通能力、灵活应变能力。

(1)如果让你筹建一个部门，你将从何入手？

(2)在做出重大的决定时，你一般考虑哪些因素？请举例说明。

(3)你认为良好的沟通需要具备哪些条件？

(4)在你的学习和工作中遇到的最难相处的人是怎样的？你是如何和他(她)相处的？

(5)现在电视中经常播放一些公益性广告，你是否喜欢？能否举例谈谈你的看法？

(6)请举出3项你在学校或工作岗位中被认为是最成功的业绩。

(7)在过去的工作中，你认为有哪些经验值得总结？

(8)你最近所做的两个最困难和最富挑战性的决定是什么？(分析其环境与背景)

4.第四类，领导能力、组织能力和团队合作能力

考查是否有领导能力、组织能力和团队合作能力、工作责任心和进取意识，是否情绪稳定、办事稳重。

(1)你的短期和长期的规划是什么？你计划如何去实现它？

(2)如果你是一个团队的领导人，现在接到一个新任务，可你发现首先你手下的员工不太愿意接这个任务，其次你所需的资源又与其他部门发生冲突，请问你将如何处理？

(3)如果由你带领两个人去筹备本单位的一个晚会，你将怎样安排，做哪些准备？

(4)在你的经历中,组织过哪些较大的活动?遇到过什么困难?是怎样克服的?效果如何?

(5)对领导和同事的缺点错误,你敢不敢批评?你是如何批评的?效果好吗?请举例说明。

(6)假设你负责一个座谈会的录音及记录,在会议开始不久录音机就发生了故障,你将如何处理?

(7)假如你是总经理助理,一旦饭店发生了紧急意外事件,如发生火灾,你最先将做什么?在救火中,你认为最好扮演一个什么样的角色?

5.第五类,责任心、纪律性、工作态度

要点:纪律性、职务性、信用性的问题。

(1)对委任的任务完成不了时如何处理?

(2)你对学校规章制度有何看法?

(3)在工作中看到别人违反制度和规定,你怎么办?

(4)你在领导与被领导之间喜欢哪种关系?

(5)你希望自己的上司是何种风格?

6.第六类,情绪控制能力

(1)如果领导当众批评你时,你会是什么反应?

(2)你如何在重负与压力下把握自己?

(3)企业收到一个大客户的多次投诉,你也已多次和该客户进行解释沟通,但是他还是不满意,你该如何处理?

(4)你最难以忍受的事是什么?你当时是怎么处理的?

7.第七类,人生观、社会观、职业观

要点:生活及工作中比较平凡的话题。

(1)你觉得自己在原工作岗位干得最出色的一件事是什么?(在考查应试者能力的同时推测其人生观)

(2)你有没有座右铭或较喜欢的格言?

(3)在现实生活中有你崇拜的人物吗?(考查其理想、信仰及人生观)

(4)每一工作都有好坏两个方面,你认为自己工作令人喜爱和有价值的方面是什么?

(5)在工作中,你最不感兴趣的方面是什么?

(6)谁一直对你的职业生涯有重要影响?为什么?

(7)你职业发展的目标是什么?完成它们的计划是什么?

(四)典型试题分析

【问题一】你选择我公司最看重的是什么?为什么?请你列举出你所收集到的我公司具备的该要素的证据?

【思路】这类开放式的问题考查的是同学们对应聘单位的了解程度。回答可从下面几个角度:(1)首先列举出企业的文化和现阶段的发展及未来发展的前景;(2)个人在该企业未来的发展;(3)社会对该企业的评价;(4)企业在社会上所取得的成绩或承担的社会责任;(5)待遇和地理位置。围绕这五个方面进行论述,毕业生可以从该公司的网站获取相关的信息,然后摘录下来,作为自己的论述内容。一般说来公司的网站上面会有基本情况介绍、现在和未来的发展规划以及对新人的培养和所承担的社会责任。毕业生可以有选择地进行记录,不要将原文全部摘抄。这样会给人偷懒的感觉。再结合自己的语言就可以了。

【问题二】请列举出你经常阅读的报纸、杂志和浏览的网址有哪些?通过这些媒介你得到了哪些启示?举一个例子说明。

【思路】对于这类问题,用人单位主要考查的是应聘者的综合素养,因为任何一个行当都跟国家经济发展的方向有关,你阅读的期刊、报纸和常浏览网站就可以从一个侧面反映出你的对国家大政方针和行业的关心程度以及你个人的兴趣爱好等信息。

如果你是理工科的学生,除了主要突出与专业相关的杂志期刊之外,最好还能加上一些人文方面的杂志。可以这样写:我是理工科的学生,但从进入大学起就注重人文素质的培养。除了本专业的期刊之外,我还经常看《南方周末》、《南风窗》、《读者》、《海峡导报》;网站则为新华网、凤凰网(关心国家大事)、China Daily,这三年的积累让我觉得文科与理科并不冲突,只要努力完全可以做到文理兼通。我不但在专业上学有所成,同时对国家发展也较为关心。China Daily 让我的英语水平大幅度提高,顺利通过了英语四级考试。《南方周末》的真实披露,让我更加深刻地了解到变革中的中国内部矛盾的演化,其中记者的职业作风让我觉得无论做什么都要认真进取、不卑不亢。《读者》让我更加体会到人生路上所遇到的悲喜之事,通过阅读该杂志我会更加珍惜现在的生活,用积极进取的态度来面对人生。

【问题三】列举你三年大学生活中的得与失?举例说明,并列明你当时如何成功处理的?

【思路】此问题考查的是求职者在大学期间如何平衡学习、工作、生活。当这三者发生冲突时,你是如何区分重点,有的放矢地去处理矛盾。

例如:我是一名户外爱好者,在校期间经常参加社会组织的骑行等旅游项目,本来计划着在大二的暑期去云贵高原徒步当作是自己毕业旅行,等徒步完后再去实习,早点为毕业做好准备。为此,我计划了很久。当最终要成行时,我找到的实习单位却告知现在公司有几个项目就要开展了,让我现在就开始实习,这样可以很快地进入状态,入职后就不需要再经过培训直接上手了。对于这样的一个结果当时我有点懵了!既知道工作的重要性,又觉得如果这次不去以后再也没有暑假了。在斗争了几天之后,我决定选择去实习。理由是:“Work must come first”,工作第一位!这是中学英语课本里的一句话,现在大学生就业较难。所以必须珍惜机会。如果去徒步后万一产生了高原反应,回来后还要休息很久,且户外旅游还是有一定的危险性的。因此我还是决定先实习,但户外徒步这个梦想我会在参加工作以后再去实现。

【问题四】你有何兴趣爱好(包括体育与文艺)?大学期间参与过哪些社团和组织,并在其中担任了何种角色?

【思路】大学期间是锻炼提高自己能力最好的时机,本问题着重衡量求职者的团队合作能力和领导力,同时也可以看出求职者的综合素质。

例如：我是一个体育运动爱好者，同时也爱好科学创新。动手能力较强，大学期间担任校体育协会会长，同时也承担着上海市级科创项目。目前该项目已通过中期审核，可以继续进行，担任协会会长期间组织校级层面的活动三项：如拔河、趣味运动会和班级篮球对抗赛。为了丰富协会成员的业余文化生活，我积极拓展思维，组织了多次校外的素质拓展项目也与周边高校和社会上的一些体育组织开展交流活动。在科创中，我是项目的主要参与人，负责收集整理数据并进行分析。我高度重视，每次都对实验数据进行反复核对，并录入专业的统计软件，将实验结果反复比对，确保不出现差错。

【问题五】迄今为止，你做得最成功的项目经历是什么？你有何收获？

【思路】到目前为止，最成功的项目经历应该是全国大学生数学建模竞赛和上海市大学生科技创新项目。

例如：就拿全国大学生数学建模竞赛来说，我和队友当时选择的是竞赛的 A 题，是一道关于葡萄酒好坏评价的题，当时我们从图书馆借了 20 多本多元统计分析相关专业知识的书籍和葡萄酒评价的相关书籍，比赛三天我们基本上都把每本书的相关章节都翻了个遍，不仅如此，我还在网上找了许多和葡萄酒评价相关的国内、国际期刊文献。反复阅读，不放过任何一个可以利用的细节。最终经过三天三夜的比赛，我们组交出的论文获得了全国二等奖、上海市一等奖，我觉得这是我们三个人合作的结果，正是因为我们三个人都做好了分内的事情，相辅相成，才成就了我们的成功。

我觉得这次经历让我加深了对团队协作的理解，更懂得了它的重要性，很多很多事情，并不是靠一个人的力量就能完成的，而是需要大家一起努力才能得到理想的结果。一定要有团队合作精神。

【问题六】你是如何提高你的专业知识的？从哪些渠道获取新知识？效果如何？

【思路】该问题考查的是应聘者的学习方法和学习资源利用能力，一般而言，这类问题在理工科学生当中较为常见。回答这种问题一般从四个方面进行：课堂听讲、图书馆和实验室、参加相关讲座、到相关企业进行实习。

例如：进入大学以来，上课认真听讲，决不将问题拖到明天。每天花不低于 4 个小时在图书馆和实验室，查阅国内外所学专业的最新研究成果。此外我还经常参加校内外的学术讲座。利用一切可能的机会与该领域较有名气的一些专家学者做交流，从他们那里了解前沿性的知识。即便在寒暑假我也没有放松学习，积极寻找相关的企业进行实践。现阶段我已在×××，×××公司实习过。在实习的过程中我不仅学以致用，同时还掌握了书本上没有的知识。英语、计算机这些基本技能我也有较好的成绩。通英语四/六级考试，口语流利。目前在准备参加口译考试；计算机×级证书，熟悉 JAVA 等编程软件的应用。目前已发表文章×××，参与项目“××”。

【问题七】请简要介绍一下自己。

【思路】(1)介绍内容要与个人提交的材料相一致。(2)表述方式上尽量口语化。(3)针对应聘岗位，突出重点、说出优势。(4)条理要清晰，层次要分明。(5)事先准备好并背熟。

【问题八】介绍一下你的家庭情况。

【思路】(1)招聘单位希望能了解应聘者的性格、观念、心态等。(2)简单地罗列家庭人口。(3)宜强调温馨和睦的家庭氛围。(4)宜强调父母对自己教育的重视。(5)宜强调各位家庭成员的良好状况。(6)宜强调家庭成员对自己工作的支持。(7)宜强调自己对家庭的责任感。

【问题九】谈谈你的缺点。

【思路】(1)不宜说自己没缺点。(2)不宜把那些明显的优点说成缺点。(3)不宜说出严重影响所应聘工作的缺点。(4)不宜说出令人不放心、不舒服的缺点。(5)可以说出一些对于所应聘工作"无关紧要"的缺点,甚至是一些表面上看是缺点,从工作的角度看却是优点的缺点。

【问题十】简单谈谈你的一次失败经历。

【思路】(1)不宜说自己没有失败的经历。(2)不宜把那些明显的成功说成是失败。(3)不宜说出严重影响所应聘工作的失败经历。(4)所谈经历的结果应是失败的。(5)宜说明失败之前自己曾信心百倍、尽心尽力。(6)说明仅仅是由于外在客观原因导致失败。(7)失败后自己很快振作起来,以更加饱满的热情面对以后的工作。

【问题十一】对这项工作,你有哪些可预见的困难?

【思路】(1)不宜直接说出具体的困难,否则可能令对方怀疑应聘者能力不够。(2)可以尝试迂回战术,说出应聘者对困难所持有的态度——"工作中出现一些困难是正常的,也是难免的,但是只要有坚忍不拔的毅力、良好的合作精神以及事前周密而充分的准备,任何困难都是可以克服的"。

【问题十二】如果我录用你,你将怎样开展工作?

【思路】(1)如果应聘者对于应聘的职位缺乏足够的了解,最好不要直接说出自己开展工作的具体办法。(2)可以尝试采用迂回战术来回答,如"首先听取领导的指示和要求,然后就有关情况进行了解和熟悉,接下来制定一份近期的工作计划并报领导批准,最后根据计划开展工作"。

【问题十三】我们为什么要录用你?

【思路】(1)应聘者最好站在招聘单位的角度来回答。(2)招聘单位一般会录用这样的应聘者:基本符合条件、对这份工作感兴趣、有足够的信心。(3)如"我符合贵公司的招聘条件,凭我目前掌握的技能、高度的责任感和良好的适应能力及学习能力,完全能胜任这份工作。我十分希望能为贵公司服务,如果贵公司给我这个机会,我一定能成为贵公司的栋梁!"

【问题十四】你能为我们做什么?

【思路】(1)基本原则上"投其所好"。(2)回答这个问题前,应聘者最好能"先发制人",了解招聘单位期待这个职位所能发挥的作用。(3)应聘者可以根据自己的了解,结合自己在专业领域的优势来回答这个问题。

【问题十五】你是应届毕业生,缺乏经验,如何能胜任这项工作?

【思路】(1)如果招聘单位对应届毕业生提出这个问题,说明招聘单位并不真正在乎"经验",关键看应聘者怎样回答。(2)对这个问题的回答最好要体现出应聘者的诚恳、机智、果敢及敬业。(3)如"作为应届毕业生,在工作经验方面的确会有所欠缺,因此在读书期间,我一直利用各种机会在这个行业里做兼职。我也发现,实际工作远比书本知识丰富、复杂。但我有较强的责任心、适应能力和学习能力，而且比较勤奋，所以在兼职中均能圆满完成各项工作，从中获取的经验也令我受益匪浅。请贵公司放心，学校所学及兼职的工作经验使我一定能胜任这个职位”。

【问题十六】你未来五年的规划是什么？

【思路】(1)通过这道题目考查应聘者对工作的态度、是否有想法。(2)最好根据你的能力、经历结合应聘的岗位，谈一些比较实际的设想，态度表现得诚恳一些。(3)可以通过请教的方式把题目再还给考官，比如：请问，贵单位对员工的发展是否有具体的计划，我可以结合单位的计划，更合理地规划我的工作，使我的工作能做得更好，为单位做更大贡献。

(五)面试后的其他注意事项

许多求职者只留意应聘面试时的礼仪，而忽略了应聘后的善后工作，而这些步骤亦能加深别人对你的印象。面试结束并不意味着求职过程已经终结，也不意味着求职者可以袖手以待聘用通知的到来，有些事你还得做。

1.感谢

为了加深招聘人员对你的印象，增加求职成功的可能性，面试后两天内，你最好给招聘单位打个电话或写封信表示谢意。因为这不仅是礼貌之举，也会使主考官在做决定之时对你有印象。据调查，十个求职者往往有九个人不写感谢信，你如果没有忽略这个环节，则显得“鹤立鸡群”，格外突出，说不定会使对方改变初衷。

2.不要过早打听面试结果

在一般情况下，考官组每天面试结束后，都要进行讨论和投票，然后送人事部门汇总，最后确定录用人选，可能要等3～5天。求职者在这段时间内一定要耐心等候消息，不要过早打听面试结果。

3.查询结果

一般来说，你如果在面试两周后或在主考官许诺的通知时间过后，还没有收到对方的答复，就应该写信或打电话给招聘单位或主考官，询问他们是否已做出决定。应聘中不可能每个人都是成功者，假如你在竞争中失败了，也不要气馁。就业机会不止一个，关键是必须总结经验教训，“吃一堑，长一智”，谋求“东山再起”。

总之，面试是大学生走向社会的第一步，这一步走得是否成功，会直接影响到将来工作的顺利与否，因此，学习正确的职业礼仪，养成规范的职业习惯，是每一位大学生都应努力掌握并运用自如的职业要求。

(六)面试成功的原则

要想面试成功，需要掌握以下原则：

你是公司未来的有利资产。你需要传递给企业这样的信息：你拥有帮助企业实现预期目标的潜在能力，你是公司的宝贵资产而非包袱。

明确的人生目标。具有积极自我成长信念、努力进取、充满旺盛的事业心与斗志、能迅速进入工作状态的人，更易为企业赏识和任用。

强烈的工作意愿。面试时要随时保持对工作的高度热情与兴趣。

与同事、团体合作的能力。一个容易与人沟通协调的毕业生，可以说已有一半成功的希望。如果你曾有社团活动的工作经验，可尽量举例说明，以争取主考官的青睐。

掌握诚恳原则。在录用标准上，“才能”是永恒不变的第一原则，“诚恳”则是重要的辅助因素。面试前准备充分，面试时情绪镇定，仪容大方整洁，临场充分表现自我，便是诚恳的最好表现。

（七）面试模拟剧场

公司名称：莆田××生物科技集团。

考评面试官：人力资源总监邓小姐（Q）。

应征部门：企划部。

应聘职位：营销企划专员。

应征者简介：

姓名：方大伟（A）；性别：男；

年龄：22 岁；婚姻：未婚；

工作经历：无；专业：莆田××学院市场营销专业。

方大伟在经过一轮激烈的笔试竞争后，终于接到了莆田××生物科技集团的面试通知，时间是 2014 年 4 月 18 日上午 10 点 30 分，地点就在位于繁华商业中心的 D 大厦的公司总部。莆田××生物科技集团是本地著名的高科技企业，能进入这样的企业工作是方大伟长久以来的心愿，他决心抓住这次难得的机会，好好准备，把自己的长处和优点全都表现出来。

4 月 16 日，方大伟专门花 20 元人民币在理发店剪了头发，师傅的手艺不错，原本凌乱的头发经过一番修饰之后，方大伟的精神面貌看上去大不相同。他又带着简历、身份证、大学英语六级证书等所有与面试有关的文件到系里的文印办公室，将它们每样复印了三份。

4 月 17 日，吃过晚饭，大伟又检查了一次公文包，看看所需的资料是否已经准备完善，又查阅了一些关于该公司的信息。之后，大伟开始准备第二天的着装。先修剪了手指甲，保证指甲看上去整齐而且不留任何污垢在指甲缝里，然后从衣柜里挑出了一件蓝色竖条纹的衬衫，让自己看上去稳重而不失活力，选了一条相称的领带，一套深灰色的西装和西裤。看到衬衫有些皱褶，大伟拿出熨斗用不太熟练的技术终于将衬衫熨平整（场外音：其实在求职期间，有时花十几元钱送到附近的洗衣店熨整齐也是值得的，然后用衣架将这些衣物挂起）。当然，大伟也不会忘了将皮鞋擦干净。

处理这些事以后，大伟冲了凉，晚上 10 点 30 分左右就上床就寝，在床上又将有关面试和莆田××生物科技集团的资料重新看了一遍。睡在床上，脑子里像过电影一样，把学校就业辅导中心老师提到过的面试应该注意的礼仪问题都复习了一遍，才沉沉地睡着了。

4 月 18 日早上 7 点半，大伟起床，梳洗完毕。吃过早餐后，大伟穿上衬衣和早已准备好的西裤，打领带时，大伟精心打了一个较为正规的双面结，与他一身深灰色的西装很相称，显得大方而稳重。大伟又对着镜子将头发梳理整齐，他想，人家是著名的高科技合资公司，很注重员工形象，在这方面也不能逊色。他又换上灰色的袜子，黑色的皮鞋，整个人看起来精神抖擞，神清气爽，显得年轻精干，又信心百倍。

9 点整，大伟在出发前再次检查了所有应该携带的文件，确定没有一样东西遗漏。公文包里的笔记本、笔都放在自己熟悉的夹层里，一切都准备妥当了。上午 10 点 20 分，大伟提前 10 分钟抵达莆田××生物科技集团公司总部。

10 点 30 分，大伟被前台小姐领进人事部，面试开始。

Q：你好！请坐，我是莆田××生物科技集团的人力资源总监，我姓邓。

A：邓总，您好！很高兴能有机会与您面谈。

【小提示】

第一印象产生——决定性关键因素。

注意眼神接触，保持微笑。

注意礼貌。

Q：从你的简历和简历来看，你各方面的条件都不错，能不能谈一下你在大学求学期间有没有什么相关的社会活动经验？

A：我学的是××大学市场营销专业，与社会接触比较多，我平时也比较喜欢参加学校团体活动和社会实践活动，在二年级的时候就是班级的××干部，连续两个暑假参加了加拿大安美森公司主持的国际商务论坛，在该公司做过兼职的市场助理，做一些相关的联络工作。……

【小提示】

回答问题要诚实中肯，切忌撒谎和浮夸。

力争引起对方的共鸣。

Q：为什么想到我们公司工作呢？

A：我在××地方看到贵公司的招聘广告，对贵公司刊登的职位信息做了一些研究，觉得我所学的专业与贵公司的职位要求相符，我还在贵公司的网站上看到贵公司将在三年内大幅度扩大营销队伍的新闻……

【小提示】

搜集公司情报，了解职务内容。

把握充分展示自己的机会。

Q：如果你获得这个工作机会的话，你可不可以想象 5 年后的自己？你有没有考虑过自己的职业生涯规划？

A：虽然这个社会有很多不可预测的事情，但我还是认为自己在这 5 年里会随着公司一起成长，我在生物技术领域的知识一定会紧紧跟随公司的最新进展，而我在营销策划上一定已经在较高层次上取得了较大的进步……

【小提示】

充分表达出自己对工作的热忱和对自己的未来的信心。这是任何个性的人力资源经理都喜欢的。

Q：你觉得你有足够的能力来完成这份工作吗？

A：有。即使有某些经验不完善的地方，但我相信当我逐渐熟悉公司的运作计划和操作环节后，我一定能……

【小提示】

回答应表现出高度的自信心及魄力。

Q：你所期望的待遇可能超过了我们公司的预期，我们无法满足你的要求，你能接受吗？

A：我所提出的期望待遇与国内这个行业的职位薪酬标准相比是属于中等偏上的，当然具体的待遇标准还要由贵公司评估我的表现及资历来最后确定。我愿意在双方达成一个共识的基础上，在一定时期内按贵公司新进入公司的员工待遇标准工作……

【小提示】

回答这类问题的方法有很多种，要根据当时面谈的气氛和具体的情境来灵活回答，但基本原则是：

1.勇于为自己争取公正的待遇，诚实而不欺瞒。

2.以双赢的心态去协商。

3.保持弹性，让一切充满可能性。

Q：你有没有什么要问的？

A：有。请允许我询问关于……方面，公司的策略是什么？

【小提示】

切忌回答“没有问题”。

传达出争取工作的决心。

搞清楚有待了解的部分。

Q：方先生，由于时间的关系，我们今天的面试就到此为止了。由于还有一部分候选人要进行这一轮面试，所以我们要在对所有参加面试的候选人中进行全面比较衡量后，才决定合适的人选。有进一步的消息，我们会及时通知你的。谢谢你。

A：十分感谢邓总抽出宝贵的时间和我面谈，我从中受益匪浅。希望下次有机会再当面请教。再见（与邓总握手道别，并将椅子放回原处后离开。经过前台时，和引导他进入人事部的钱小姐说：“谢谢你，再见。”）。

【小提示】

注意：直到离开公司所有人的视野后，你的面试才结束。此过程传达完美的人际关系能力。

注意：如果公司门口有张纸片或小块杂物等，不要视而不见地走过，而要将它捡起来扔到垃圾桶。因为这很可能是公司故意设计的面试细节，看看每个候选人是不是具有过人的观察力和从我做起的精神。

4月18日下午，方大伟按照莆田××生物科技集团的邮箱地址给人力资源总监邓小姐发了一份感谢信，表示通过面试更进一步了解了莆田××生物科技集团的企业文化和高效率，表达了自己仍然很想为该公司服务的愿望，也有信心做好营销企划的工作，希望有机会向邓总监多多学习。

我们通过面试模拟剧场将面试准备过程和面试常见提问浓缩到一起。希望大家通过仔细揣摩模拟剧场中的内容和本书其他部分，能较为容易地建立起求职面试礼仪的基本概念。

求职礼仪事实上是每个人在求职的过程中所表现出的由里到外的一种涵养，外表的礼仪是对招聘单位和招聘人员最起码的尊重，而内在的礼仪更是一名当代大学生所必备的修养。

要记住：凡事预则立，不预则废，有充分的准备，方能战无不胜，攻无不克！

自我检测

1.什么是面试？

2.面试的内容和方式主要有哪些？

3.面试技巧都包括什么？

4.要想面试成功，需要把握的原则是什么？

◆重点训练项目

成立一个5～7人的模拟面试考核小组，进行面试训练。

阅读拓展→

《顶尖企业面试题与面试流程大全集》
——HR经理不会告诉你的秘密

作　　者：宿春礼，邢群麟

出 版 社：企业管理出版社

出版时间：2010-12-1

版　　次：1

页　　数：359

开　　本：16开

I S B N：9787802556782

包　　装：平装

编辑推荐→

人事经理绝对不希望你看到这本书！300道拓展思维的精选面试题，50家企业从筛选简历到笔试复试的流程揭秘。

揭开知名企业面试的核心机密，传授不同岗位求职的关键技巧。

内容推荐→

本书不同于其他同类面试书，是一本实用型的手册，更加全面、真实和有针对性。具体功效概括有三：

一，是求职面试者的指导工具，让求职者了解企业对员工的能力素质要求，帮助求职面试者掌握应聘技巧和方法，并提供大量案例和素材供求职者学习和借鉴。最大限度满足各类求职者的需要。

二，是人力资源工作者的实用工作手册。为人力资源工作者提供可以参考借鉴的人才选拔标准，并对具体的选才标准做了具体的分析。使之在招聘过程中更加有章可循。

三，是员工培训发展的标准行为准则。本书提供的19种员工能力要求的具体行为描述，是企业对员工行为规范的一种概括总结。

总之，本书是你进入顶尖企业，开拓自己职业生涯的铺路石，让你能够在激烈的求职竞争中做到不慌不忙不乱。当你看完本书，相信你能够得到一套属于自己的思维理念和思考方式，愿本书能够助你更快地得到自己梦寐以求的工作并获得事业上的成功。

第八章　规避风险 开启征程

——职场小白要懂的“权益经”

学习导入

随着高校毕业生数量的增多，用人单位的标准越来越高，大学毕业生面临的就业压力逐年增大，他们对于就业机会倍加珍惜，往往忽视自身的合法权益。然而，人才市场上各类求职陷阱屡见不鲜，一些不法分子唯利是图，部分企业也无视法律规定，非法剥夺员工应当享受的权利。尤其是对于涉世不深的毕业生来说，更容易受到违法违规行为的侵害。因此，通过本章的学习，熟悉国家有关的法律、政策和规章，保障我们在求职和入职的过程中，能正确运用法律的武器来保护自己，提高自己的维权意识和维权技巧。

→→→→→

【案例】

王磊刚刚毕业于某高校计算机系，应聘了某广告有限公司的网络管理员岗位。该岗位的招聘信息中明确表示月薪4000～6000元，且工作性质为合同制。这份待遇对于一个刚毕业的大学生来说有很大的诱惑力，王磊便欣然前往应聘。通过一系列的笔试面试，王磊应聘成功，被录用后与单位签订了一份见习协议。然而在之后两个月的时间内，该单位每个月仅支付给他1000元的见习补贴。王磊察觉到可能其中有问题，立即到劳动部门进行核实。原来该广告公司并非见习基地，原则上不允许招收见习学员，它仅仅是想利用见习名义使用廉价劳动力。

←←←←←

·【提示】·

求职者在应聘"见习"岗位前必须要理解"见习"的真正含义。所谓职业见习是指组织学员进入企业在实际工作岗位上进行一段时间的实践性学习，以提高其动手能力，丰富其工作经验，增强上岗适应性，尽快实现就业。见习期内，见习学员与见习单位不建立劳动关系。

发布"见习"岗位的用人单位必须具有见习基地资质，其他任何单位发布所谓"见习"岗位都不合法。同样，这类单位以"合同制"为诱饵，骗取求职者充当廉价劳动力后，以"见习"推脱则更为恶劣。

求职者与用人单位签订工作合同时要搞清楚"合同"与"见习协议"的区别，不要被用人单位的一面之词所误导。求职者在签订"见习协议"时要留心这家用人单位是不是具有见习基地资质。如果出现案例中的情况，可及时向劳动保障部门咨询或反映。

第一节　入职时需要了解的法律法规

一、需要了解的法律法规

由于职工在职场中属于弱势群体，因此，国家出台了一系列的法律法规用以保护劳动者的合法权益。

1. 在我国根本大法《宪法》中就有如下规定：

第四十二条　中华人民共和国公民有劳动的权利和义务。

国家通过各种途径，创造劳动就业条件，加强劳动保护，改善劳动条件，并在发展生产的基础上，提高劳动报酬和福利待遇。

劳动是一切有劳动能力的公民的光荣职责。国有企业和城乡集体经济组织的劳动者都应当以国家主人翁的态度对待自己的劳动。国家提倡社会主义劳动竞赛，奖励劳动模范和先进工作者。国家提倡公民从事义务劳动。

国家对就业前的公民进行必要的劳动就业训练。

第四十三条　中华人民共和国劳动者有休息的权利。

国家发展劳动者休息和休养的设施，规定职工的工作时间和休假制度。

第四十四条　国家依照法律规定实行企业事业组织的职工和国家机关工作人员的退休制度。退休人员的生活受到国家和社会的保障。

第四十五条　中华人民共和国公民在年老、疾病或者丧失劳动能力的情况下，有从国家和社会获得物质帮助的权利。国家发展为公民享受这些权利所需要的社会保险、社会救济和医疗卫生事业。

2. 除了宪法的根本规定外，国家还出台了众多单项法律法规，对劳动者应享有的合法权益予以保护。下列法律法规便是我们应当熟知的：

(1)《中华人民共和国劳动法》；

(2)《职工带薪年休假条例》；

(3)《中华人民共和国劳动合同法实施条例》；

(4)《中华人民共和国个人所得税法》；

(5)《中华人民共和国社会保险法(草案)》；

(6)《劳动人事争议仲裁办案规则》；

(7)《中华人民共和国企业劳动争议处理条例》；

(8)《女职工劳动保护规定》；

(9)《最高人民法院关于审理人身损害赔偿案件适用法律若干问题的解释》。

二、法律法规中对劳动者权益保护的相关内容

(一)试用期

1.《劳动法》中的相关规定

(1)试用期最长不得超过 6 个月。

试用期与劳动合同期限相关联：劳动合同期限与试用期的规定具体如下：

①以完成一定工作任务为期限或劳动合同期限不满 3 个月的不得约定试用期。②3 个月——不满 1 年的不得超过一个月。③1 年以上不满 3 年的不得超过二个月。④3 年以上及无固定期限的，不得超过六个月。用人单位如果违反上述规定，如果约定的试用期超过了法定期限，那么用人单位必须按照正式劳动合同所约定的试用期满所发放的标准向劳动者支付超过试用期部分期间的赔偿金。

(2)试用期包含在劳动合同期限内。

(3)试用期应依法缴纳相应社会保险。

(4)单位解约要有合法理由,并提前30天通知或多支付1个月工资。

2.试用期与员工解除合同四大要件

(1)用人单位对录用岗位制订了明确的录用条件(如劳动者年龄、文化程度、身体状况、思想品德、技术业务水平、户籍关系等)。

(2)劳动者不符合用人单位规定的录用条件。

(3)用人单位有证据证明劳动者不符合录用条件。

(4)用人单位做出解除劳动合同的时间在劳动者试用期内。

以上四个要件环环相扣,缺一不可。

3.单位不能两次试用同一人

(1)在试用期内解除劳动合同的,不管是用人单位解除还是劳动者解除,该用人单位再次招用该劳动者时,不得再约定试用期。

(2)试用期结束解除或者终止劳动合同后,用人单位又招用该劳动者的,不得再约定试用期。

(3)试用期结束后,劳动者无论是在合同期限内变换工作岗位,还是合同期满后再次续订合同时变换工作岗位,用人单位都不得再约定试用期。

→→→→→

【案例分析】

今年6月刚毕业没多久的小周,就与一家上市企业签订了劳动合同。劳动合同内容中有一点引起了小周的注意,试用期6个月。自己的同学们试用期都只有3个月,怎么就只有自己是6个月呢,心中充满了疑惑。转念一想,这是一家上市企业,应该不会欺骗我一个才毕业的大学生。但是面对自己6个月的试用期,他还是拨通了自己读法律专业同学的电话。他的同学告诉他:《劳动法》规定,其中签订合同期限为1年的试用期为1个月,签订合同期限为1年以上、3年以下的试用期为3个月,签订合同期限为3年以上的试用期为6个月。面对同学的解释,小周恍然大悟,原来他在签订合同的时候并没有看合同期限,只关注了试用期期限。他的同学还告诉他试用期期间还应该注意:试用期属于用工方与劳动者之间的考察期,在考察期内,劳动者可以无任何理由提前3天通知用工方解除劳动合同。但是存在以下情况,用工方也有权解除合约,并且不需要支付经济补偿金:劳动者违纪、造成重大损失、刑事犯罪、劳动教养等符合《劳动法》规定的解除合同情形。

所以你的试用期是6个月还是3个月?一要明确合同期限,二要明确合同性质,三要熟读法律。

←←←←←

(二)签约合同

1.注意事项

(1)劳动者为保护自身利益,应积极与用人单位签订劳动合同,明确约定关系到自身利益的事项如工资标准、保险福利、劳动条件等。

(2)在签订劳动合同之前,应加强对用人单位的了解,如管理制度、企业文化等。

2.常见的无效劳动合同

(1)口头约定合同。

(2)一边倒合同。

(3)胁迫合同。

(4)无保障合同。

(5)附带保证合同。

(6)真假合同。

(7)抵制性质合同。

(三)辞职离职

(1)伤病期间的辞职规定。劳动法规定,职工患病或者负伤,在规定的医疗期内,用人单位不得解除劳动合同,并根据《关于贯彻"企业职工患病或非因工负伤医疗期规定"的通知》规定,对于某些患特殊疾病(如癌症、精神病、瘫痪等)的职工,在24个月内尚不能痊愈的,经企业和劳动主管部门批准,可以适当延长医疗期。

(2)辞职需提前通知单位。《劳动合同法》第三十七条规定,一般情况下劳动者试用期内提前三日,试用期满后提前三十日通知用人单位就可以解除劳动合同。

(3)员工想解除劳动合同要以书面形式通知单位。

①《劳动法》第二十四条规定:"经劳动合同当事人协商一致,劳动合同可以解除。"

②《劳动法》第三十一条规定:"劳动者解除劳动合同,应当提前三十日以书面形式通知用人单位。"

(四)岗位变动

《劳动合同法》第三十五条规定:"用人单位与劳动者协商一致,可以变更劳动合同约定的内容。变更劳动合同,应当采用书面形式。变更后的劳动合同文本由用人单位和劳动者各执一份。"

根据《劳动合同法》第四十条的规定:劳动者不能胜任工作,经过培训或者调整工作岗位,仍不能胜任工作的,用人单位提前三十日以书面通知本人或额外支付一个月工资后可以解除劳动关系。

用人单位的调岗不是随便调,而是应更加理性和人道地对待员工。用人单位为其提供的岗位使之尽可能地胜任工作,以继续履行双方的劳动合同。用人单位故意提供劳动者不能胜任的岗位,此种调岗应属恶意,因而以员工仍不能胜任工作而解除劳动关系的行为是违法的。公司支付补偿的行为并不能使其单方解除劳动关系的行为合法化。

(五)加班

如因特殊工作需要,确需延长工作时间,必须遵守相应的程序和限度规定。《劳动法》第四十一条规定:“用人单位由于生产经营需要,经与工会和劳动者协商一致后可延长工作时间,一般每日不得超过一小时,因特殊原因需要延长工作时间的,在保障劳动者身体健康的条件下延长工作时间每日不得超过三小时,但是每月不得超过三十六小时。”

(六)权利义务

1.工伤后能享受的待遇。

职工发生工伤,经治疗伤情相对稳定后存在残疾、影响劳动能力的,应当进行劳动能力鉴定。申请劳动能力鉴定应提供工伤认定决定和职工工伤医疗的有关资料。

2.不得扣除劳动者病假工资。

在看病难、看病贵等话题广受热议之际,一些劳动者还表达了另一层担忧,即病假工资问题。劳动保障部门为此发出提醒,用人单位在员工看病期间克扣其病假工资,属于违法行为。

3.劳动者的竞业禁止义务。

《劳动合同法》对竞业禁止适用范围、期限以及补偿方式均做出了明确规定,第二十三条规定:“用人单位与劳动者可以在劳动合同中约定保守用人单位的商业秘密和与知识产权相关的保密事项。对负有保密义务的劳动者,用人单位可以在劳动合同或者保密协议中与劳动者约定竞业限制条款,并约定在解除或者终止劳动合同后,在竞业限制期限内按月给予劳动者经济补偿。劳动者违反竞业限制约定的,应当按照约定向用人单位支付违约金。”

4.由劳动者承担违约金的情况。

在培训服务期约定中可以约定违约金。用人单位为劳动者提供专项培训费用,对其进行专业技术培训的,可以与劳动者订立协议,约定服务期。违约金的数额不得超过用人单位提供的培训费用。用人单位要求劳动者支付的违约金不得超过服务期尚未履行部分所应分摊的培训费用。

(七)常见问题

1.就业协议书并不能取代劳动合同。

就业协议书是国家为规范高校毕业生就业工作,避免混乱,杜绝就业欺诈行为,维护高校毕业生就业工作的严肃性,维护毕业生、用人单位和学校的合法权益而采取的一项必要措施。就业协议书具有一定的权威性,它是学校制定就业方案、派遣毕业生,用人单位申请用人指标的主要依据,也是毕业生办理报到、接转行政和户口关系的重要凭据。就业协议书明确了毕业生、用人单位和学校在毕业生就业工作中的权利和义务,对三方有一定的约束力。

在就业协议书中,双方约定的“工作期和违约金就不必再签订劳动合同”其实是一种错误的理解。毕业生要注意就业协议书与劳动合同的衔接,在正式毕业之后,要与协议单位明确劳动关系，求职者应该及时提醒并要求单位与本人签订劳动合同，防止工资待遇、社会保险等权益受到侵犯。如果双方没有继续签订劳动合同，毕业生的“跳槽”行为将不受用人单位的约束。

2.劳动合同签订时间。

由于在试用期内，员工为企业提供了劳动，企业也为员工支付了报酬，双方已经建立了劳动关系。因此，用人单位应当自员工在单位工作时，就与员工签订劳动合同，这当然也包括试用期，而不是等到试用期过了再签合同。

3.职工拒签合同、单位终止劳动关系不用付补偿。

根据《劳动合同法实施条例》第5条规定，自用工之日起一个月内，经用人单位书面通知后，劳动者不与用人单位订立书面劳动合同的，用人单位应当书面通知劳动者终止劳动关系，无需向劳动者支付经济补偿，但是应当依法向劳动者支付其实际工作时间的劳动报酬。

4.合同期满不续签不需要提前一个月通知所在公司。

从法律上说，合同期满不需要提前一个月书面通知用人单位不再续签合同。当然，为了双方能更好地完成交接工作，最好能提前通知一下。

社会保险即我们常说的“五险一金”，是国家规定劳动者所应享受的基本权利之一，也是国家对劳动者应尽的义务，属于劳动立法范畴。随着2008年国家强制性要求企业为员工缴纳社会保险之后，仍有很多企业置法律规定于不顾，拒绝履行相应的义务。因此，我们在入职之时，应当注意这个问题。

·【提示】·

劳动合同与就业协议书的区别

1.签订时间

一般而言，就业协议书签订在先，劳动合同签订在后，毕业生在与用人单位达成就业意向时签订就业协议书，通常发生在毕业前；到用人单位报到并建立劳动关系时，签订劳动合同。

2.时效性不同

就业协议书的效力始于签订之日，终止于毕业生与用人单位签订劳动合同之时。也就是说，劳动合同一旦签订，先前签订的就业协议书就不再具有法律效力，一切以劳动合同为准，就业协议书中的约定只有在写入劳动合同之后才继续有效，这一点毕业生应特别注意。劳动合同的有效期是劳动者与用人单位以合同方式确定的，除法律规定的情形外，双方不得随意变更、中止。

3.内容不同

就业协议书的内容主要包括毕业生情况及意见、用人单位情况及意见、学校意见、备注四个部分：毕业生如实介绍自己的情况，并表示愿意到用人单位工作；用人单位如实介绍单位的情况，并表示愿意接收该毕业生；学校同意派遣；备注栏中可补充一些其他约定。劳动合同的内容则更加翔实，合同包括必备条款和协商约定条款，双方还可以就法定条款及试用期、培训、保守秘密、补充保险和福利待遇等其他事项进行约定。

4.主体不同

就业协议书俗称三方协议，是毕业生与用人单位达成就业意向时签订的协议，它明确了毕业生、用人单位和学校在毕业生就业工作中的权利与义务。

5.适用的法律不同

就业协议书适用于《民法总则》《中华人民共和国合同法》和国家有关毕业生就业分配的法律法规及其他相关政策规定，一经签订，各方应严格履行。劳动合同依据的是《中华人民共和国劳动合同法》等法规，受《劳动合同法》的约束。

第二节　了解社会保险的相关规定

一、社会保险的分类

社会保险分有多种，常见的为五险一金，其余还有三险一金、六险二金等。

(一)五险一金

“五险”指的是五种保险，包括养老保险、医疗保险、失业保险、工伤保险和生育保险。

“一金”指的是住房公积金。

(二)三险一金

“三险”指的是三种保险，包括养老保险、医疗保险和失业保险。

“一金”指的是住房公积金。

三险一金比五险一金少“生育保险”和“工伤保险”。

(三)六险二金

“六险”指的是六种保险，包括养老保险、基本医疗保险、大额补充医疗保险、失业保险、工作保险和生育保险。

“二金”指的是住房公积金和企业年金。

二、“五险”的具体含义

(一)养老保险

这是为保障劳动者因年老丧失劳动能力、退出劳动岗位后的基本生活需要而设立的保险。主要内容有:离休、退休条件;离休、退休后的待遇;死亡后的丧葬费、补助费、抚恤费、供养直系亲属救济费等。

(二)失业保险

这是为保障劳动者在失业后寻找工作期间基本生活需要而设立的保险。主要内容有失业救济金、生活补助费、失业期间医疗费等。西方国家失业人员享受失业保险的期限一般为26周至一年。享受的条件:必须是非自愿性失业。

(三)医疗保险

这是为保障劳动者在患病或非因工负伤期间暂时或长期丧失劳动能力时的基本生活需要而设立的保险。主要内容有:病假及病假期间的工资待遇、医疗费用、住院费用、药费、供养直系亲属的医药费等。

(四)工伤保险

工伤保险又称工业伤害和残废保险。这是为保障劳动者在身体受伤以及因病或因伤而致残废,暂时或永久丧失劳动能力时的基本生活需要而设立的保险。它一般分因工伤残和职业病两种。内容包括因伤残而退休、退职的处理方法,因工残废抚养费,因工残废补助费和工作照顾等。

根据《劳动保险条例》规定,我国工人和职员因工负伤,其全部诊疗费、药费、住院费和就医路费均由企业行政负担。医疗期间工资照发。确定为残废,则按残废等级由劳动保险基金按月付给因工残废抚恤费或因工残废补助费。

(五)生育保险

这是为保障妇女劳动者在生育期间暂时丧失劳动能力时的基本生活需要而设立的保险。内容包括产假、产假期间工资待遇、生育医疗费用等。

三、"住房公积金"及"企业年金"的含义

(一)住房公积金

住房公积金是指国家机关、国有企业、城镇集体企业、外商投资企业、城镇私营企业及其他城镇企业、事业单位、民办非企业单位、社会团体及其在职职工缴存的长期住房储金。

住房公积金的这一定义包含以下五个方面的含义:

(1)住房公积金只在城镇建立,农村不建立住房公积金制度。

(2)只有在职职工才建立住房公积金制度。无工作的城镇居民不实行住房公积金制度,离退休职工也不实行住房公积金制度。

(3)住房公积金由两部分组成,一部分由职工所在单位缴存,另一部分由职工个人缴存,职工个人缴存部分由单位代扣后,连同单位缴存部分一并缴存到住房公积金个人账户内。

(4)住房公积金缴存的长期性。住房公积金制度一经建立,职工在职期间必须不间断地按规定缴存,除职工离退休或发生《住房公积金管理条例》规定的其他情形外,不得中止和中断。体现了住房公积金的稳定性、统一性、规范性和强制性。

(5)住房公积金是职工按规定存储起来的专项用于住房消费支出的个人住房储金,具有两个特征:一是积累性,即住房公积金虽然是职工工资的组成部分,但不以现金形式发放,并且必须存入住房公积金管理中心在受委托银行开设的专户内,实行专户管理。二是专用性,住房公积金实行专款专用,存储期间只能按规定用于购、建、大修自住住房,或交纳房租。

职工只有在离退休、死亡、完全丧失劳动能力并与单位终止劳动关系或户口迁出原居住城市时,才可提取本人账户内的住房公积金。

(二)企业年金

企业年金源自于自由市场经济比较发达的国家,是企业在参加基本养老保险的基础之上,在国家政策的指导下根据自身经济实力和经济状况建立的,旨在为企业职工提供一定程度退休收入保障的补充性养老制度。

企业年金既不是社会基本养老保险,也不同于现有的商业保险,它是企业人力资源管理制度的组成部分,企业通过合法、合规地建立企业年金计划,建立长效的人员激励机制,提高员工忠诚度,为企业保留优秀人才,促进社会和谐、健康、稳定地发展。

建立企业年金计划需要具备三个基本条件。首先是该企业已经依法参加基本养老保险并履行缴费义务;其次就是企业自身应具备一定的经济负担能力;最后,由于最终的年金计划需要通过职工代表大会讨论通过并报备劳动和社会保障部门,因此企业还必须建立集体协商机制。

企业年金有别于传统的补充养老保险,是按照信托模式经营,一个企业年金计划将涉及受托人、托管人、账户管理人和投资管理人共4个角色。

四、五险一金的缴纳方式

"五险一金"中的养老保险、医疗保险和失业保险,这三种险是由所在企业和个人共同缴纳的保费,工伤保险和生育保险完全是由所在企业承担,个人不需要缴纳。

"五险一金"中的"五险"是法定的,而"一金"不是法定的。"五险"提供的是最基本的保障,属于社会保障体系,是国有法定缴纳的,与商业保险有区别。

五、五险一金相关法律规定

我国《劳动法》规定:国家发展社会保险事业,建立社会保险制度,设立社会保险基金,使劳动者在年老、患病、工伤、失业、生育等情况下获得帮助和补偿。

社会保险基金按照保险类型确定资金来源,逐步实行社会统筹。用人单位和劳动者必须依法参加社会保险,缴纳社会保险费。

劳动者在下列情形下,依法享受社会保险待遇:

(1)退休。

(2)患病、负伤。

(3)因工伤残或者患职业病。

(4)失业。

(5)生育。

劳动者死亡后,其遗属依法享受遗属津贴。劳动者享受社会保险待遇的条件和标准由法律、法规规定。劳动者享受的社会保险金必须按时足额支付。

具体来说,养老保险是指国家和社会根据一定的法律和法规,为解决劳动者在达到国家规定的解除劳动义务的劳动年龄界限,或因年老丧失劳动能力退出劳动岗位后的基本生活而建立的一种社会保险制度。

我国的养老保险由三个部分组成:第一部分是基本养老保险,第二部分是企业补充养老保险,第三部分是个人储蓄性养老保险。

自我检测

1. 劳动合同与就业协议书的区别?
2. 试用期长短与什么相关联?试用期的具体规定及要注意的问题有哪些?

阅读拓展→

《圈套玄机:职场案例解码》
——帮你鉴别职场陷阱

作　　者:王　强
出 版 社:清华大学出版社
出版时间:2006 年 4 月 1 日
I S B N:9787302127451
页　　数:226 页
装　　帧:平装
开　　本:16 开

内容简介→

该书讲述王强先生以其外企高管的职场亲身经历,列举 12 篇涉及职场难题、管理难点、销售难关等方面的典型案例,为在外企等公司环境中挣扎的白领一族,为遇到各种职场生存和规划难题而急于寻找答案的人，揭示在遇到棘手问题时比较合理有效的思维方式和应对策略，这些策略将是决定职场人士生或死、成或败、输或赢的关键点。本书的编写缘于畅销商战小说《圈子圈套》所引发的大量热心读者的反馈，将他们的精彩互动点评纳入书中，集思广益携手作者共同解决职场难题。丰富精彩的案例妙趣横生，深刻到位的解读入木三分，给读者带来更多的阅读乐趣和知识启迪。

内容推荐→

没有“舍”就没有“得”，无论是用自由换金钱还是用名誉换自由，可能都没有绝对的对与错，而是取决于个人的权衡与选择，只要始终明确什么对自己才是最重要的，其他的就可以放得开了，事情常常是这样，只有需要舍弃其他才能得到的东西，才是真正宝贵的。——案例一《辞职还是宁可被炒鱿鱼？——To be or not to be》

老板需要你把工作干好，所以你是他的手；他需要你把情况及时汇报给他，所以你是他的眼睛和耳朵；他需要你帮他出主意，所以你是他的大脑；他需要你站出来替他说话，也需要你替他保守秘密，所以你是他的嘴巴；他需要你和他站在一起，所以你是他的脚。——案例三《好人先告状——如何与老板的老板沟通？》

世上最难的事莫过于让别人接受你的思想，而做销售恰恰就是让客户接受你的思想，让他认同你的商品比他的金钱更有价值，从而让他把很宝贵的金钱交给你，以换取你的更宝贵的商品。销售，就是一个引导客户、让客户接受你的思想的过程。——案例四《接手了一个烂摊子，怎么办？》

在外企，衡量一个人是否具备晋升资格的时候，有一项指标叫“Organizational Awareness”，就是说这个人对公司内部组织机构的权责、部门之间的关系、人与人之间的关系是否清楚，是否可以敏锐地察觉到任何事情对相关部门、相关人员的影响，是否可以灵活自如地与方方面面的部门和人员沟通协作。——案例五《矩阵式管理——一仆二主，利大？弊大？》

人的职业规划，不是规划出来的，其实就是三个选择：

1.选择自己现有的核心竞争力是什么；

2.再选择自己将来应该具有怎样的核心竞争力；

3.再选择一个既可以发挥自己现有的核心竞争力，并同时积蓄将来所需的核心竞争力的工作岗位。

——案例六《前线、后方，哪里可以脱颖而出？》

在公司的E-mail通讯录上，你同高层经理们和老板们一样都各自占据着一个邮箱地址，压在你头上的层层经理，虽然是座座大山，但也是你的层层避弹衣。公司有了email，每个人都暴露在所有人面前，你从来没有像现在这样离公司的政治中心如此之近，也从没有像现在这样危机四伏。——案例七《E-mail——沟通工具还是政治武器？》

幽默，一种心理优势的体现，富有幽默感的人，在内心深处都有较强的自我优越感，所以才会自嘲。当遇到别人的挑衅时巧妙地运用幽默的自嘲，可以像太极推手一样化解对方的攻击，同时释放自己心中的不快。——案例十二《客户里的人，不是朋友就是敌人吗？》

第九章　看你“七十二变”

——从大学生到职业人的转变

学习导入

走进了职场，便是走进了人生的“战场”，如何尽快实现由学生角色到职业角色的转换，是每个大学生走上工作岗位后面临的一个人生课题。通过本章的学习，了解学生角色和职业角色的区别以及两种角色转换的途径，并学习、掌握提高人际沟通和团队合作能力的原则、技巧及培养途径，指导学生积极调整自我，主动适应职场，提高职场竞争力。

第一节 职业转换与适应

党的二十大报告指出："社会主义核心价值观是凝聚人心、汇聚民力的强大力量。""敬业、诚信"价值观和当今时代的大学生就业择业观紧密相连，体现着当代大学生在就业、择业过程中应遵循的价值理念和理想追求，同时，也着力强调大学生在从学校步入社会的成长过程中，应逐步培养"爱岗敬业"和"诚实守信"的职业道德和修养。大学生如何更好地进行学生到职场人的角色转换，本节我们就一起来学习一下。

一、如何更好地职业转换

法国哲学家狄德罗曾说过：知道事物应该是什么样，说明你是聪明人；知道事物实际是什么样，说明你是有经验的人；知道如何使事物变得更好，说明你是有才能的人。显然，要想获得职业上的成功，首先是学会适应职业环境，就像大自然中的千年动物，能够随着自然环境的变化而调整、改变自己，避免成为"娇贵"的恐龙！

大学毕业生从学生角色转换到职业角色的过程中必然伴随着角色冲突。只有尽早做好准备，形成职业角色观念，提高职业角色技能，增强角色扮演能力，才能使自己的职业生涯有一个良好开端。因此，充分把握好毕业前后的两个阶段至关重要。

(一)毕业前夕的角色转换

目前，我国大学毕业生在每年 7 月初离校，奔赴工作岗位，但是就业工作一般从前一年的 11 月就开始了，前后共有半年多的时间。可以说，这一时期是毕业生转换角色的重要阶段，主要表现在以下两个方面：

毕业前夕是择业的黄金季节。毕业生通过与用人单位"双向选择"的过程，可以加强对用人单位的了解，合理地确定自己的职业定位，进而通过签订就业协议书来确定自己的职业角色。

毕业生在与用人单位接触的过程中，能够比较全面地了解到用人单位的基本情况，切身体会到社会对自己的认可程度，并依据自身感受调整职业期望值，实事求是地定位自己的职业。这是从学生角色向职业角色转换的第一步，这为大学生的职业角色确定了一个基调，对角色的转换将产生深远的影响。

要成功地完成角色转换，需要提前奠定良好的心理基础和知识技能基础。一般来说，在校学习期间的学习环境、学习条件、学习技能的训练都是最为理想的。因此，从就业协议书签订到毕业离校这段时间，是有针对性地学习知识、培养能力，进而转角色的最佳时期。在这段时间内，除了按照学校正常教学计划完成课程的学习、实习实践和毕业论文外，还应该进行如下学习和训练：

1.学习与未来工作岗位有密切联系的专业知识和专业技能

大学的课程设置总体上偏重于基础知识的学习和基本技能的培养，而不一定涉及特定岗位上所需要的专业知识和技能。同时，通过学习和训练，还可以加深对未来职业岗位的认同，培养职业兴趣。

2.进行非智力因素技能的训练

大学毕业生智力上的相差并不太大，而非智力方面的技能却是影响毕业生择业、就业和创业的重要因素。毕业生要敢于表现自己，克服在公众面前“害羞”和“胆怯”等人格心理方面的不良现象，这是给人留下良好印象的前提和关键；同时，还要善于表现自己，主要是书面表达能力和口头表达能力的提高。在与人交往的过程中要诚恳而不谦卑，自尊而不倨傲，不急不躁，以富含感染力的幽默语言来展示自己的意图和信誉。

3.进行必要的心理准备特别是“受挫准备”

大学毕业生大都很有才华，但并非都能在自己的工作岗位上实现成功。过硬的职业技能对职业成功固然重要，充分的心理准备更是不可缺少的，特别是要有“受挫”的心理准备。一般来说，事业不会是一帆风顺的，如果心理准备不足，就会产生过激情绪，导致能力低下，在愤世嫉俗的言行中使得自己的才华泯灭。因此，在校期间要提高调整心态的能力，充分做好心理上的“受挫准备”。在事业顺利的时候不沾沾自喜；以平常心对待工作上的平淡、无为和不被重用；在屡试屡挫的境地中屡挫屡试，不懈追求；在似乎“一文不值”的岗位上奋发向上，一鸣惊人。这是事业成功者的必备素质。

（二）见习期内的角色转换

大学生参加工作后的一年或半年为见习期，之后转为正式人员，与大学相比，都有很大区别。高校大多位于大中城市，学习和生活条件比较优越，空闲时间和自由支配时间比较多，节奏也比较缓和，压力较小；而众多的职业岗位不一定在城市里，有的在偏僻的山沟沟里，有的在茫茫的戈壁滩上，环境相当艰苦。由于工作繁忙，经常需要加班加点，属于自己的时间越来越少。从大学学习环境到职业环境的变化，往往会加剧角色冲突，为此，大学毕业生应该加强见习期内的角色学习，使角色转换顺利实现。

一般来说，大学生要在较短的时间内获得同事的认同和领导的肯定，应当从以下三个方面提高和锻炼自己。

1.要善于展现自己的知识

大学毕业生因为具有新知识而受到同事的青睐和尊敬，但为此也使一些人与同事之间容易产生一定的距离。因此，大学生在同事面前一定要表现得谦虚、随和，在尊重同事丰富经验的同时，适时适度地展现自己的能力。例如，可以利用工作机会，特别是当同事在工作中遇到麻烦时，以谦虚诚恳的态度从理论上提出自己的见解，共同商讨，共同解决问题，也可以利用业余娱乐机会、发挥自己的知识优势，在交流中让同事了解你的为人和性格，表明自己的世界观、人生观和价值观，缩短与同事间的距离，成为大家的朋友。要切忌以文凭自居自傲，那样只能使得同事对你产生反感，使得自己越来越脱离群众，变得孤立无助。

2.要树立工作的责任意识

大学生对未来都有美好的冀望，都想在事业上大干一场，建功立业。但是多数人在走上工作岗位之初，一般不会被委以重任，而是先从最简单的辅助性工作做起，这也符合人才成长的基本规律。但是，有不少人凭着对工作的新鲜感和学识上的优越感，认为自己被大材小用了，对一些工作不愿意干，甚至开始闹情绪。其实，这是缺乏责任意识的表现，干任何一项工作，都要有足够的热情，更要有丰富的经验和随机应变的能力。这种经验和能力的获得并非一朝一夕之功，它需要在平时的工作中积累和训练。显然，凭借热情和情绪只能是对工作的不负责任。因此，不管工作的大小，分工的高低，大学生都要以满腔的热情、高度的事业心和责任感认真对待，圆满完成工作。

3.要培养实事求是的工作作风

大学毕业生具有较强的自尊心和自立意识，在工作上总想独当一面，取得成就。尽管很多人对待工作的态度是认真谨慎的，但在很多时候，工作中还是难免出现失误。工作失误并不可怕，可怕的是不能正确地认识失误，不能实事求是地去承认失误。工作中一旦出现了失误，就要认真地分析原因，总结经验教训，找准失误点；同时要敢于向领导和同事承认，自觉开展批评和自我批评，并勇于承担责任，以获得领导和同事的理解；另外，要虚心学习、请教，总结经验教训，防止类似失误再次发生。

另外，大学生要重视岗前培训这样的重要环节，因为岗前培训对于刚刚走上工作岗位的大学生的角色转换是非常重要和必要的。它不仅仅是让新员工了解单位的基本情况，熟悉规章制度和工作程序，更重要的是通过岗前培训来树立集体主义观念，培养人际协调能力和奉献精神。从某种意义上讲，岗前培训可以直接反映出新员工的素质高低，因此单位都非常重视，并依此择优录用，分配岗位。毕业生一定要以认真的态度把握好这样一次充实自己、表现自己和提升自己的良机。事实证明，很多毕业生就是因为在岗前培训期间显露才华，表现出色而被委以重任。

二、如何更好地职业适应

对于初入职场的毕业生来说，特别是在刚进单位的前3～6个月的试用期中，跳槽是最快和最频繁的时期，这个阶段被称为职业的浮躁期。这种现象在某种程度上是正常的，看自己是如何处理的，如果只是盲目的浮躁，找不到方向和目标，则对自己的发展是相当不利的。特别是对于刚出校门的大学生来说，由于刚踏入社会，对社会的现实和职业的认识还不太清楚，所以，对待这段浮躁期要有充分的认识。产生这种工作浮躁的原因，主要是基于以下几方面：

1.理想与现实的脱离

虽然当前的大学生很清楚大学生就业形势的严峻，但在工作上都仍然会出现一些比较理想的想法，希望自己所在的公司规模要大，知名度要高，管理规范和成长空间大。然而现实中却又有多少人能够进入大公司从事着高级白领的工作，即便是大公司，在管理上也会存在这样和那样的问题，并不像你所想象的那么完美。更多的毕业生会进入一些中小企业去工作，在那里会遇到更多的这样或那样的不适应，也会存在更多的问题，特别是一般都会让大学生从底层的工作做起，从事一些简单和枯燥的工作。在这种情况下，与他们所想象的理想的工作存在很大的差距，于是，就会出现一些跳槽的现象。

2.急于求成的心态

初入职场的大学生在刚参加工作时，往往会表现出一种非常积极、充满激情的工作心态。从他们工作的第一天起，每个人的心中都有一番雄心壮志，都希望在工作中尽快脱颖而出，尽快地走上公司的管理阶层。大学生有理想、有斗志固然好，对成功的追求与渴求也是正常的，但必须把心态调整好，不可以急于求成，幻想在最短的时间里，在各个方面都做到最优秀，让老板尽快给自己一个重要的领导岗位。然而，一旦自己在短期内的努力没有马上得到回报，就会认为这公司不重视人才，没有伯乐，在人才的管理上存在问题，好像自己在这里工作没有了前途。在这种情况下，一些人又会产生一种想跳槽的想法。殊不知，在这里工作的老员工，他们无论在工作的能力还是在工作的经验上都比现在的你做得更好。也许你就是下一个潜力股，也许领导会在对你考查一段时间后，让你从事更多的更重要的工作岗位，但由于一个急于求成的心态，会让成功与你失之交臂。

3.“围城”的心态

刚参加工作的大学生在和自己同学交流的过程中，很多人都表现出对目前工作的不满，甚至对别人的离职特别不了解，认为那么好的工作怎么会离职，这就是一种“围城”的心态。里面的人想出来，外面的人想进去，一山望着一山高。人们都一直在向外思考，而没有向内去思考自我，去站在企业和社会现实的角度考虑一些问题。当出现这种浮躁心态的时候，有没有认真思考过究竟是自己的问题还是企业的问题。沉下心来，踏踏实实地干一段时间，当真正地融入企业后，也许你会重新找到自己的定位，发现自己的价值。如果工作一段时间后，你发现这种工作的确不适合自己，那么你可以重新去选择，这样，你至少可以清楚地了解自己下一步到底应该找什么样的工作，让你的选择不再盲目，从而才会有一个更好的人生选择。

三、如何渡过试用期

(一)新人的六原则

1.了解公司的组织和方针

当你初到一家公司工作时，首先必须了解公司内部的组织，并应该知道每个部门所负责的工作。除此之外，你还要了解公司的经营方针以及工作作风。你对公司的全局认识将有助于你日后的发展。

2.尽快学习业务知识

你必须具有丰富的知识，才能完成上司交代的工作。这些工作所需的知识与学校所学的书本知识有很大差异，它需要的是实践经验。

3.在预定的时间内完成工作

一项工作从始至终，必定有预定的时间，而你必须在此时间段内将其完成，绝不可借故拖延，最好是能提前完成工作。

4.工作时间内避免闲聊

工作中的闲聊，不但会影响你个人的工作进度，也会影响其他同事的工作情绪，招来上司责备。所以工作时绝对不要闲聊。

5.执行工作任务需注意的五要点

(1)上司指示的事务中,有些事情不需要立刻完成,这时,应该从重要的事情着手做,并将工作顺序记录下来以免遗忘。

(2)若无法暂停正在进行的工作以完成上司临时交给的事时,应该立即向上司提出,以免误事。

(3)需要外出收款、取文件或购物时,要问清金额、物品数量等重要细节,然后再去。

(4)未充分了解上司所交代的事情前,一定要问清楚,然后再进行,绝不可自作主张。

(5)外出办事时,应负起责任,迅速完成,不可借机四处办私事。

6. 离开工作岗位时要收妥资料

工作进行到一半,因为上司召唤、客人来访,或其他临时事情而暂时离开座位时,即使时间仓促,也务必将办公桌上的重要文件或资料收拾妥当。

(二)怎样避免“欺生”

一些女大学生上班以及换工作,总有一种被排斥的感觉,仿佛做了插班生。专家认为,她们之所以感到新团队“欺生”,主要是自己的心理承受力比较差,适应能力相对较低。其实,新员工不要有过多的焦虑,应该首先主动从自己身上找原因,遇到问题不要推卸责任,多做事、少说话。相信通过不断交流、主动沟通,都能成为受团队欢迎的一员。

1.把握尊重原则

有的新员工不屑于从琐碎的事情开始做起。别小看打水、扫地、擦桌子,许多人习惯从这些小事中品人。新人如果扎扎实实坚持做这些“小事”,势必能很快融入新环境。当有一个新项目或者新机会时,大家就会首先想到与那些善于做小事的新同事合作。有了合作的机会,才有展示才华的平台。

在日常交往中,新员工不要将自己“裹”在壳子里,适当地向同事敞开心扉,这也是对他人的尊重。譬如业余时间,大家在一起谈论成长经历时,不可避免要互相了解出生地和大学毕业的学校。如果你想参与到这种愉快的聊天当中,不要对自己的相关信息“守口如瓶”。尽管你的出生地可能是一个偏僻的小城镇,尽管你毕业的大学没有显赫的名声,但这都没有关系,因为在人际沟通中有一个非常重要的“对等原则”,就是别人对你袒露相关的个人资料,你在接受以后,要尽可能提供给对方相应的对等信息。

2.不要斤斤计较

领导在安排工作的时候,常常安排新员工加班。而对于一些新员工而言,双休日是她们聚会、购物、料理家务的大好时机,往往在周一就已经将双休日安排好,一旦在周五被临时通知周末加班,就会大有失落感,有的人甚至产生抵触的心理。所以,新人首先要理解加班是得到了工作机会,以积极的心态来工作,带着感恩之心去面对。

此外,除了不要斤斤计较加班这样的事情,还不要过于计较他人的评点和误解。与男员工相比,年轻女性更计较自己在工作中的信任度。有些心理承受力比较低的人,也许因为一个善意的批评,就变成一只咆哮的狮子,认为丢了面子,就没有发展前途。其实,这是自我意识过强的表现。在工作中,每个人都会犯错误,尤其是新人,由于业务不熟练,社会阅历比较少，常常比一般人更容易出错。而且许多新员工都常常有这样的感觉，就是越担心出错，越错误不断。所以，坦然面对自己的错误，勇于承担责任，诚恳向老同事和领导请教，把坏事当成好事。反之，如果总是没完没了地推脱责任，千方百计找客观原因，就会给人留下不成熟和难以承担责任的印象。

3.少发表个人观点

在一些女同志比较多的单位，大家在业余时间聊天的时候，更容易有意无意地评点不在场的人。此时，新人不可退避三舍，坐下来听听，是不会给自己惹来“杀身之祸”的。但要注意的是，千万不要轻易发表自己的观点，更不要将一些信息传给不在场的人。否则，会给大家留下“新来的女孩子怎么这么是非”的不良印象。因为在大家的潜意识中，即便老同志之间有什么矛盾，都比较正常，因为在长时间的工作中，难免有摩擦。但是对于新人，大家就不会这么宽容了，毕竟思维比较简单，阅历又比较浅，应该是一张白纸，如果过早贴上是非的标签，就会自己贬低自己的信誉度。

不要认为大家在一起闲聊就可以信口开河。有时，你可能无意中贬低了你曾经去旅游的一个城市，但这个城市又恰巧是某位同事的故乡。故乡在大多数人的心目中是至高无上的，由此，这位同事可能就会对你形成不易解脱的“心结”。还有，有的单位非常注重员工的合理化建议，如果你对工作流程和工作环境还不十分熟悉，就不要贸然评点，否则，尽管你的出发点是好的，希望工作变得更加科学、合理，但是由于你的建议缺乏较高的视点，又缺乏相应的调查研究，很可能建议变成了不负责的“乱弹琴”，这对于你在这个单位的长远发展十分不利。如果领导实在要你发表自己的观点，你不妨在同事中做一个小小的调查，看一看大家的期望是什么，然后，再以一种积极的心态来提建议。

一般而言，踏入职场的最初三年，是新人适应社会的阶段。主要任务是：弄懂、搞清职场游戏规则，接受他人有关如何最好完成工作的智慧与指导，承受对新生活的想象和实际情况有落差的现实，克服某些方面比别人差的不安，等等。

那么，要如何提高职业适应能力呢？

四、职业适应能力的提高

(一)尽可能地选择自己喜欢的职业

选择自己热爱的职业能最大限度地激发自己的工作热情，这样，由于对工作充满了热情，具备了相应的良好心态，即使在走上新的工作岗位之后，发现与原来自己理想的工作存在差距时，也比较容易进行自我调整，进而主动去克服所遇到的困难。

(二)培养对自己所从事职业的兴趣

在当今环境下，劳动者虽然能自主择业、自主流动，但并不是每个劳动者都能在短时间内找到自己所喜欢的工作，由于年龄、性别及文化程度、机遇、能力等诸方面的差异，导致了劳动者一时难以选择到理想的工作岗位，在这种情况下，必须培养自己对所从事的职业的兴趣。兴趣是促使自己积极进取的动力之一,从某种程度上可以克服许多职业上的不适应。

(三)加强学习,不断拓展知识面

人们要主动适应职业,唯一的办法就是加强学习,不断提高自己。知识是生存和职业适应的先决条件,在科学技术飞速发展的当今社会里,更多的工作岗位都要求劳动者必须具有良好的科学文化素养,广博的知识可使人们在不同的职业中具有更多的选择余地和较强的适应能力。

(四)既适应新的工作岗位,又适应新的环境

适应新的工作岗位,就是要熟练掌握所从事职业的技能、规范,等等,以使自己尽快投入工作。所谓适应环境,包括工作环境和人际环境两方面,其中主要是人际关系。在不同环境下的人际关系有所不同,无论在任何环境下,要处理好人际关系必须要有良好的品德。

(五)立足工作岗位,树立新的意识

一方面,学生角色的经济不独立性及社会责任的不完全性,决定了大学生的依赖性。走上工作岗位后,大学生已经成为社会认可的具有独立资格的真正意义上的社会人,在生活上要自理,尤其是在工作上要独当一面,承担一定的社会责任。另一方面,人是社会的人,社会的发展与进步离不开人们的密切协作。但由于学生角色中心任务的特殊性,学校环境的相对封闭性,使得一些大学毕业生的协作精神和团队意识远远不能满足职业的要求。实践证明,在人的社会联系高度紧密的今天,一项大型工程的开展,一项科研项目的完成,一个生产过程的组织与管理,单靠某个人的力量显然是不够的,必须是几个、几十个甚至成百上千个人共同劳动、互相配合、互相协作才能完成。这就要求走上岗位的大学生要有互相协作的团队意识,从整体利益出发,个人利益服从整体利益,顾全大局,并建立和谐的人际关系,创建一个友好的合作氛围。

五、注意一些非智力因素的影响

除了根据自身情况需要补充和学习必需的专业知识外,非智力因素也是影响大学毕业生职业技能获得的重要因素。

(一)情绪

一些大学生在从学生角色到职业角色的转换过程中表现出不踏实的作风和不稳定的情绪。一阵子想干这项工作,一阵子又想干另一项工作,工作总是浮在表面上,不能深入了解工作的性质、工作的职责和工作的技巧,很难完成本职工作。工作了很长一段时间却沉不下心来进入工作角色。

(二)自信心

一些毕业生面对新的环境,对自己的职业缺乏自信心,不知道工作应该从何下手,缩手缩脚,前怕狼后怕虎,工作中放不开手脚,缺乏青年人的朝气和锐气,更谈不上职业技能的训练。

(三)意志力

面对职业中的困难,不少毕业生有畏难情绪,缺乏战胜困难的意志力。任何一项工作都有一定的难度。有难度的工作才会使工作有意义,完成工作后才能体现出其价值。因此,在工作中应该知难而进,迎难而上,不懈地努力。

(四)观察力和思考力

要进入职业角色,获得职业技能,就要开动脑筋,善于观察,勤于思考。只有善于观察才能发现问题,才能掌握大量的第一手资料,才能真正掌握职业对象的内部规律。同时,只有勤于思考才能在工作中有自己的见解,才能使自己的职业技能得到训练,也才能逐步具备独立开展工作的能力,更好地承担职业角色。

在人才市场逐步开放的今天,人才的流动是个人发展的要求,也是社会发展的需要。作为大学生既要干一行爱一行,也要准确地把握时机,谨慎地调整自己的岗位,以求更好地发挥自己的聪明才智。

第二节 人际沟通

随着经济全球化和改革开放的进一步推进,沟通成为时代的主题,沟通能力已成为新世纪人才竞争的重要指标之一。沟通渗透在大学生学习与生活的各个方面,对学习效果的好坏、人际关系的协调、人格的健全及心理健康都起着至关重要的作用。

一、沟通的意义

→→→→→

【案例分析】

小明第二天就要参加小学毕业典礼了,为了在记忆之中留下一段美好时光,他高高兴兴地上街买了条新裤子,可惜裤子长了两寸,吃晚饭的时候,趁奶奶、妈妈和嫂子都在场,小明把新买的裤子长两寸的问题说了一下,饭桌上大家都没有反应。饭后大家都去忙自己的事情,这件事情就没有再被提起。妈妈睡得比较晚,临睡前想起儿子明天要穿的裤子还长两寸,于是就悄悄地一个人把裤子剪好叠好放回原处。半夜里,狂风大作,窗户"哐"的一声把嫂子惊醒。嫂子醒来后,突然想到小叔子新买的裤子长两寸,想到自己辈分最小，不能让老人费心，怎么也该自己来做，于是起床将裤子处理好后才安然入睡。老奶奶睡觉轻，每天早起给小孙子做早饭，也想到孙子的裤子长两寸，于是趁水未开的时候也对小明的裤子做了处理。结果，第二天早晨，小明只好穿着短四寸的裤子去参加毕业典礼了。小明新买的裤子本来长了两寸，为什么第二天却变成短了四寸呢？如果他的奶奶、妈妈和嫂子就裤子的修剪进行了及时的沟通，会出现这种情况吗？

←←←←←←

英国文豪萧伯纳说过："假如你有一个苹果，我也有一个苹果，而我们彼此交换这些苹果，那么，你我仍然各有一个苹果；如果你有一种思想，我也有一种思想，而我们彼此交换这些思想，那么，我们每个人将各有两种思想。"这段话生动说明了沟通的意义。人际沟通具有心理、社会和决策等功能，和我们的生活息息相关。

(一)心理功能

1.为了满足社会需求和他人沟通

心理学中认为人是一种社会的动物，人与他人相处就像需要食物、水、住所等同样重要。如果人与其他人失去了相处的机会，身体就会出现一些症状，如产生幻觉、丧失运动机能、心理失调，等等。我们日常与人的沟通，即使是一些不重要的话，却能满足我们互动的需求，身心也会感到愉快与舒适。

2.为了加强肯定自我和他人沟通

通过沟通，我们能探索自我以及肯定自我。要如何了解自己有什么专长与特质，有时要通过沟通从别人口中得知。与他人沟通后得到的结果，往往成为自我肯定的源泉。那么渴望被肯定、被重视，通过沟通才能找寻到相关答案。

(二)社会功能

人际关系提供了社会功能，借着社会功能，我们可以发展和维持与他人之间的关系。我们必须通过和他人的沟通来了解他人。借助沟通这个过程，人与人之间的关系得以发展、改变或者维系。

(三)决策功能

人类除了是一种社会的动物之外，也是一种决策者。我们每时每刻都在做决策，不论是接下来是否要看电视，还是明天要穿什么衣服，事情看似很小，其实都是在做决策。但是，有些决策是自己就能做出的，有些决策却需要和别人沟通后一起做出。

在决策过程中，沟通体现出两个功能：

一是促进了资讯交换。正确的资讯有助于做出有效的决策。资讯的获得有时是通过自己观察，比如书本、电视，但有时通过与他人沟通能获得更多有效、有针对性的资讯。二是影响他人的决策。如果朋友外出购物，他询问你意见，此时，你传达的内容很可能会影响他的决策。

二、有效沟通的原则及技巧

（一）有效沟通的原则

正确定位原则。沟通包括一些定位，我们应该正确地将沟通定位，以便使自己的信息传递准确。

信息组织原则。所谓信息组织原则就是沟通双方在沟通之前应该尽可能地掌握相关的信息，在向对方传递这些信息时应尽可能简明、清晰、具体。

尊重他人原则。重视他人的人格和价值，承认他人在人际交往中的平等地位。

换位思考原则。所谓"换位思考"，是指在沟通过程中主客体双方在发生矛盾时，能站在对方的立场上思考问题。

·【提示】·

与人交往的两个法则

黄金法则：你希望别人怎样对待你，你就怎样对待别人。这种与人交往的原则不是与人打交道的最高境界，因为自己喜欢的、期望的方式别人不一定喜欢。

白金法则：别人希望你怎样对待他们，你就怎样对待他们。也就是说，我们要用别人喜欢的方式来对待他。我们要善于研究我们的沟通对象，分析他们，发现他们的喜好。要善于换位思考，从对方的角度来考虑问题，要善于用对方喜欢的方式来同他们打交道，也就是用白金法则来与对方沟通。

（二）沟通中的技巧

1.善于倾听

听，是沟通的前提。倾听，貌似简单，其实不易。"听"的繁体字为"聽"，它由"耳"、"王"、"十"、"目"、"一"、"心"六个字组成，代表着"听"首先是用耳朵接受他人的声音，但仅此却远远不够，还需"十目一心"地仔细观察对方说话的神态、用心揣摩对方的话中之话。只有这样，才能真正感受到对方所要传递的信息。倾听是一种本能，也是一门技术，更是一门艺术，它源自本能，修自后天。学会倾听，要掌握以下几个原则：

（1）以关心的态度倾听

通过非语言行为，如眼睛接触、某个放松的姿势、某种友好的脸部表情和适宜的语调，你将营造一种积极的交流氛围。如果你表现出留意、专心和放松，对方会感到被重视和更安全，从而有勇气试探你的意见和情感，同时觉得你是以一种非裁决的、非评判的姿态出现的。可以恰当地提出问题或插话，表明你对对方所谈内容的关心、理解、重视和支持，但不要打断对方的谈话，同时还要表现得像一面镜子：反馈你认为对方当时正在考虑的内容，总结说话者的内容以确认你完全理解了他所说的话。

(2)避免先入为主

当有人向你倾诉的时候，调整好你的心态很重要。如果以个人态度考虑一个问题，往往会使你过早地下结论，显得武断。所以，在倾听时最好站在第三者的立场，以理智和接纳的心态帮对方分析和解决问题。

(3)对对方的需要表现出兴趣

带着理解和相互尊重的心态进行倾听，把自己的知觉、情感、态度全部调动起来，投入地听，用心去体验对方谈话所及的情景，才能表现出对对方的需要感兴趣。

(4)学会倾听逆耳之言

人无完人，金无足赤，每个人都有缺点，每个人的工作方法与思路也绝不是完美的，这就需要他人来指正；而作为倾听者，要以虚心的态度来接受。发自内心的逆耳之言是一种关心，更是一种爱护和帮助。

(5)创造良好的倾听环境

即使倾听者掌握了以上原则，但是缺乏一个良好的倾听环境来做保障，还是无法达到倾听的效果。良好的倾听环境包括场所、时间、距离等因素。要选择安静、舒适的场所和恰当的时间，同时说话者与倾听者之间要保持合适的距离，尤其是在正式场合，无论亲疏，都应保持一定的距离。

2.沟通中的肯定与回馈

如果说话者一个人在那里唱独角戏，他一定会觉得特别无聊，所以应该给予一定的反馈。反馈的方式包括语言与非语言两种。通过语言符号，倾听者可以阐述自己的观点，同时也可以通过适时适度的提问来获得更多的信息。倾听中的提问要数量要少而精，太多的问题会打断说话者的思路和情绪，恰当的提问往往有助于双方的交流，要紧紧围绕谈话内容，不应漫无边际地提一些随意而不相关的话题，浪费彼此的时间。可以通过重复对方沟通中的关键词，甚至能把对方的关键词语经过自己语言的修饰后，再回馈给对方，这会让对方觉得他的沟通得到了你的认可与肯定。同时可以使用简单的语句，如“呃”、“哦”、“我明白”、“是的”、“或者”、“有意思”等，来认同对方的陈述。通过用“说来听听”、“我们讨论讨论”、“我想听听你的想法”或者“我对你说的很感兴趣”等，鼓励说话者谈论更多的内容。另外，可以使用一些非语言符号，以达到反馈的目的。例如可以通过一些动作、姿势、表情等让说话者感受到你的心情。最基本的非语言方式就是目光注视，让他感觉到你正在专注地倾听。当你觉得对方说得很精彩时可以鼓掌；当你觉得对方说得很有趣时，可以微笑甚至大笑；当你觉得疑惑时，可以皱皱眉，让人觉得你若有所思，等等，这些都是很有效的非语言沟通方式。

3.关注对方的反应

配合对方的关注点并及时调整表达的方式和内容，应避免灌输式和自我陶醉式的表达方式。表达时用词要准确，并尽量使用中性词语，消除对方可能抱有的防卫、警惕甚至敌对情绪，从而对你所表达的意愿产生共识。

4.沟通中的“先跟后带”

“先跟后带”的意思是：即使你的观点和对方的观点是相对的，在沟通中也应该先让对方感觉到你是认可、理解他的观点的,然后再通过语言和内容的诱导抛出你的观点。职场新人要充分意识到自己是团队中的后来者,也是资历最浅的新手。在这种情况下,新人在表达自己的想法时,应该尽量采用低调、迂回的方式,特别是当你的观点与其他同事有冲突时,要充分考虑到对方的权威性。

5.承认我错了

承认我错了是沟通的消毒剂,可解冻、改善与转化沟通的问题。说声对不起,不代表真的犯了什么大的错误或做了伤天害理的事,而是将其作为一种软化剂,使事情终有"转圜"的余地。

·【拓展】·

常见的反应姿态与含义

任何一种肢体动作都是一种信息的传递。有时,我们无声的肢体动作比有声的文字语言更容易吸引对方的注意力。以下是常见的几种反应姿态及其代表的含义,掌握了这些内容,可以帮助你在沟通中尽快理解对方的态度,进而做出及时准确的回应。

1. 开放/真诚:摊开双手,更靠近,打开大衣纽扣,把衣服放在椅子边上。
2. 评价:抬着头,手碰到脸颊,身体前倾,手托下巴。
3. 冷淡:无精打采,很少的眼神接触,嘴唇松弛,视而不见,眼神不集中。
4. 拒绝:两臂两腿交叉,身体后缩,环顾左右,触摸式揉鼻子。
5. 挫折:紧握双拳,揉颈背,在空中挥拳。
6. 紧张:眯着眼睛,嘴唇嚅动,嘴巴微张,来回走动,抖动手指或摆弄东西。
7. 防御:双臂双腿紧紧交叉,很少或没有眼神接触,拳头紧握,嘴唇缩拢。
8. 自信:自豪、挺直的身姿,持续眼神接触,手伸直,下巴抬起,含蓄的微笑。

三、大学生如何培养自己的沟通能力

沟通能力包括表达能力、争辩能力、倾听能力和设计能力(形象设计、动作设计、环境设计),它是个人素质的重要体现,关系着一个人的知识、能力和品德。大学生要加强沟通能力的培养,就必须积极激发自身的主观能动性,认识到沟通能力的重要性,勇于实践,在实践中提升自身的沟通能力。

(一)参加社团活动

社团是微观的社会,参与社团是步入社会前最好的磨炼。大家可以参加比如学生会、团委、社团等活动,从基层做起,就肯定有机会参与到大型活动中去,也就有了与人沟通的机会,参加多次以后你会发现,你的沟通能力正在不断增强。在社团中,多观察周围的同学,特别是那些你觉得交往能力和沟通能力特别强的同学,看他们是如何与人相处的。比如看他们如何处理交往中的冲突，如何说服他人和影响他人，如何发挥自己的合作和协调能力，如何表示赞许或反对，如何在不冒犯他人的情况下充分展示个性，等等。通过观察和模仿，你渐渐就会发现，自己的人际交往能力会有意想不到的提高。

（二）勤工俭学

越来越多的在校大学生利用课余时间外出勤工俭学。大学生兼职，大多数人会选择做家教，其次是麦当劳或肯德基的服务员等类型的工作。这些工作都需要与受众进行大量的语言交流与身体接触，是一份难得的人生阅历，在待人接物过程中可以充分培养自己的沟通能力。在实现目标的过程中，大学生能发现自己的不足，发现自己应该朝哪一个方向努力，才能让自己的沟通能力和心理承受能力得到进一步的加强。

（三）当志愿者

当志愿者是大学生锻炼沟通能力的又一途径。志愿者可以在工作时主动扮演不同的角色，学会为不同对象服务，与不同行业、不同职业的人士沟通交流，以此锻炼自己的沟通能力。这样的学习过程不会很轻松，挫折是肯定有的，但是不要灰心，志愿者的人际交往是一种不用付学费的学习，犯了错误也可以从头来过。

（四）公司实习

实习生的主要目的不是赚钱，而是为了积累经验，适应将来的工作。怎么才能找到实习机会？怎么才能转正？该如何适应职场生活？实习生要渡过这几道难关，就一定要加强自身的人际沟通能力与团队合作意识的培养。公司既然聘你做实习生，一定会给你安排工作，企业给了实习生充分展现个人能力和才华的机会，同时为了尽早与公司人才培养计划接轨，也会对实习生进行一定的培训，这其中最重要的一环就是对人际交往能力的培训与锻炼。

正如美国前总统杰拉尔德·福特所言："如果我重返大学，我会专注两个方面：学习写作和学习当众演讲。生活中没有什么比有效沟通更重要的了。"因此，大学生应该在大学的学习、工作和生活中时时注重自身沟通能力的培养，掌握基本的沟通原则和技巧，为将来走上社会参加工作打好坚实的基础。

第三节　团队合作

有句古话叫"三个臭皮匠，顶个诸葛亮"。然而，三个臭皮匠到底凭什么能够取胜足智多谋的诸葛亮呢？难道仅仅是由于臭皮匠的人数多吗？其实，只要我们认真地去探究其原因，就会明白三个臭皮匠为什么能顶个诸葛亮，主要是因为他们的相互协作和共同努力。

一、什么是团队合作

(一)团队合作的内涵

1994 年,斯蒂芬·罗宾斯首次提出了“团队”的概念:为了实现某一目标而由相互协作的个体所组成的正式群体。在随后的十年里,关于“团队合作”的理念风靡全球。

所谓团队合作精神,简单来说就是大局意识、协作精神和服务精神的集中体现。团队精神的基础是尊重个人的兴趣和成就,核心是协同合作,最高境界是全体成员的向心力、凝聚力,反映的是个体利益和整体利益的统一,并进而保证组织的高效率运转。团队精神的形成并不要求团队成员牺牲自我。相反,挥洒个性、表现特长保证了成员们共同完成任务目标,而明确的协作意愿和协作方式则产生了真正的内心动力。

团队合作指的是一群有能力、有信念的人在特定的团队中,为了一个共同的目标相互支持、合作奋斗的过程。它可以调动团队成员的所有资源和才智,并且会自动地驱除所有不和谐和不公正现象,同时会给予那些诚心、大公无私的奉献者适当的回报。如果团队合作是出于自觉自愿时,它必将会产生一股强大而且持久的力量。

(二)团队合作的表现

1.成员密切合作,配合默契,共同决策和与他人协商;
2.决策之前听取相关意见,把手头的任务和别人的意见联系起来;
3.在变化的环境中担任各种角色;
4.经常评估团队的有效性和本人在团队中的长处和短处。

二、团队合作的必要性

(一)现代社会需要具有良好团队合作精神的人才

现代社会需要的各类人才,他们不但要具备较高的专业知识和技能,同时还要求必须具备良好的沟通协调能力和良好的团队合作精神。社会分工的细化,带来的不是隔离,而是合作。分工越细,越需要合作。现代大型企业的运作大多是以完成项目为日常工作和考核指标,一个企业通常运行着一个或多个项目,但是由于现代商业应用的复杂性和时间的紧迫性,几乎没有一个项目是单人能够完成的。完成这些项目需要少则三五人,多则上百人。没有良好的团队合作,项目几乎无法进行。不仅在一个企业或组织的内部如此,全球范围内的分工也依靠遍布全球的千丝万缕的合作关系来联系与运营,这种关系的建立,仰赖的正是人脉与相互协作。因此,培养在校大学生的团队合作精神,是让大学生迅速适应社会工作的必要手段之一。

(二)团队是企业生存的根基

释迦牟尼曾问弟子一个问题:“怎样才能使一滴水不干涸?”众弟子面面相觑,不知道怎么回答。释迦牟尼说:“把它放入大海里吧!”其实每个人在团队里都是一滴水,只有深深地融入其中,都冲着一个目标发挥大家的力量,才可以借助大海的力量去创造奇迹,和大海一起掀起滔天巨浪。

同样,成功的企业也不是单独一个人创造的,因为个人的力量毕竟是有限的,创造出的成功可能是短暂的,只有团队的力量才是无穷的,才可能形成一股强劲的力量,才能具有无限的活力。任何公司的发展和壮大,都依赖员工的有效合作。当个人利益与团队利益发生冲突时,应以大局为重,而不是以自我为中心。在这个竞争的时代,集体主义比个人主义更有效,公司的成功更多的是依赖团队的力量。尽管每个人所处的岗位不同,性格也各不相同,但需要明确的是,有一点是共同的,那就是为实现公司的整体目标而团结一致,共同奋斗。

一个企业仅靠个人的能力显然是难以生存的,唯有依靠团队的智慧和力量,才能获得长远的竞争优势与发展潜力。一个好的团队可以把企业中不同职能、不同层次的人汇聚起来,找出解决问题的最佳方法,形成强大的战斗力。

可以说,团队是企业生存和发展的根本。如果企业员工不能形成团队,就是一盘散沙,就不会有统一的、一致的行动,更不会有战斗力和竞争力。

(三)团队合作精神的培养对大学生人格完善起着积极作用

充分理解团队合作精神的人,具有理解、辨别和感受不同情境的能力,他们在生活中更能理解他人、尊重他人。处理问题时更善于与人沟通,更能充分考虑各方情况,提出更好的解决方案。行动中也更乐于帮助别人,遇到困难时更善于寻求别人的帮助,同时也更容易得到别人的帮助。他们更懂得社会和时代需要什么、自己缺少什么,进而激发社会责任感和成才欲,摆正个人与国家、个人与集体、个人与社会、个人与群众的关系,从而把自己的命运同祖国的富强、民族的兴旺、社会的稳定、人民的富裕紧密联系起来,不断修改、补充、深化自己的认识,不断提升自己的能力,在社会和时代的总要求下塑造自己,使主观努力符合客观实际,个人发展适应于社会和时代的需求,在实现社会理想的同时实现人生的自我价值。培养这种人格健全的、高素质的人才是我国高等教育的根本目的。

三、提高团队合作能力的途径

海纳百川而不嫌弃细流,才能惊涛拍岸,卷起千堆雪,形成波涛汹涌的壮观气势和摧枯拉朽的伟大力量。个人与团体的关系就如小溪与大海的关系,只有把无数个个人的力量凝聚在一起时,才能确立海一样的目标、敞开海一样的胸怀、迸发出海一样的力量。因此,个人的发展离不开团队的发展,个人的追求只有与团队的追求紧密结合起来,并树立与团队风雨同舟的信念,才能和团队一起得到真正的发展。那么,该如何加强与他人的合作,提高团队合作能力呢?

(一)尊重,无论新人或旧人

尊重没有高低之分、地位之差和资历之别,尊重只是团队成员在交往时的一种平等的态度。平等待人，有礼有节，既尊重他人，又尽量保持自我个性，这是团队合作能力之一——尊重的最高境界。团队是由不同的人组成的，每一个团队成员首先是一个追求自我发展和实现的个体人，然后才是一个从事工作、有着职业分工的职业人。虽然团队中的每一个人都有着在一定的生长环境、教育环境、工作环境中逐渐形成的与他人不同的自身价值观，但他们每一个人也同样都有渴望尊重的要求，都有一种被尊重的需要，而不论其资历深浅、能力强弱。

尊重，意味着尊重他人的个性和人格，尊重他人的兴趣和爱好，尊重他人的感觉和需求，尊重他人的态度和意见，尊重他人的权利和义务，尊重他人的成就和发展。尊重，还意味着不要求别人做你自己不愿意做或没有做到过的事情。只有团队中的每一个成员都尊重彼此的意见和观点，尊重彼此的技术和能力，尊重彼此对团队的全部贡献，这个团队才会得到最大的发展，而这个团队中的成员也才会赢得最大的成功。尊重能为一个团队营造出和谐融洽的气氛，使团队资源形成最大程度的共享。

（二）学会欣赏、懂得欣赏

欣赏就是主动去寻找团队成员的积极品质，尤其是你的“敌人”。然后，向他学习这些品质，并努力克服和改正自身的缺点和消极品质，这是培养团队合作能力的第一步。“三人行，必有我师”，每一个人的身上都会有闪光点，都值得我们去挖掘并学习。要想成功地融入团队之中，善于发现每个工作伙伴的优点是走到他们身边、走进他们之中的第一步。适度的谦虚并不会让你失去自信，只会让你正视自己的短处，看到他人的长处，从而赢得众人的喜爱。每个人都可能会觉得自己在某个方面比其他人强，但你更应该将自己的注意力放在他人的强项上，因为团队中的任何一位成员都可能是某个领域的专家。因此，你必须保持足够的谦虚，这种压力会促使你在团队中不断进步，并真正看清自己的肤浅、缺憾和无知。

总之，团队的效率在于每个成员配合的默契，而这种默契来自于团队成员的互相欣赏和熟悉——欣赏长处、熟悉短处，最主要的是扬长避短。

（三）宽容，让心胸更宽广

美国人崇尚团队精神，而宽容正是他们最为推崇的一种合作基础，因为他们清楚这是一种真正的以退为进的团队策略。雨果曾经说过：“世界上最宽阔的是海洋，比海洋更宽阔的是天空，而比天空更宽阔的则是人的心灵。”这句话无论何时何地都是适用的，即使是在角逐竞技的职场之上，宽容仍是能让你尽快融入团队之中的捷径。宽容是团队合作中最好的润滑剂，它能消除分歧和战争，使团队成员能够互敬互重、彼此包容、和谐相处，从而安心工作，体会到合作的快乐。

宽容，并不代表软弱，在团队合作中它体现出的是一种坚强的精神，它是一种以退为进的团队战术，为的是整个团队的大发展，以及为个人奠定有利的提升基础。首先，团队成员要有较强的相容度，即要求其能够宽厚容忍、心胸宽广、忍耐力强；其次，要注意将心比心，即应尽量站在别人的立场上，衡量别人的意见、建议和感受，反思自己的态度和方法。

(四)信任,成功协作的基石

团队是一个相互协作的群体,它需要团队成员之间建立相互信任的关系。信任是合作的基石,没有信任,就没有合作。信任是一种激励,信任更是一种力量。团队成员在承受压力和困惑时,要相互信赖,就像荡离了秋千的空中飞人一样,他必须知道在绳的另一端有人在抓着他。团队成员在面临危机与挑战时,也要相互信任,就像合作猎捕猛兽的猎人一样,必须不存私心,共同行动。否则,到最后,这个团队以及这个团队的成员只会一事无成、毫无建树。

高效团队的一个重要特征就是团队成员之间相互信任。也就是说,团队成员彼此相信各自的品格、个性、特点和工作能力。这种信任可以在团队内部创造高度互信的互动能量,这种信任将使团队成员乐于付出,相信团队的目标并为之付出自己的责任与激情。

(五)沟通,高效沟通

一个人身在团队之中,良好的沟通是一种必备的能力。作为团队,成员间的沟通能力是保持团队有效沟通和旺盛生命力的必要条件;作为个体,要想在团队中获得成功,沟通是最基本的要求。沟通是团队成员获得职位、有效管理、工作成功、事业有成的必备技能之一。

持续的沟通,是使团队成员能够更好地发扬团队精神的最重要的能力。团队成员唯有从自身做起,秉持对话精神,有方法、层次地发表意见并探讨问题,汇集经验和知识,才能凝聚团队共识,激发自身和团队的力量。

(六)负责,自信地面对一切

负责即敢于担当,对自己负责,更意味着对团队负责、对团队成员负责,并将这种负责精神落实到每一个工作的细节之中。团队在运作过程中,难免出现失误,若是每次出现错误都互相推卸责任,那么这个团队就没有存在的价值。并且一个对团队工作不负责任的人,往往是一个缺乏自信的人,也是一个无法体会快乐真谛的人。要知道,当你将责任推给他人时,实际上也是将自己的快乐和信息转移给了他人。任何有利于团队荣誉和利益的事情,与每一个团队成员都是息息相关的,所有的人都拥有不可推卸的责任。

(七)诚信,不容置疑

古人说,人无信则不立。说的是为人处世若不诚实,不讲信用,就不能在社会上立足和建功立业。一个个体,如果不讲诚信,那么他在团队之中也将无法立足,最终会被淘汰出局。诚信,是做人的基本准则,也是作为一名团队成员所应具备的基本价值理念——它是高于一切的。没有合格的诚信精神,就不可能塑造出一个良好的个人形象,也就无法得到上司和团队伙伴的信赖,也就失去了与人竞争的资本。唯有诚信,才是让你在竞争中得到多助之地的重要条件。团队精神应该建立在团队成员之间相互信任的基础上。而只有当你做到了“言必信，信必果”时，你才能真正赢得同事的广泛信赖，同时也为自己事业的兴盛发达注入了活力。

（八）热心，帮助身边每一块“短木板”

职场之内，人们一致认定的竞争法则是：强者有强者的游戏规则，弱者有弱者的生存法则。作为一个团队成员必须记住，只有一个完全发挥作用的团队，才是一个最具竞争力的团队；而只有身处一个最具竞争力的团队之中，个体的价值才能得到最大程度的体现。当你是团队中的那块“短木板”时，应该虚心接受“长木板”的帮助，尽一切努力提高自己的能力，不要让自己拖整个团队的后腿，当你是团队中的那块“长木板”时，你不能只顾自己前进的脚步，而忽略了“短木板”的存在，否则你收获的终将是与“短木板”一样的成就。当我们身处于一个团队中时，只有想方设法让“短木板”达到“长木板”的高度，或者让所有的“板子”维持足够高的相等高度，才能完全发挥团队作用。

（九）个性，坚持自己的特质

团队精神不是集体主义，不是泯灭个性、扼杀独立思考。一个好的团队，应该鼓励和正确引导员工个人能力的最大限度发挥。团队成员个人能力的最大限度发挥，其实是个人英雄主义的最好体现。个人英雄主义在工作中往往表现为个性的彰显，更包含有创造性的工作，以及勇于面对压力和敢于承担责任的勇气。团队不仅仅是人的集合，更是能量的结合与爆发。作为团队成员，不要因为身处团队之中就抹杀了自己的个性特质。团队制度的建立是为了更好地发挥成员的才能，只要你不逾矩，那你就完全可以随心所欲，“八仙过海，各显神通”地开展你的工作。

（十）团队利益，至高无上

皮之不存，毛将焉附。个人的聪明才智只有与团队的共同目标一致时，其价值才能得到最大化的体现。团队精神不反对个性张扬，但个性必须与团队的行动一致，要有整体意识、全局观念，要考虑到整个团队的需要，并不遗余力地为整个团队的目标而共同努力。只有当团队成员自觉思考到团队的整体利益时，他才会在遇到让人不知所措的难题时，以让团队利益达到最大化为根本，义无反顾地去做，自然不会因为工作中跟相关部门的摩擦而耿耿于怀，也不会为同事之间意见的分歧而斤斤计较，更不会因为公司对自己的一时错待而怨恨于心。对上司和公司的决定需要保持高度的认同感，这也是全局意识的一种体现。因为上司或公司高层正是一支团队的指挥中枢，每位下属或员工都必须听命于他们，与他们精诚合作，这个团队才能保持旺盛而持久的战斗力，企业才能发展壮大。在团队之中，一个人与整个团队相比是渺小的，太过计较个人得失的人，永远不会真正融入团队之中，而拥有极强全局意识的人，最终会是一个最大的受益者。

成功的团队提供给我们的是尝试积极开展合作的机会，而我们所要做的是在其中寻找到我们生活中真正重要的东西——乐趣，工作的乐趣，合作的乐趣。团队成员只有对团队拥有强烈的归属感，强烈地感觉到自己是团队的一员，才会真正快乐地投身于团队的工作之中，体会到工作对于人生价值的重要性。

自我检测

1.联系实际,谈谈立足职场需要哪些素质?

2.搜索你所在学校毕业生职场成功的事迹并加以总结分析。

3.沟通的意义是什么?有效沟通的原则和技巧是什么?大学生如何培养自己的沟通能力?

4.团队合作的意义是什么?提高团队合作能力有哪些途径?

阅读拓展→

《资深职业经理人带你入行》
——资深职业经理人为你口述入门秘籍

作　　者:周丽虹　等
出 版 社:北京大学出版社
丛 书 名:职业启蒙教育丛书
出版时间:2013-6-1
版　　次:1
页　　数:326
开　　本:16 开
I S B N:9787301225394
包　　装:平装

编辑推荐→

这是一套非常优秀的青年职业教育启蒙丛书。与市场上的以职业技能培训、职场情商培养、职业生涯规划为功能目标的职业培训出版物相比,更突出职业的特点,操作性强,有利于初入或者即将涉足职场的青年人培养正确的职业理念和科学的职业规划能力。

内容推荐→

本书中,10 位来自不同行业的资深职业经理人结合自己的职场经验,给即将毕业或刚刚进入职场的大学生提供入行的建议,告诉他们本行业的特点及入行的起点、要求,本行业职业成长脉络以及要入行必须思考的 10 个关键问题等操作性很强的建议,这些资深经理人基于经验的概括富有实用性和哲学性,是刚毕业的大学生入职前的必读之书。

作者简介→

周丽虹，加拿大IVEY毅伟商学院MBA、注册金融分析师、资深职业经理人、培训师；青少年职业启蒙教育倡导者、学者；清华大学职业教练；慧思职拓青少年职业体验教育中心发起人、社会企业家；青少年职业体验基地总策划。参与并组织多个国家级课题，包括高教学会的职业规划的高中—大学衔接，及北京市教委的大学生职业适应力拓展和高中生职业适应力培养等项目。

第十章　创业梦工厂

——为你指引创业之路

学习导入

大学生创业已经渐渐成为一种潮流和趋势，越来越多的大学生加入毕业就创业的队伍当中。本章将给你关于创业最贴心、最实用的指导，让你第一时间掌握创业最新动态，教你如何把创意转化为创业，协助你走出自己的创业之路，做自己的Boss!

第一节 大学生创业

党的二十大报告指出:“坚持把发展经济的着力点放在实体经济上,推进新型工业化,加快建设制造强国、质量强国、航天强国、交通强国、网络强国、数字中国。”大学生在进行创业准备时,要结合行业发展趋势来发掘创业机会。在知识大爆炸、竞争日益激烈的今天,单凭热情、勇气、经验或只有单一专业知识,要想成功创业是很困难的。大学生一定要做足功课,选好创业方向,在创业前要有风险意识,有在激烈的市场竞争中经受挫折的心理准备,这样才能承受得住创业过程中短暂的失败和挫折带来的考验。

大学生创业已得到社会的广泛关注,在当前的就业环境下,大学生创业的必要性已经毋庸置疑。了解大学生创业的现状和意义则有利于有创业意向的大学生们明确方向、克服弱势、有的放矢,在已有创业想法的基础上付诸行动,增大成功的可能性。

一、大学生创业的意义

(一)缓解就业压力

大学生创业有利于解决大学生就业难的问题。在西方发达国家,比如美国,大学生自我创业的比重高达20%~23%;而在我国,由于各方面的原因,大学生创业的比重相对偏低。如果大学生能够积极利用国家创业政策以及自身创业优势,将能够有效带动就业,缓解社会的就业压力。目前,各地区纷纷把“鼓励和支持高校毕业生自主创业”作为化解当前社会就业难的主要政策之一。

(二)造就创新型人才

为国家培养富有创新精神的新一代大学生是高校培养人才的新目标。因为创新是一个民族的灵魂,是一个国家兴旺发达的不竭动力。具备创新能力的大学生是民族发展的不竭动力。大学生可以通过创业活动,培养创新意识,开拓创新精神,培养创新能力,并将创新能力运用到创业实践中,为社会创造价值。

(三)促进自我价值实现

理性的自主创业建立在对自我兴趣、能力以及外部机会进行充分评估的基础上,对于那些有创业欲望的大学生,创业是最感兴趣、最愿意做、最值得做的事情。他们创业的原动力是谋求个人价值和社会价值的实现,期望在五彩缤纷的社会舞台中大显身手,最大限度地发挥自己的才能。也就是说,创业促进了目标达成和自我价值的实现。

(四)提升个人综合素质

创业需要一定的素质和能力支持,大学生创业过程中,无疑要不断提升自己在各方面的知识、技能，比如市场机会观察、独立思考、时间管理、风险控制等。这些对个人来说，是非常重要的综合素质。大学生通过创业实践探索，可以有机会改变自己的就业心态，自主地学习调节与控制，并掌握高效整合和利用各类资源的方法和技巧。

二、国内大学生创业现状

我国大学生创业兴起于1998年，标志是清华大学举办的首届创业大赛，以这次大赛为契机，全国高校陆续组织了自己的创业大赛，组建了创业协会等学生创业机构，通过挑战杯竞赛也催生了一批新的公司，大学生创业的作用和价值逐渐被社会各界认可。目前，国家和各级政府纷纷出台相关的政策、法规，期望进一步引导和鼓励大学生创业。

目前，我国的大学生创业有如下一些特点：

（一）创业心态日趋成熟

在各方支持下，目前国内大学生创业之路愈来愈宽广，创业方式日益多元化。在上海的一次大学生创业调查中发现，绝大多数大学生创业者都认为创业心理素质至关重要，应在创业前就做好承担风险、挑战自我的心理准备。这也表明了大学生创业者的理智与谨慎，他们在选择创业目标、确定创业模式上更加务实。并且，在创业前努力通过培训、实习、参赛等方式积累创业实践经验，避免盲目创业。

（二）想创业的多，真创业的少

中央电视台曾对大学生创业状况进行过一次调查，询问了“你想不想自己创业”这个问题，结果显示，有将近80%的大学生都怀有创业梦想，但实际上投身于创业的大学生比例每年都只有2%～4%。可见，大学生创业是多数人心动，少数人行动。这种状况的存在一方面是因为大学生对于创业日趋理性；另一方面是因为大学生创业能力尚有欠缺。另外，大学生普遍缺乏对创业信息的关注。

（三）创业集中于技术含量低的行业

在国内创业的大学生中，有很大一部分是从事家教、零售、服务业等技术含量低的行业，即使一些涉及网络的创业也都集中于无需产品设计、开发、生产和维护的项目。近年来，大学生网上创业的成功率呈上升趋势，尤其是电子商务领域。相对来说，这种技术含量低的创业方式启动资金少、创业成本低、交易快捷，是大学生的主要创业选择。

（四）创业社会文化基础薄弱

中国经济景气监测中心曾对北京、上海、广州等三座中国经济较发达大城市的900余位市民做过调查，询问他们对大学生创业的意见，67.5%的被访者表示对大学生创业能力的担心，还有28.9%的人担心创业影响大学生的学习。目前，在我国社会中，对于大学生创业还存在很多疑惑和反对的声音，还未形成统一、一致的支持意见。加上大学生创业的成功率也比较低，大学生创业更是引发社会、家庭以及个人的质疑。

三、大学生创业的优劣势分析

(一)大学生创业的优势

大学生创业,有着自己独特的优势,具体来说,有以下几点:

1.大学生精力旺盛,自信心十足

大学生思维普遍活跃,不管是敢不敢干,至少是敢想。自信心较足,对认准的事情有激情去做。他们有着年轻的血液、蓬勃的朝气以及"初生牛犊不怕虎"的精神,而这些都是一个创业者应该具备的素质。没有成家的大学生暂无家庭负担,其创业很可能获得家庭或家族的支持。

2.大学生具有较高程度的文化水平

大学生在学校里学到了很多理论性的知识,他们有着较高层次的技术优势,具有本科或研究生程度的文化水平,对事物有领悟力,有些东西一点即通,而目前最有前途的事业就是开办高科技企业,技术的重要性是不言而喻的。大学生创业从一开始就必定会走向高科技的领域,"用智力换资本"是大学生创业的特色和必然之路。一些风险投资家往往就因为看中了大学生所掌握的先进技术,而愿意对其创业计划进行资助。

3.大学生自主学习知识的能力强,接受新事物快

大学生还有一大优势,那就是自主学习知识的能力强,接受新鲜事物快,甚至是潮流的引领者。他们有向传统观念和传统行业挑战的信心和欲望,而这种创新精神也往往造就了大学生创业的动力源泉,成为成功创业的精神基础。

(二)大学生创业的劣势

尽管大学生创业有很多优势,但也有一些劣势,具体有以下几个方面。

1.大学生社会经验不足

大学生刚刚步入社会,难免经验不足,尤其缺乏人际关系和商业网络,常常盲目乐观,没有充足的心理准备;大学生创业缺乏真正有商业前景的创业项目,许多创业点子经不起市场的考验;大学生创业者还缺乏商业信用,在校大学生信用档案与社会没有接轨,导致融资借贷困难重重。对于创业中的挫折和失败,许多创业者感到十分痛苦茫然,甚至沮丧消沉。大家在真正开始创业之前,眼里看到的都是创业成功的例子,心态自然都是理想主义的。其实,失败的创业案例更多。大家既要看到创业的成功,也要看到失败,因为这才是真正的市场,也只有这样,才能使年轻的创业者们变得更加理智。

2.缺乏市场意识及商业管理经验

这也是影响大学生成功创业的重要因素。喜欢纸上谈兵,创业设想大而无当,市场预测普遍过于乐观,眼高手低,好高骛远,看不起蝇头小利,往往大谈"第一桶金",不谈赚"第一分钱",这些都是大学生创业者们的弱点。大学生虽然掌握了一定的书本知识,但终究缺乏必要的实践能力和经营管理经验;更由于大学生对市场、营销等缺乏足够的认识,很难一下子胜任企业经理人的角色。

3.大学生的市场观念较为淡薄

不少大学生很乐于向投资人大谈自己的技术如何领先与独特，却很少涉及这些技术或产品究竟会有多大的市场空间；就算谈到市场的话题，他们也多半只会计划花钱做做广告而已，而对于诸如目标市场定位与营销手段组合这些重要方面，则全然没有概念。其实，真正能引起投资人兴趣的并不一定是那些先进得不得了的东西；相反，那些技术含量一般，但却能切中市场需求的产品或服务，常常会得到投资人的青睐。同时，创业者应该有非常明确的市场营销计划，能强有力地证明赢利的可能性。整个社会文化和商业交往中往往不信任青年人，如俗语说的“嘴上没毛，办事不牢”，很不利于年轻人的创业。

总之，大学生在准备创业时要充分地认识到自己的优势和劣势：一方面，充分利用自己理论知识丰富、创新意识强的优势；另一方面，要保持清醒，弥补自己社会经验不足的劣势。只有取长补短，不断改进不足，才能取得创业的成功。

四、国家关于大学生创业的优惠政策

（一）高校毕业生自主创业，可以享受的优惠政策

1.简化程序

高校毕业生申请从事个体经营或申办私营企业的，工商部门实行“绿色通道”优先登记注册；其经营范围除国家明令禁止的行业和商品外，一律放开核准经营；对限制性、专项性经营项目，允许其边申请边补办专项审批手续；对在科技园区、高新技术园区、经济技术开发区等经济特区申请设立个私企业的，特事特办，除涉及必须前置审批的项目外，实行“承诺登记制”。

2.费用减免

除国家限制的行业外，工商部门自批准其经营之日起一年内免收个体工商户登记费、管理费和各种证书费。对参加个私协会的，免收其一年会员费；对高校毕业生申办高新技术企业的，其注册资本最低限额为10万元，如资金确有困难，允许其分期到位；高校毕业生从事社区服务的，经居委会报所在地工商行政管理机关备案后，一年内免予办理工商注册登记，免收各项工商管理费用。

3.税收优惠

凡高校毕业生从事个体经营，自工商部门批准其经营之日起一年内免交税务登记证工本费。新办的城镇劳动就业服务企业（国家限制的行业除外），当年安置待业人员（含已办理失业登记的高校毕业生）超过企业从业人员总数60%的，经主管税务机关批准，可免纳所得税3年。劳动就业服务企业免税期满后，当年新安置待业人员占企业原从业人员总数30%以上的，经税务机关批准，可减半缴纳所得税2年。

4.小额担保贷款和贴息支持

（1）登记失业的高校毕业生自主创业，自筹资金不足的，可向当地指定银行申请不超过5万元的小额担保贷款；对从事微利项目的，还可获得贴息支持。

（2）自愿到西部地区及县以下的基层创业的高校毕业生，自筹资金不足时，也可向当

地经办银行申请小额担保贷款;对从事微利项目的,可获得 50%的贴息支持。

5.享受培训补贴

离校后登记失业的毕业生,参加人力资源社会保障部门举办的创业培训,可享受职业培训补贴。

6.免费创业服务

有创业意愿的高校毕业生,可免费获得公共就业服务部门提供的创业指导服务,包括项目开发、方案设计、风险评估、开业指导、融资服务、跟踪扶持等内容。

此外,对自主创业的高校毕业生,政府人事行政部门所属的人才中介服务机构免费为其保管人事档案 2 年。

(二)小额担保贷款

1.什么是小额担保贷款?小额担保贷款的用途是什么?

小额担保贷款是指通过政府出资设立担保基金,委托担保机构提供贷款担保,由经办商业银行发放,以解决符合一定条件的待就业人员从事个体经营自筹资金不足的一项贷款业务。

小额担保贷款主要用作自谋职业、自主创业或合伙经营和组织起来创业的开办经费和流动资金。

2.申请小额担保贷款额度是多少?贷款期限有多长?

国家规定个人申请额度最高不超过 5 万元,各地区对申请小额担保贷款额度有不同规定,许多地区额度还高于 5 万元。合伙经营贷款额度更大。

小额担保贷款的期限一般不超过两年,可展期一年。

3.怎样申请小额担保贷款?在哪些银行可以申请小额担保贷款?

小额担保贷款按照自愿申请、社区推荐、人力资源社会保障部门审查、贷款担保机构审核并承诺担保、商业银行核贷的程序,办理贷款手续。

各国有商业银行、股份制商业银行、城市商业银行和城乡信用社都可以开办小额担保贷款业务,各地区根据实际情况确定具体经办银行。在指定的具体经办银行可以办理小额担保贷款。

(三)哪些项目属于微利项目

中国人民银行、财政部、原劳动和社会保障部等联合下发了《关于改进和完善小额担保贷款政策的通知》(银发[2006]5 号),明确由各省、自治区、直辖市、计划单列市人民政府结合实际确定微利项目的范围。主要包括:家庭手工业、修理修配、图书借阅、旅店服务、餐饮服务、洗染缝补、复印打字、理发、小饭馆、小卖部、搬家、钟点服务、家庭清洁卫生服务、初级卫生保健服务、婴幼儿看护和教育服务、残疾儿童教育训练和寄托服务、养老服务、病人看护、幼儿和学生接送服务等。

对于从事微利项目的,贷款利息由财政承担 50%(中央财政和地方财政各承担 25%,展期不贴息)。

·【链接】·

2018 创业必读的 10 种书大盘点

1.《毛泽东选集》

内含大智慧，中国商界精英必读书目之首。

2.《孙子兵法》

企业管理中，战略制定与管理具有举足轻重的地位。

3.《红顶商人胡雪岩》

讲透中国传统政商关系的至高经典。此书被视为商界“生存手册”。

4.《史玉柱自述：我的营销心得》

一部基于中国实际的营销圣经。

5.《马云内部讲话》

马云的话有什么奇妙的地方？为什么员工会把自己的领导当作偶像？他如何确立阿里巴巴的价值观？关键时候，马云说了什么？

6.《下一个倒下的会不会是华为》

颠覆所有外界对华为的认识，研究华为及任正非的教案级著述。

7.《海底捞你学不会》

黄铁鹰主笔的“海底捞的管理智慧”成为《哈佛商业评论》中文版进入中国 8 年来影响最大的案例。

8.《大败局》

找寻著名企业中国式失败的基因。影响中国商业界十二种图书之一，关于中国企业失败的 MBA 式教案。

9.《野蛮生长》

写透民营企业 20 年创业史、心灵史，分享商界哲人的人生感悟，创业者与年轻人必看的励志经典。

10.《创业 36 条军规》

作者是一位数次创业成功的创业者，书中的内容关乎创业的方方面面，从创业的目的到股东选择，从经营到管理，从找方向到项目细节不一而足，写给每一位心怀创业理想或正在创业路上的读者。

第二节　大学生创新创业能力培养

从根本上破解大学生就业难，就是要提高高校人才培养质量，增强学生就业能力，特别是创新创业能力。着力培育和造就一大批以培养和提高学生创新创业能力和创业实践精神的创业型大学是党和国家的基本要求，也是国民经济和社会发展的客观需要。

一、大学生创新创业能力的内涵

(一)大学生创新能力的含义

创新能力是个人运用知识和理论完成创新过程,产生创新成果的综合能力。创新能力的表现形式就是发明和发现,是人类创造性的外化。创新能力包含着创造性思维能力和创造性实践能力,主要包括四个方面的内容:创新意识、创新思维、创新技能、创新人格。

(二)大学生创业能力的含义

创业能力是指神智正常的人在各种创新活动中,凭借个性品质的支持,利用已有的知识和经验,新颖独特地解决问题,产生出有价值的新设想、新方法、新方案和新成果的本领。联合国教科文组织于1989年在曼谷召开的会议上正式提出创业素质的人才应具有的能力:创造力和创造精神、学习能力、技术能力、团队合作精神、解决问题能力、信息搜集能力、敏锐的洞察力、研究和完成项目的能力、环境适应能力和献身精神等。

(三)大学生创新创业个性品质

个性,或称为个性特质,是指一个人在一定的社会条件和教育影响下形成的比较固定的特性。一个具有创新品质的人才有可能去进行一系列创新活动。一个人的创新品质包括强烈的好奇心、广泛而浓厚的学习兴趣、积极主动学习的学习习惯、敢于质疑的学习精神。

(1)好奇心

好奇心是人们发现和认知世界的驱动力。耶鲁大学心理学家斯坦伯格发现,个性中的兴趣和动机是促使人们从事创造性活动的驱动力。而兴趣源于对事物的好奇心,是个体从事创造性思维的内驱力。兴趣和动机可以使个体集中注意力于所从事的创造性活动。

(2)主动学习

传统的教育以机械、模仿、循规蹈矩的学习方法为主,养成了学生被动接受的学习习惯,缺乏灵活多变和主动的学习训练。知识经济时代瞬息万变,产品更新换代很快,只有培养学生积极主动的学习习惯,形成探究式学习机制,才可能创新,才能跟上时代的步伐。

(3)质疑

教师权威、书本权威的观念深入人心,学生不敢质疑老师,更不敢质疑课本成为很普遍的现象。没有怀疑,哪来创新?只有善于发现问题,才会有创新的可能性。质疑精神促使人们发现问题,而创新精神则促使人们进一步解决问题。

除个性品质外,创业品质还有着更加丰富的内涵,它包括敢于竞争的精神、勤奋求实的务实态度、锲而不舍的顽强意志、艰苦创业的心理准备等多方面的品质。

(1)敢于竞争

商品经济社会充满各种商机,也充满各种竞争和压力,在这种环境下要想创业,除了要有一定的经济眼光，还必须有过人的胆识与勇气。在做好充分的市场调研后，是否敢于将自己的计划付诸行动，是决定一个人创业能否顺利开始的第一步，创业需要的是敢于竞争与冒险的精神。

(2)勤奋求实

创业仅仅有胆略和勇气是远远不够的，在此基础上，必须一步一个脚印，要有勤奋求实的态度。只有具备了这种态度，才能将创业想法落到实处。

(3)锲而不舍

创业的道路不可能是一帆风顺的，碰到挫折或失败时，是从头再来还是选择放弃？大学生们如果没有坚强的意志、顽强的毅力，是不可能在创业的道路上继续走下去的，半途而废的创业显然是不能算作是成功的创业。

二、大学生培育创新创业能力的途径

(一)转变观念，培养创新创业意识

创业意识是创业教育中的重要构成要素。所谓创业意识，是指创业活动中对人启动力作用的个性倾向，具体包括创业需要、创业动机、创业兴趣、创业理想、创业信心和创业世界观六个要素。当前，我国大学生的创新创业意识普遍不高，多数大学生对自己的创新创业能力持不确定的评价，其主要原因是大学生普遍缺乏对创新创业的正确认识。

首先，在创业的过程中，要有一定的风险意识，那种思想保守、畏难退缩的人是创不出业的。所以，大学生要加强进取精神的培养。其次，大学生要有意识地进行创业心理的教育，培养坚强的自信心、积极的做事态度、百折不挠的勇气、坚韧不拔的意志和强烈的社会责任感。最后，大学生要加强创新教育，创新不仅指新的发明、新的技术和方法，还包括新的思想和理念，这就要求大学生要积极主动地参与各项创业培训和锻炼，加强培养自身的创新意识、创新思维、创新能力和敢为人先的个性。

(二)创新创业知识结构的构建

创业知识是创业能力发挥的工具，在创业活动中起着经常性、关键性的作用。创业知识主要包括三方面内容：一是专业、职业知识，这是从事某一项专业或职业所必须具备的知识；二是经营管理知识，如企业战略管理、人力资源管理、生产管理、市场营销、财务管理等方面的知识；三是综合性知识，一般包括政策法规、公共关系、工商税务、金融保险等。创业知识是创业意识和创业品质的基础，丰富大学生的创业知识是创业教育的主体。因为每位学生都有自身独特的知识背景、个性特征、智力方式和动机类型，所以大学生可以采取灵活多变的形式，进行创业知识的学习。

(三)创新创业能力的培养

创业能力是在创业实践活动中的自我生存、自我发展的能力。创业能力主要体现在以下四个方面：一是创新能力，即应对市场和社会需求“无中生有”、推陈出新的本领；二是

策划能力，即根据外部创业环境的变化，确定并适时调整企业发展战略和发展路径的本领；三是组织协调能力，即把创业活动中的各个要素、各个环节科学高效地整合起来的能力；四是领导能力，即在创业活动中运用组织和权力，按照企业发展的目标，通过引导教育员工统筹工作的本领。通过创业教育，大学生要掌握创业基本技能，具备职业技术和经营管理能力，懂得与创业有关的国家政策法规，同时具有一定的社会实践能力，尤其是市场调查和预测市场走向的能力。

（四）强化创业实践，提升创业能力

创业教育是实践性很强的教育活动，创业实践活动是创业教育的特定课程模式，也是培养大学生创业意识、创业能力的具体途径。

大学生要主动参加校内外各种专业创新创业竞赛活动，如“挑战杯”中国大学生课外科技作品竞赛、ERP 企业创业大赛等。另外，各高校还会根据自己的实际情况，定期举办一些大学生职业生涯规划大赛、创业计划大赛、科技创作和发明活动等。参与这些活动，可以激发大学生的创新创业意识，锻炼和提高他们的实际操作能力，对于增强创新意识，锻炼和提高观察力、思维力、想象力和动手操作能力都是十分有益的。

同时，大学生还要积极参加以校内外创新创业基地为载体组织的创新创业实践活动，包括专业实习及各种形式的科技实践。实践最能锻炼和培养一个人的才能，只有在实践中多看、多思、多问、多记，反复检验、反复调查，不断总结、吸取教训，才能从实践中摸索出真知。

·【提示】·

大学生应当具备的创业能力

1.决策能力

决策能力是创业者根据市场变化，因地制宜地确定创业方向、目标、战略和实施方案的能力。在信息时代进行创业，必须重视商机的把握。合适的机遇能够赢得发展的机会，贻误时机则可能使企业蒙受巨大的损失。因此，洞察和决策能力十分重要。

决策是一个人综合能力的表现，一个创业者首先要成为一个决策者。创业者的决策能力通常包括：分析、判断能力和创新能力。创业者要创业，首先要从众多的创业目标及方向中进行分析比较，选择最能发挥自己特长与优势的创业方向与方法；在创业的过程中，创业者能从错综复杂的现象中发现事物的本质，找出存在的真正问题，分析原因，从而正确处理问题。这就要求创业者具有良好的分析能力。

所谓判断能力，就是能从客观事物的发展变化中找出因果关系，并善于从中把握事物的发展方向。分析是判断的前提，判断是分析的目的，良好的决策能力是良好的分析能力加果断的判断能力。

创业实际就是个充满创新的事业，所以创业者必须具备创新能力，有创新思维，无思维定式，不墨守成规，能根据客观情况的变化，及时提出新目标、新方案，不断开拓新局面、创出新路子。可以说，不断创新是创业者不断前进的关键环节。

2.管理能力

创业者的管理能力直接影响到企业的发展和壮大。那么，创业者如何提高自己的经营管理能力？从哪些方面提高自己的经营管理能力？

(1)组织能力。作为一个创业者，不管企业是大是小，人员是多是少，都必须具备定的组织指挥才能。首先要根据企业生产发展的变化，确定企业的组织结构，设置相关的工作岗位，配备必需的工作人员。其次要善于用人，做到择优录用，量才使用，合理搭配，合理分工，优势互补，形成合力；要优化资源配置，做到"好钢用在刀刃上"。最后要统筹兼顾，全面安排，组织有序，指挥得当。

(2)应变能力。面对纷繁复杂、瞬息万变的市场，以及随时可能出现的机遇和挑战，创业者必须时刻保持清醒的头脑，沉着分析新形势和新趋势，深入细致地思考应对策略。在遭遇不利时，要抓紧时间调整生产，想方设法寻找新的利润增长点，尽可能把损失减少到最小；在遇到有利形势时，不可自以为是、盲目自大，要把握机会，实现效益的最大化。

(3)交往能力。创业离不开与各色人进行交往与沟通，如投资商、代理商、消费者、合作伙伴、政府部门、新闻媒体等，因此需要具备良好的人际交往能力来妥善处理这些关系。利用一切有利条件争取各界的支持和帮助，只有这样才能化消极因素为积极因素，变不利方面为有利方面，创造一个和谐安定的环境，为取得成功奠定基础。

3.协调能力

现代企业管理要求做到高效、团结和具有内在凝聚力。在创业中，有的创业者独断专行、有的听之任之、有的充当"和事佬"、有的专当"刺儿头"，导致企业的内外部关系十分紧张，无法形成合力共同发展。俗话说"一个篱笆三个桩，一个好汉三个帮"，没有内部的协作和外部的协调，创业就难以成功。因此，对内要培养合作气氛，处理好不同部门、不同人员之间的关系，认真听取不同意见，实行民主管理、科学决策，达到配合默契、步调一致；对外要加强联系和协调，处理好与其他企业和有关管理部门的关系。

（资料来源：大学生创业网）

第三节 大学生创业的流程

一、大学生创业的实施流程

(一)熟悉国家的相关政策

国家为了引导个体经营的健康发展，颁布了一系列的政策法规，鼓励大学生自谋职业、自主创业。熟悉这方面的政策，有助于大学生以国家为后盾实现自己的理想，更好地为自主创业制订目标。

《人力资源社会保障部关于做好2018年全国高校毕业生就业创业工作的通知》(人社部函〔2018〕16号)里明确要求各地要着力推动创业带动就业,抓住打造"双创"升级版的有利契机,集中优质资源支持高校毕业生创业创新。

(二)进行市场调查分析

想要成功创业,不可或缺的一步就是进行市场调查,包括对社会环境的调查和对市场要素的调查。社会环境调查包括对政治、经济、文化和科技的变化及导向的调查。

分析创业环境的一种有效方式是进行SWOT分析,即企业的优势(Strength)、劣势(Weakness)、机会(Opportunity)、威胁(Threat)分析。

1.内部分析:优势与劣势

SWOT分析从观察内部的优势与劣势开始。优势是指你的企业的长处,如你的产品比竞争对手的好,你的商店的位置非常有利,或你的员工的技术水平很高,等等;劣势是指你的企业的劣势所在,如你的产品比竞争对手的贵,你没有足够的资金按自己的愿望做广告,或你无法像竞争对手那样提供综合性的系列服务,等等。

进行创业决策前,你可以制订诸如下面的表格,客观地掌握自身状况。

表9-1　内部分析:优势与劣势

因　　素	优　　势	劣　　势
获利能力		
销售与市场营销		
质量		
顾客服务		
生产力		
财力		
财务管理		
运行		
生产与分配		
员工的发展		
其他		

2.外部分析:机会与威胁

外部分析即考察企业运行所处的外部环境。机会是指周边地区存在的对企业有利的事情,如你想制作的产品越来越流行,附近没有和你类似的商店,潜在顾客的数量将上升,附近有正在新建的住宅小区,等等;威胁是指周边地区存在的对你企业不利的事情,如在该地区有生产同样产品的其他企业,原材料上涨导致成本上升,或者你不知道你的产品还能流行多久,等等。

这些因素是你不可控制的，但如果知道它们将怎样产生影响，你可以预先采取防备行动。可以制订诸如下面这样的分析表格。

表 9-2 外部分析：机会与威胁

因素	机会	威胁
当前顾客		
潜在顾客		
竞争		
技术		
政治气候		
政府及其管理机关		
法律		
经济环境		
其他		

(三)确定创业项目

创业项目的选择是创业成功的核心。准备从事个体经营活动的大学生，应根据自己的专业特长和所在地区的实际情况，选择当地群众急需而又紧缺的行业，即大众需要而国有企业和集体企业尚未经营或经营不当的行业，从事个体经营。可从以下方面考虑和把握商机。

1.关注环境变化

变化就是机会。环境的变化会给各行各业带来良机，人们透过这些变化会发现新商机。例如，以人口因素变化为例，可以创造以下一些机会：为老年人提供的健康保障商品，为独生子女服务的业务项目，为年轻女性和上班女性提供的用品，为家庭提供的文化娱乐用品等。

2.把握底层机会

随着科技的发展，开发高科技领域是时下的热门话题，博士生、硕士生这些老大哥可以去高科技领域“掘金”；而本专科生则可充分发挥逆向思维，在运输、金融、保健、饮食、流通等这些所谓的“低科技领域”大显身手。

3.盯住目标群体

机会不能从全部顾客身上去找，因为共同需要容易识别，基本上已很难再找到突破口。实际上每个人的需求都是有差异的，如果时常关注某些人的日常生活和工作，就会从中发现某些机会。因此，在寻找机会时，应习惯把顾客分类，如政府职员、大学讲师、杂志编辑、小学生、单身女性、退休职工等，认真研究各类人员的需求特点。

·【提示】·

大学生选择创业项目的注意事项 

大学生选择创业项目不要人云亦云，总挑一些最流行、最赚钱的。要知道，这些行业往往市场已经饱和，就算还有点机会，利润空间也不大。

(1)要选择适合自己的项目。要尽量选择与自己的专业、经验、兴趣和特长挂得上钩的项目。

(2)要看准所选项目或产品的市场前景和利润。

(3)要从实际出发，不贪大求全。当你瞄准某个项目时最好适量介入，以较少的投资来了解和认识市场，等到有把握时，再大量投入，放手一搏。不要一开始就嫌投入少、利润小，"船小好掉头"，投入少时，即使出现失误，也有挽回的机会。

(4)要尽量选择发展潜力较大的项目。选择项目避免盲目从众，要选择有发展前景、有市场空间的项目，评估后再下手。

(5)要周密考察和科学取舍。要对获取的信息进行认真分析，要看项目的成熟度，要了解项目的实际实施情况。

(四)编写创业计划书

创业计划书主要用于描述与拟创办企业相关的内外部环境条件和要素特点，为业务的发展提供指示图和衡量业务进展情况的标准。一份良好的创业计划书往往成为吸引风险投资的"敲门砖"。

1. 创业计划书的内容

在现实生活中，由于计划侧重点各有差异，创业者编制的创业计划书在内容、结构特点和写作风格上也不尽相同，但从总体来看，创业计划书应包含以下几个部分内容。

(1)封面与扉页。创业计划书封面应整洁美观，要有审美性和艺术性。可包含企业名称、创业者姓名、日期、通信地址、联系方式等相关信息。扉页一般为保密承诺，旨在说明创业计划书属于商业机密，未经同意不得复印、影印或泄露。

(2)计划摘要。计划摘要往往是整个创业计划精华的浓缩，涵盖了创业所有的要点，一般包括以下内容：企业简介、主要产品和业务范围、目标市场、销售计划、生产管理计划、管理团队、财务计划及企业长期发展目标等。计划摘要文字要简练，篇幅最好控制在一页纸之内，让读者一目了然。

(3)企业介绍。该项主要包含企业创业理念和企业的基本情况两个方面的内容。企业创业理念向阅读者阐明企业创业的思路、出发点、方向目标、经营理念及企业文化。企业的基本情况主要介绍企业的名称、成立时间、注册地点、公司性质、创业组织、法人代表、注册资本、目标和发展战略、未来经营情况、团队竞争力等内容。

(4)产品和服务。该项要尽可能用通俗易懂的语言进行表述，包括产品的概念、性能和特性、应用领域、独特性及优越性、研究和开发过程、市场竞争力、市场前景预测、产品的品牌和专利等。要实事求是地介绍产品和服务，如果允许，可附上产品原形、技术样图和生产过程等相关照片。

(5)管理团队。风险投资家信奉这样的箴言："宁投一流的人才、二流的项目，不投二流的人才、一流的项目。"另外，北京大学风险投资研究会的调查报告表明，风险投资家拒绝投资的理由有 40%是对创业管理团队的能力和素质不满意，对创业者能够带领企业在竞争环境中成为市场的主导持怀疑态度。

(6)市场分析。市场分析是对市场供需变化的各种因素及其动态、趋势的分析，内容主要包括市场的特征、消费者需求情况、目标顾客和目标市场、产品销售趋势、销售渠道、竞争优劣势、竞争对手情况及如何开拓新市场等。

(7)生产计划。生产计划是企业进行生产管理的重要依据，应包含生产方式、生产设备、生产技术、质量监控，还应包含原材料采购渠道、供应商情况介绍、劳动力队伍构成情况、厂房场地等。

(8)融资计划。创业融资是创业者获得大量资金的重要途径。新企业可利用不同的融资工具，从多个渠道筹集到企业发展所需要的资金。这些融资渠道共同构成了企业的融资体系，为企业提供有力的资金支持。

(9)财务计划。战略伙伴和投资者往往对企业的财务收益状况和企业对市场的预测最为关心，往往以此决定是否要加盟或投资。这些内容需在财务计划中展现，具体应包含经营规划与资金预算、现金流量表、预计损益表、资产负债表等内容。

(10)风险与风险。创业风险是指创业环境的不确定性、创业机会与创业企业的复杂性，创业者、创业团队与创业投资者的能力和实力的有限性而导致创业活动偏离预期目标的可能性。

(11)退出机制。有吸引力的创业机会应该有比较理想的获利和退出机制，便于创业者和投资者获取资金和实现收益。没有任何退出机制的创业企业和创业机会是没有太大吸引力的。

(12)附录。附录一般包含与创业计划相关但不宜放入正文的一些内容，如公司结构、团队人员简历、产品说明书、专利技术证明文件、供应商资料等。

→→→→→

【案例】

成功总是留给有准备的人

在绍兴市新建北路 5 号，有家"新天烘焙"蛋糕店，与其他蛋糕店有点不同，这家店不仅宽敞明亮，而且在店铺的一角摆放着一张圆桌、两张凳子，桌上还放着几本杂志，有点休闲吧的味道。

这家与众不同的蛋糕店的主人，是位刚走出大学校门才两年的年轻人——浙江大学城市学院毕业生陶立群。今年 25 岁的他，毕业后自主创业，现在已拥有 5 家蛋糕连锁店和一家加工厂，成为绍兴市里小有名气的创业青年，今年被评为"绍兴市创业之星"。

陶立群从浙江大学城市学院工商管理专业毕业时，决定开个蛋糕店。他做出这个决定并不是盲目的——大学期间，他曾经经营过校内休闲吧、小餐厅，都做得不错。曾做过“元祖蛋糕”代理的他，对蛋糕市场有所了解，觉得能在这一行闯出一片天地。虽然父母极力反对，但陶立群认准了这条路，决意走下去。夏天，他白天顶着烈日逛绍兴市区大大小小的蛋糕店，看门道、想问题，晚上则躲在房间里查资料，了解市场行情。他还跑到杭州、上海等大城市做蛋糕市场的调查，搞可行性分析。

陶立群的调查有不小的收获：绍兴当时只有“亚都”“元祖”两家知名品牌蛋糕店，其余的都是本地小蛋糕店，中高档品牌蛋糕市场相对空缺，而且当时绍兴还没有一家蛋糕店的糕点是现卖现烤的。陶立群的创业梦想定位在打造本地中高档蛋糕品牌上。

2 个多月后，当满满 9 页的《新天烘焙蛋糕店可行性策划书》放在父母面前时，陶立群的父母被感动了，他们拿出积蓄支持儿子创业。第一家“新天烘焙蛋糕店”在绍兴市新建北路 5 号正式开张，陶立群做起了小老板。他将店面分成两部分，前半部分是自选式的透明橱窗，便于顾客自行挑选；后半部分则用来加工糕点，现做现卖。

起早摸黑，对在创业之初的陶立群来说是常事。为节约成本，采购、运货等工作，陶立群都自己一个人做。优质的用料、独特的口味、有人情味的服务，赢得了消费者的喜爱。陶立群先后开出第二、第三家连锁店。

谈及今后的打算时，陶立群说，他下一步要在蛋糕店的团队建设上下功夫，并且要不断改善店里的蛋糕品种以及销售服务，打响“新天”品牌，力争开出更多的连锁蛋糕店。

·【提示】·

编制创业计划书时的注意事项 

编制创业计划书的目的是引起战略伙伴和投资者的注意，只有呈现竞争优势和丰厚的投资回报，以客观准确的数据加以佐证，目标才能更好地实现。因此，在编制创业计划书时，要注意以下四个事项：

① 言简意赅，突出重点。

② 结构完整，内容一致。

③ 数据精准，操作性强。

④ 排版合理，装订美观。

（五）组建创业团队

企业的创办者不是万事皆通的全才。他可能是某种技术方面的天才，但对管理、财务和销售可能是外行；他也可能是管理方面的专家，但对技术一窍不通。因此，要想把好的创意转变成现实的创业行动，转变成现实的产品或服务，就必须组建一个具备管理、技术、营销等方面知识经验人士参加的创业团队。一般而言，风险投资人很看重创业计划中是否有优秀的创业团队。为了建立一个能够精诚合作、具有奉献精神的创业团队，创业者必须使其他人相信与自己一起工作是有前途的。

相对来说，一个优秀的创业团队必须包括以下几种人：一个创新意识非常强的人，这个人可以决定公司未来发展方向，相当于公司战略决策者；一个策划能力极强的人，这个人能够全面周到地分析整个公司面临的机遇与风险，考虑成本、投资、收益的来源及预期收益，甚至还包括公司管理规范章程、长远规划设计等工作；一个执行能力较强的成员，这个人具体负责执行过程，包括联系客户、接触终端消费者、拓展市场等。此外，如果是一个技术类的创业公司，那么还应该有一个研究高手，当然，这个创业团队还需要有人掌握必要的财务、法律、审计等方面的专业知识。但在团队形成之初，并不需要以上各方面的成员全部具备，在必要时，一个或多个成员去学习团队所缺乏的某种技能，从而使团队充分发挥其潜能的事情并不少见。

·【提示】·

组建创业团队的注意事项

不同的创业者在共同的创业远景鼓舞下，形成了创业团队。搭建一支优秀的创业团队对任何创业者而言，都是一项至关重要的工作，是保证创业团队沿着共同目标求同存异，最后实现团队远景的组织保证。因此，组建创业团队应该注意以下方面：

1.知己知彼。有些创业者认为，绝大多数创业团队的核心成员都很少，一般是三四人，多的也不过十来人，但是都有自己的想法、自己的观点，特别是当团队中具备领导特质的人有两个或两个以上时，团队成员在内心有不服管的信念。因此，我们对创业团队中的每个成员都不能报以轻视的态度。

一个优秀的创业团队的所有成员都应该相互非常熟悉，知根知底。在创业团队中，团队成员都非常清醒地认识到自身的优劣势，同时对其他成员的长处和短处也一清二楚，这样可以很好地避免团队成员之间因为相互不熟悉而造成的各种矛盾、纠纷，迅速提高团队的向心力和凝聚力。同时，团队成员的熟悉更有利于成员之间工作的合理分配，最大可能地发挥各自的优势。

2.有胜任的带头人。在企业管理和市场营销中，经常谈论领导者的核心竞争力。事实上，在创业团队中，带头人的作用更加重要。带头人正如大海航行中巨轮的舵手，指引着创业团队的方向。许多创业团队在很短的时间内就消亡了，很重要的原因在于创业团队的带头人根本不是一个合格的领导者。

3.有正确的理念。要坚信组织能够健康发展下去，相信创业团队一定能够获得成功。不要一开始就想着失败，尤其不要用那些“经典”的理论如“只能共苦，不能共甘”“天下没有不散的筵席”等支配自己的思想和行动，应该树立坚定的信念，要坚信团队的事业一定能成功。

4.有严格的规章制度。俗话说:"没有规矩不成方圆。"最初创业时就把该说的话说到,该立的字据一定要立到,不要碍于情面。把最基本的责、权、利说得明白透彻,尤其股权、利益分配更要讲清楚,包括增资、扩股、融资、撤资、人事安排及解散等。这样在企业发展壮大后,才不会出现因利益、股权等的分配分歧产生团队之间的矛盾,导致创业团队解散。

(六)准备创业资金

对于大学生而言,创业之初,如何筹措启动资金往往成为最棘手的问题。一般来说,大学生创业筹措资金的渠道有四种:一是自筹资金,通过自己打工的方式积累原始创业资金;二是亲友资助,向亲属、朋友等借助,其优势在于向亲友借钱一般不需要承担利息,具有速度快、风险小、成本低的特点;三是创业融资。

·【专题链接】·

创业融资的形式

创业融资的方法多种多样,只要愿意想办法,创业者有多种途径可以解决融资问题。从大的方面来说,创业融资主要有间接融资与直接融资两种形式。

1.间接融资的类别

所谓间接融资,主要是指银行贷款。大家都知道,银行的钱不好贷,对创业者更是如此。但在某种情况下也有例外,就是在你有足够的抵押物或者能够获得贷款担保的情况下,很容易从银行贷到款。

间接融资的类别是与银行的贷款业务种类紧密相关的,银行受理个人贷款业务的种类决定着间接融资的种类,银行受理个人贷款业务的种类越多,间接融资的种类也就越多。目前,间接融资大体上可以分为抵押贷款、担保贷款、买方贷款、项目开发贷款、出口创汇贷款、票据贴现贷款等多种类型。

2.直接融资

直接融资,是指拥有暂时闲置资金的单位(包括企业、机构和个人)与资金短缺需要补充资金的单位,相互之间直接进行协议,或者在金融市场上,前者购买后者发行的有价证券,将货币资金提供给所需要补充资金的单位使用,从而完成资金融通的过程。直接融资的基本特点是:拥有暂时闲置资金的单位和需要资金的单位直接进行资金融通,不经过任何中介环节。

3.其他融资方式

(1)大学生创业小额担保贷款。近年来,各级政府相继出台了一系列鼓励和支持大学生自主创业的政策,其中包括为自主创业的大学生及毕业生提供小额担保贷款的政策。

①申请大学生创业小额担保贷款的范围。凡是国家普通高校毕业生，身体健康，诚实守信，有创业能力并办理《自主创业证》的，都可在户口所在城市申请贷款。

②申请小额担保贷款应具备的条件。

由于各地政策规定的大学生创业小额担保贷款发放的条件和要求不同，总体来说，对于申请小额担保贷款规定的条件基本一致的有6个条件：

a.有市毕业生就业指导服务中心核发的《自主创业证》。

b.申请贷款的项目属于国家限制行业之外的项目，即：除建筑业、娱乐业、广告业、桑拿、按摩、网吧、氧吧等行业以外的项目。

c.申请贷款要有项目可行性分析、项目实施计划和还款计划。

d.参加过大学生创业园举办的创业培训或再就业技能培训，有与实施项目相应的经营能力。

e.要提供足够的反担保措施，包括：有固定住所、固定收入和固定工作岗位的第三方个人担保、有价证券质押、不动产抵押或由市有关部门认定为信誉社区提供的信誉担保。

f.要有较为固定的经营场所。

(2)科技型中小企业技术创新基金。科技型中小企业技术创新基金通过拨款资助、贷款贴息和资本金投入等方式，扶持和引导科技型中小企业的技术创新活动。

(3)天使投资。天使投资是自由投资者或非正式创业投资机构，对处于构思状态的原创项目或小型初创企业进行的一次性的前期投资。天使投资虽是创业投资的一种，但两者有着较大差别：天使投资是一种非组织化的创业投资形式，其资金来源大多是民间资本，而非专业的创业投资商；天使投资的门槛较低，有时即便是一个创业构思，只要有发展潜力，就能获得资金。

·【提示】·

大学生自主创业融资的误区及应对措施

1.大学生自主创业融资的误区

初出茅庐的大学生在初次创业的道路上除了面临社会经验、管理能力等方面的不足之外，在创业融资方面也常常走入误区，最终使自己的努力付诸东流。大学生自主创业融资的误区主要表现在以下三个方面：

(1)急于得到企业的启动资金或周转资金，给小钱让大股份，贱卖技术或创意。

(2)即便投资者不能提供增值性服务和指导，仍与其捆绑在一起。

(3)对风险投资不负责任地使用，烧别人的钱圆自己的梦。

2.大学生自主创业融资误区的应对措施

针对上述三个误区，大学生创业者在融资的过程中需要做好以下几个方面的工作：

(1)在制定融资方案之前要准确评估自己的有形资产和无形资产的价值，千万不要妄自菲薄，低估了自己的价值。

(2)融资过程中要做好融资方案的选择。

(3)如果采用出让股权的方式进行融资,就必须做好投资人的选择。

(4)需要明确"创业不仅是实现理想的过程,更是使投资者(股东)的投资保值、增值的过程"。

(七)选择创业地址

一个好的地理位置对于企业成功至关重要。要根据创业项目的特点选择合适的地址进行经营,要考虑目标客户、竞争对手、交通状况、能源供应、基础设施、劳动成本、租金成本、政策导向等。

(八)进行工商注册

创办新企业要注册登记,就像办理户口一样。我国相关法律规定,新办企业必须经工商行政管理部门批准登记后获得营业执照,并获得有关部门颁发的经营许可证,如卫生许可证、环保许可证、特种行业许可证等。

(九)挂牌营业

在所有的前置手续全部完成后,创业者就可以择日开业了。在这里需要考虑的是开业时间的选择。选择开业时间,一般要考虑有关部门人员是否有时间参加、天气是否晴好、是否在节假日等因素。

(十)进行企业的日常管理

企业的日常管理主要包括建立组织机构、设备安装与调试、员工招聘与培训、做好管理的各项基础工作、材料采购与试产试销、重新确立产品设计、开展具体的生产经营活动。

二、大学生创业的风险应对

创业风险是指在创业过程中,由于市场需求量、技术成熟度、资金流转、同行竞争、团队协作能力、人才去留、投资者能力及资源整合等各方面因素存在不确定性而导致创业活动偏离预期目标的可能性及后果。

1.创业风险的特点

(1)客观性。在创业过程中,创业者会面临许多内外部的不确定影响因素,这些因素往往是客观存在的,因而创业风险也必然存在。实际上,创业本身就是一个识别风险和防范风险的过程,无论创业者对风险的认知程度如何,这些风险都是不以人的意志为转移的。

(2)不确定性。创业过程中所依赖和影响的各种因素(如政策、市场需求、竞争对手、原材料价格等)具有不确定性。这些因素的变化和发展,创业者很难预知,因此造成了创业风险的不确定性。

(3)相关性。创业风险的预知与防范程度如何,往往与创业者的认知水平、性格偏好、能力大小、资源多少有关,同时与其采取的应对策略有关。同一件事对不同的创业者会产生不同的风险,同一创业者采取不同的应对策略,会产生不同的风险结果。

(4)双重性。创业有成功与失败之分,创业风险也有盈利与亏损的双重性。风险越高,收益可能越大。

(5)可变性。创业的内外部条件发生变化时,创业风险的大小、性质和程度也会随之变化。

(6)可识别性。创业风险是可以被识别和划分的,通过定性或定量的方法可以对风险进行预测和评估。但也常常出现预测与实际结果出现偏离的现象。

2.创业风险的类型

(1)机会风险。机会风险源于创业者放弃了原本的职业所面临的机会成本风险。另外,受主客观因素的影响,因信息获取量不足、把握市场规律不准确、对创业项目不熟悉等,创业者面临着创业机会识别与评估的风险。

(2)技术风险。技术风险是指由于技术方面的因素及变化有不确定性而导致创业失败的可能性。

(3)项目风险。项目风险是指可能导致项目损失的可能性。由于创业者存在创业项目不熟悉、创业时机把握不当、项目进度不合理等问题,加上对行业外在环境、地域文化差异把握不准等因素造成创业方向失误。另外,还可能因项目保护不当而面临成果被窃取、项目侵权等风险。

(4)市场风险。市场风险是指市场主体从事经济活动所面临的盈利或亏损的可能性和不确定性。新创企业在开业之日,就面临着与同行业的市场竞争,创业者如果不能准确预知对产品的需求量、消费者对产品的喜好程度、竞争对手的实力和产品导入市场的时间等,就会面临比较大的市场风险。

(5)资金风险。资金风险主要是指因资金不能适时供应而导致创业失败的风险。健康的资金链是企业经营的根本。对于新创企业,若不能处理好资金流入和流出的关系,对出现的负债情况不能及时地采取应对策略,则很可能会造成企业夭折。而老企业盲目扩张,也会面临资金周转不到位的风险。

(6)管理风险。如管理风险主要指企业管理不善而产生的风险。管理者决策水平对企业的成败影响巨大。管理风险与两个方面的因素有关:一是创业者的综合素质和经验,包括技术水平、管理方法、决策水平、企业家精神等;二是管理机制的成熟度,如企业文化、企业组织机构设置、人力资源等。如果创业者缺乏专业的管理知识,企业就容易出现经营决策的不科学、人员激励机制的不健全、与外部合作的不畅通等问题,使企业面临较大的管理风险。

(7)环境风险。由于企业不可能真空状态,因此不可避免地会受到社会环境和自然环境的影响。社会环境包括政治、政策、法律和市场规律等因素,如创业者可能在项目审批、资金筹措、补贴申请、政策变化等方面面临行政风险。而自然环境中的自然灾害、气候等不可抗因素也会对企业造成不同程度的影响。

(8)人才流失风险。人才是企业的命脉。人才的流失,特别是骨干人才的流失往往会增加该岗位的成本。企业重新招聘人才、培养人才费时、费力、费钱。另外，人才的流失还可能带来企业商业机密的泄露、项目中断、人才演变为竞争对手。

3.创业风险的预防

风险经济学和行为经济学认为，风险认知和风险承担对创业行为具有重要的作用。由于许多创业者不能提前预知风险和有效应对潜在风险，导致创业成功率较低。

(1)谨慎选择创业项目。企业者在决定创业前，选择既符合市场需求又适合自己的创业项目至关重要。要综合分析各方面因素，既要立足自身创业条件这一主观因素，又要分析创业的市场环境、技术成熟度、政策支持力度、客户需求度、气候等各方面客观因素。创业者最好选择自己最熟悉、最擅长、掌握资源最多的项目进行创业，切忌盲目跟风。

(2)科学利用创业资金。创业过程中，特别是创业初期，需要科学管理资金，严格控制资金流，否则项目很可能会因资金周转不畅而夭折。因此，创业团队中要有专门的财务管理人员对资金进行管理，做好财务预算编制和财务报表。

(3)妥善管理创业团队。创业团队的凝聚力是否强大，各类技术人才是否齐全，关系到创业的成功与否。要任人唯贤，唯才是用，合理分配工作职责，妥善处理创业者之间的利益。

(4)规范经营企业事务。无规矩不成方圆。创业者必须建立一套完善的企业规章制度，如合同管理、知识产权保护、财务管理、人力资源管理等，使各项业务有章可循、有序开展，员工各司其职、通力协作。

(5)稳步扩大经营规模。因盲目扩张而使企业陷入危机的案例比比皆是。无论是新创企业还是成熟企业，都不能因急于收回成本或追求更大利润而盲目扩大企业规模和经营领域，否则很可能使企业陷入债务危机甚至血本无归。

(6)准确评估经营风险。创业者要树立风险意识，做好市场调查工作，要对投资方案进行可行性分析，要学会预测风险带来的收益和亏损，同时制订风险防范策略。在经营过程中要留有余地，做到心中有数，准确预防风险、降低风险、规避风险和学会转移风险。

第四节　大学生创业实践

创业教育不仅要注重理论知识的传授，更要注重实践活动的开展。实践是创业教育不可或缺的环节，它是创业教育理论知识传授的必然延伸，同时也可以促进和检验理论知识传授的效果，二者是不可分割的有机整体，共同构成了创业教育体系。而随着目前全球经济一体化的加速，以及以信息技术为代表的知识经济时代的来临，中国的传统产业格局在不断改变，一直以就业教育为主的我国高等教育已经日益认识到创业教育的重要性，不少高等院校已经开始鼓励学生自主创业。

一、我国大学生创业实践的现状及问题

目前我国高校大学生进行创业实践还处于起步阶段，无论从组织管理、资金支持，还

是学生的参与意识、参与能力来说，各方面均有待进一步完善与提高。2002年，教育部为了促进高校大学生创业实践的发展，确定了清华大学、北京航空航天大学等九所高校为我国创业教育试点院校，并给予一定的政策和经费支持，以求探索我国高校学生创业教育的基本方法和发展模式，促使大学生积极参与创业实践活动。自此以后，经过多年的探索和努力，我国高校大学生创业实践教育也开始逐渐形成了以北京航空航天大学、中国人民大学、上海交通大学为代表的三种不同模式：北京航空航天大学，利用商业化运作模式建立大学生创业园，为学生提供资金资助和咨询服务；中国人民大学，努力完善学生综合素质，将第一课题与第二课题相结合来开展创业教育及实践环节；上海交通大学，一方面培养学生创业的基本素质，另一方面为学生提供创业所需要的资金和必要的技术咨询。

但目前我国的大学生创业实践环节还有待探索和总结。从校方的培养方案设计上就普遍存在重课堂理论、轻实践能力的问题，并且虽然有部分大学生积极参与实践活动，但多见于仅凭兴趣爱好的自发组织，缺乏系统、正确、有效的引导，且通常存在目标设计不明确、创业实践项目单一化、对困难预估不到位等问题，进而呈现实践活动组织整体涣散、缺乏统筹规划等一系列现象。

首先，由于对创业认识不到位，大学生在创业实践活动中普遍缺乏创业及创新意识，且创业产品过于简单。由于教学安排的设置多以课堂教学为主，这就导致学生只能从书本中学到一些基本的理论知识，由于缺乏实践意识与创新精神，即使撰写了一些商业计划书，也仅仅是美好的构想，缺乏对其可行性的评估和检验，因此有些学生仅凭借课堂上撰写的计划方案进行创业，很快就会发现社会环境与计划相差甚远，多半难以成功。而参加的一些报告讲座也大多是纸上谈兵、泛泛而谈，实际效果不甚明显。创业教育首先要注重实践，而不是理论，大学生只有通过参加与教学环节紧密结合的实践活动，才能达到不断深化自身的知识结构、提升自身的创业素质的目的。

其次，目前的创业实践多是大学生根据兴趣和资源自发进行的，学生以班级或社团组织为单位，创办一些面向校内同学的小项目或者活动，由于没有学校的引导和支持，通常缺乏科技含量，更缺少资金支持，虽然可能在某些校园内反响热烈，但终究活动质量水平有限。由于创业实践教育毕竟是一个新型教育模式，大学生的创业实践活动是需要在有经验、有资历的老师或专业人士的指导下进行的，不能将其等同于一般的社会实践活动，而校方和大学生自身都应当注意到该问题的重要性。

此外，目前一些大学生的创业实践严重与自身特长或专业优势脱节，普遍具有从众心理。通常看什么简单易做、什么容易赚钱，就赶着热潮一哄而上，但由于缺乏对市场的深刻认识，又不能发挥自身优势，致使很多人的创业实践并不如设想得那样美好。因此，如果不能将创业实践环节与专业教育有机结合起来，那么创业实践也难见成效。

由此可见，尽管近些年来我国的大学生参与创业实践的热情有所增高，而创业实践模式也有了长足的发展，但也有一些问题困扰着参与创业实践的大学生。例如大学生在校期间应该如何处理创业与学习的关系、大学生应该在何时着手参与创办企业等。因此大学生努力培养参与意识，积极探寻适合自身情况的创业实践模式是十分重要的，并且学校和社会也要联合力量，为大学生创业实践提供有利的环节，这不仅有利于在社会上对大学生创业形成良好统一的认识，更能够使大学生的创业实践活动在必要的理论指导前提下开展，切实从理论、技术、能力等各个方面综合提高大学生应对市场、创立企业的能力。

二、大学生创业实践的主要模式及途径

近些年来，全国各地的高等院校逐渐重视对大学生的创业教育，但由于这是一个打破传统的全新领域，因此培养方案也需要在实践中逐步完善。而具有创业倾向的大学生自己首先应在日常的学习生活中注重创业精神和能力的培养，要提升自己的艰苦奋斗精神，锻炼坚韧不拔的意志。因此，大学生要十分珍惜在校学习期间的宝贵时光，充分利用各种资源参与创业实践活动。

（一）校内外实践活动

首先，大学生要充分利用课堂学习所需的必要知识。学习是大学生创业实践的基础环节，如果没有坚实的知识作为支撑，贸然进行社会实践会显得很盲目。通常来讲，大学生创业者的知识结构由三部分组成：一是专业技术知识，二是经营管理知识，三是综合性知识。大学生应当充分利用高校的学习科研氛围，在平时的学习过程中，加强与老师和同学的交流，将学习研究与实践应用相结合，不断优化自身知识结构，逐渐积累完善所需知识。尤其是对于运用高新技术进行创业的大学生而言，一定要在自己的专业技术方面精益求精，平时可以积极参与老师的科研活动，努力提高自己的创新思维和科研能力，同时也可以通过组建团体申请大学生学术科研项目，请相关专业老师进行指导，自己开展科研技术创新活动，以利于大学生创业实践应用能力的提高。

其次，积极参与大学生的社团活动也是进行校内创业实践的主要途径之一。大学生社团组织是目前高校为在校大学生的某一学习目的或兴趣爱好而成立的特殊学生团体，各个高校都有许多社团组织，目的、类型不一而同，组织管理方式也各具特色。但总体而言，目前的社团组织主要可以分为四类：一是科研学术类社团，主要以科技发明、学术研究为主题内容，旨在培养大学生的科学技术能力或学术研究能力，该类社团通常多以理论知识为基础来指导学生进行创新实践；二是文体艺术类社团，以提升文体艺术素养为主要目标，以学生的兴趣为出发点，通过集中训练和业余交流，达到锻炼大学生的艺术气质和文体才能的目的；三是社会活动类社团，主要以参与各类社会实践活动为主要形式，例如社会调查活动，下农村劳动、进社区服务、下工厂实操等，通过与社会进行紧密联系，旨在培养学生的组织管理能力、沟通能力、团队协作能力，培养基本的创业技能和领悟创业精神，并且还可以锻炼大学生勤劳坚韧的实干精神，期望学生能有更多机会接触社会，增长才干。此外，各高校的大部分社团都是由学生自行组织管理的，这就为学生增强组织协调能力提供了平台，并且大学生的社团组织从申请、审批、制定章程、前期宣传、组建团队、组织活动、筹集管理经费等一系列过程，都可以看作是对创新精神与创立企业能力的实践体验，因为这个过程从传统意义上来讲与在社会上创建企业的过程有许多相似之处，虽然是校园里小规模的团体组织，但是可以以小见大，在一定程度上达到提高创业技能的目的。

再次，可以参与勤工助学活动，进行技术或劳务服务，在发挥专业技术和个人能力优势的同时，培养自立自强精神，这也是创业精神的重要组成部分。例如竞聘学校中固定的勤工助学岗位，像职能管理部门的助理、网站维护员、图书管理员、宿舍管理员等协理岗位，或是积极参与学校大型活动的组织工作，如技术、场地助理、礼仪、策划、外联接待等内容，这些活动不仅可以磨砺吃苦耐劳的品质，还可以增强适应能力与社交能力，并且通常还能获得一定的经济收入，即使以后不一定从事创业活动，这些工作经历对于大学生的成长发展也是有一定益处的。

此外，还有很重要的一部分是校外创业实践活动。主要是指大学生在校学习期间可以充分利用业余时间，主动走出校门适应社会，利用学校及社会提供的资源进行创业实践活动。通过运用课堂所学的创业知识及技能，在与社会接触的过程中进行实训，并且可以从中获取经济效益、积累经验并拓展人脉关系。校外创业实践与校内创业实践活动的途径、目的及意义都略有不同，校内创业实践侧重于创业观念的确立、创业知识及技能的学习和训练，而校外活动则更侧重于丰富创业经验、提升创业综合技能。并且，创业所需的能力是综合多方面的，而具体的创业技能是核心能力，大致涵盖几个方面：获取知识的能力、创新能力、团队协作能力、组织统筹能力、沟通交往能力等，这些能力仅仅依靠校内的实践活动是不能完全获得锻炼的。因此，大学生在进行创业实践锻炼时，一定要有意识地走出校门、接触社会，才能提高实践效果。例如，学生可以借助学校组织的校外实习活动展开创业实践，将日常所学运用到实际工作当中去，以达到提高综合创业素质能力的目的，也可以充分利用暑期社会实践的机会进行创业实践。目前各高校在响应团中央的号召下，每逢假期都会纷纷开展以增长才干、服务社会为目的的学生暑期社会实践活动，这是大学生深化知识结构、提升素质能力的有效方式。同学们可以结合专业特点和自身特长选择适合的实践形式。例如，以专业技术为核心进入社区或农村开展服务活动，或是直接参与到基层单位、工矿企业、工程项目中去实习，或是组织深入严密的社会调查活动，考察各类企业情况以及搜集目标市场信息，在此基础上进行实地课题研究，建构创业设想。总之，在这一实践过程中，大学生既可以体会到创业活动的艰辛，又可以培养自己的创造能力与实际应用能力，为今后的自主创业积累更多的实战经验。

总体而言，大学生在校期间积极参加校内外实践活动，有利于自身的成长，并且此类实践活动的优势在于参与时间灵活机动、参与途径多样化，且成本投入少、风险小，同时可积累、可借鉴的经验又丰富广泛，特别是深入到某些项目和企业中去实习时，大学生可以从公司的创立、起步到业务拓展各个阶段，对创业过程进行全面了解，并且可以从创业者及同事身上学到诸多成功的经验，为今后自己毕业后创业积累更多的资本。

（二）创业大赛

目前，国内外都有举办大学生创业计划竞赛，经过实践证明，创业计划大赛不仅可以给在校大学生提供一个创业模拟练习的机会，同时也可以激发大学生创新的火花，培养学生的创业意识、增强创业素质、积累创业知识，并且目前已经有越来越多的机构、基金以及风险投资开始关注大学生创业计划竞赛。

创业计划竞赛又称商业计划竞赛，起源于美国，是借用风险投资的实际运作模式要求参赛者组成优势互补的竞赛小组,提出一个具有市场前景的技术产品或者服务项目,围绕这一产品或服务以“获得风险投资家的投资”为目的完成一份完整、具体、深入的商业计划。完整的创业计划应该包括企业概述、业务展望、风险因素、投资回报、退出策略、组织管理、财务预测等方面的内容。自1983年美国德克萨斯州大学奥斯汀分校两位MBA学生参照模拟法庭的形式举办了第一届商业计划竞赛以来,美国的许多高校都开始举办自己的创业计划大赛。据统计,美国每年都有一些表现优秀的高新技术公司是诞生于创业计划大赛的。创业计划是科技和风险投资浪潮兴起的产物,是指创业者就某一具有市场前景的产品、服务或技术向风险投资家游说以取得投资的可行性报告书。由于高科技产业存在技术风险、市场风险、管理风险等综合风险,这决定了投资家不得不对每一项投资进行审慎分析,因此创业者在计划中就要尽量清晰准确地进行市场分析、产品需求分析、企业操作管理规划等,才能得出投资与收益的可信赖分析报告。从某种意义上讲,高校的创业计划大赛已成为美国经济的直接驱动力之一,目前全球约有三十余所大学在举办商业计划竞赛,而其中以麻省理工学院的大学生创业竞赛活动影响最大,从1990年开始,该校每年都有几家新企业从大赛中诞生,并有相当数量的创新计划以高价转让给一些高新技术企业,而已由创新计划直接孵化出来的企业中,有的短短几年即成为营业额数十亿美元的大公司,备受瞩目。在国际上,随着商业计划竞赛的蓬勃开展,大学校园里的创业气氛也日益高涨,同时众多的创业基金、风投基金、律师事务所、会计师事务所和投资咨询公司的多方加入,也共同推动了大学生创业实践活动的发展。

在中国,1998年8月,清华大学举行了首届大学生创业计划大赛,将国外的创业计划大赛模式引入了国内大学校园。首届赛事历时5个多月,共计320名同学参加,受到了学术界、企业界及投资界等的广泛关注。1999年,由共青团中央、中国科协、全国学联主办,清华大学承办的首届“挑战杯”中国大学生创业计划竞赛如期成功举行。发展至今,清华创业计划大赛已经成功举办十余届,先后诞生了视美乐、慧点、汗青环保、瑞福科技、奇乐无限等数十家创业公司,同时数以千计的学子在赛事中也提高了综合创业素质能力。可以说,清华创业计划大赛架起了大学生创业者与社会企业家及投资家之间的桥梁,促进了大学生创业教育模式的转型,迅速在全国范围内形成了良好的示范作用。此后,共青团中央、中国科协与全国学联共同把创业计划大赛推向全国,而该模式的推广确实对学校教育及社会发展具有多方面的积极作用:首先,该模式配合了高等院校教育教学改革的推进,有利于培养创新型、复合型人才;其次,该模式有利于加快科研成果的转化,促进产学研相结合;再次,该模式还极大地鼓励了大学生的自主创业,有助于培养创业开拓精神;最后,该模式还有利于国内风险投资体系建立进程的推进。

经过多年的发展,创业计划竞赛使大学校园的创新意识、创业能力训练工作得到了不断发展,同时也是全国各地高校之间彰显教育质量和学生综合能力的重要平台。而从学生的角度而言,通过创业计划大赛,参与的大学生可以从知识技能、团队建立、商业网络、媒体关系等多个方面获得收益:首先,参赛学生在制订创业计划的过程当中,通过大赛提供的系统培训以及团体间的学习交流,可以全面构建创业者应当具备的知识和技能体系;其次,通过组织参与比赛,学生可以有机会结识许多优秀的合作伙伴,与小组伙伴携手接受挑战、攻破难关,这种在前进中相互激励、在奋斗中相互交流的体验,将使大学生获益匪浅，并且很多在赛事中脱颖而出的参赛小组成员极有可能在将来形成创业合作关系；再次，通过参与比赛，如果计划书较为出色新颖、具有市场前景，那么参赛大学生还有结识企业家及风险投资家的机会，目前越来越多的国内外风险投资机构对该类赛事都表现出了浓厚的兴趣，如果参赛大学生可以向他们充分展现自己的产品或服务的巨大市场前景及实际应用价值，那么就有可能为下一步实际创业赢得启动资金，同时也可以为将来的创业奠定良好的商业网络基础；第四，由于每届赛事都可以吸引众多媒体的关注，尤其是投入到实际运作项目的参赛小组备受新闻媒体的重视，因此这也是参赛大学生向社会推荐自己及产品的良好机会；最后，通过参与比赛，大学生还可以获得对产品或服务从设想到实践的统筹把握，可以在锻炼各方面素质能力的基础上增强今后创业的信心和成功的概率。

但同时，我们也看到了该实践模式有其固有的限制：由于资源有限，而大学生参与积极性较高，因此每届赛事活动的参与名额有限，并且参赛学生需要投入较长一段时间进行集中准备，才能在赛事中具有出色表现，因而这类活动通常要求大学生具备较高的综合素质能力与独特的创新理念，并且要组织高效的团队，才能在赛事中充分得到提高、收获成功。

·【提示】·

培养拔尖创新型人才彰显“挑战杯”独特魅力

“挑战杯”中国大学生创业计划竞赛以“倡导创新精神、营造创业氛围、促进成果转化”为宗旨，大赛借助风险投资的运作模式，由在校大学生自由组成学科交叉、优势互补的竞赛小组，围绕一个具有市场前景的技术产品或服务概念，以获得风险投资为目的，完成一份包括企业概述、业务与业务展望、风险因素、投资回报与退出策略、组织管理、财务预测等方面内容的创业计划书。竞赛采取学校、省（自治区、直辖市）和全国三级赛制，分预赛、复赛、决赛三个赛段进行，最终通过书面评审和秘密答辩的方式评出获奖者。共青团中央学校部副部长、全国学联副秘书长杜汇良在专访中解读过目前“挑战杯”的立意，他认为，“挑战杯”竞赛之所以有如今这样的魅力，是因为它不只是竞赛，更多的是一种创新人才培养的机制。如今，培养拔尖创新型人才已经成为摆在所有高校面前的一个课题，而这样一个课题绝不意味着这个学校要集中全部精力去培养一个选手、一个作品，而是应该成为一种机制，让更多的青年参与进来，在各个领域通过自己所学知识进行创新。科技创新氛围绝不是一个人两个人，而是一个面，并且是多个群体共同关注的话题。创新精神无所不在，杜汇良说道，“我们也特别期望一部分同学能够通过创新把自己的作品和理念转化为成果，能够去创业，同时以创业来带动就业。”而且近些年的三级报备制度，即校级、省级、国赛，在校级、省级比赛中，促使很多学校借此契机开展了 SRT（Students Research Training）等计划，通过一种包含课内和课外的教学环节的模式，专项经费，专门学分，为学生提供科技创新、学术创新、社会实践调研机会，使科技创新能力的培养成为人才培养的一部分。关于“挑战杯”未来的发展趋势，杜汇良表示，要改变过去以作品评优为导向的体系，打造以市场为导向、以覆盖面和群众化为导向等多维度的平台体系。如今，“挑战杯”设立了优秀组织奖，注重工作评价，而不是结果评价。“挑战杯”的另一个趋势，就是推动互联网多媒体形式在“挑战杯”中的运用。

（资料来源：“挑战杯”官方网站）

(三)创业基地

根据不同的标准，目前的大学生创业教育实践基地也有不同的类型：按空间范围可划分为校内创业实践基地和校外创业实践基地；按主要内容可划分为创业精神教育培训实践基地和创业技能训练实践基地；按功能性质可划分为创业实践见习基地、创业实践实习基地和创业园等。下面我们具体介绍几种常见的创业基地类型。

1.创业实践见习基地

创业见习基地主要是为了使大学生通过一些实地观察和亲身感受达到培养创业意识的目的，是一种相对稳定的教育活动场所，使用范围广泛，例如学校、政府机关、事业单位、企业工厂、社区街道等。一般而言，创业见习基地要具有典型性和代表性，还要极具感染力，由于学生的见习实践时间通常每次不会太长，因而最好能持续性、经常性地开展这类活动。目前高等院校里的各专业学科在低年级的时候都会组织学生进行专业见习活动，学生可以利用这样的机会与创业实践相联系，通过初步与社会单位接触，认识这些基地的形成过程，了解这些单位中所蕴含的创业精神，从而在老师的辅导下，树立正确的创业意识，培养自己的开拓进取精神。

2.创业实践实习基地

创业见习基地与实习基地有很大不同，前者以参观和直观感受为主，而创业实践实习基地主要是指学校组织大学生结合所学专业特长在各种基地场所中接受实际技能上的培养和训练，以达到把所学知识技能运用到实际工作中的目的，从而全面提高学生的创业素质和能力，比见习活动更具有操作性和技能型，这样的实践模式比较有利于直接培养大学生创业所需的专业技能。虽然针对不同的专业、不同的培养目标，其实习的形式和要求也都略有不同，但是，无论是新创立的小型技术企业，还是校企合办的生产车间，大学生创业实践基地都有共同的必要条件，即明确的实践教育目标与针对性的专业训练以及完备的教育实践方案和专业的技术能力指导。通常实习基地的实践活动要比见习活动时间上略微长一些，基本上在一个月到半年左右，大学生在基地的专业人员及学校老师的指导下，逐步将所学的理论知识和技术能力应用到实践中去。由于可以参与到具体项目或是被安排到具体工作岗位上，大学生在实习工作中可以开阔视野，发挥专业技能，不断提高自己的创新能力，同时该模式也为大学生提供了接触社会、融入社会的机会，在培养创业技能的基础上锻炼大学生的独立性和奋斗精神。并且，通过实践活动，还可以促使学生主动学习，在实践中发现自身不足，不断完备现有的知识框架体系，在实践中边学边用，学以致用，逐渐积累创业技能，培养创业品质。

→→→→→

【案例】

湖北大学生创业实践基地走出创业第一人

放弃已有工作，坚持创业梦想

“向学校申请20万元，自筹20万元，这是我们创业的全部启动资金。”湖北大学艺术学院平面设计专业2010届毕业生吴传金正忙着动漫公司的业务，他也是依托挂牌该校的省大学生创业实践中心走出的第一大学生创业者。

“本来工作已经定下来了，但是学校提供这么优厚的条件供我们创业，机会难得，我觉得不能错过。”2010年3月下旬，吴传金得知自己以前申报的创业项目获批，他毫不犹豫地辞掉了已有的工作，4月初赶回学校筹办自己的动漫公司，圆自己的创业梦想。和吴传金一起创业的还有他的同班同学龙慧。

我大二就开始筹备创业，但一直时机不成熟，现在我的机会来了。

2009年，湖北省首个大学生创新实践中心在湖北大学挂牌成立，吴传金将自己的创业方案提交到了中心，中心负责人通过多方努力为他争取到了创业资金支持。吴传金在大学生活动中心内获得了近200平方米的办公场地。他笑着对记者说：“公司筹办还比较顺利，新购置的价值近15万元的30台电脑搬进来，公司就更有模有样了。”吴传金介绍，公司分设计部和培训部，设计部主要负责与校外公司合作，根据商家需求自主设计产品，绘制建筑效果图、制作手机动漫短片等；培训部主要负责招收高校学生，特邀武汉大学黄山教授等多位专业名师进行动漫设计课程培训，储备公司将来所需的人才，为发展打下基石，为学生提供针对市场需求的实践操作机会。

参加创业实践，积累创业资本

在湖北大学艺术学院，红顶斋平面艺术工作室是每个设计专业学生都非常向往的地方。吴传金大一申请加入并通过考核，在工作室一学就是四年，期间他设计了学校五人制足球、百人体育军团队徽，为国内外多家企事业单位设计作品数十件，和同学一起获得2009年(第二届)中国大学生(文科)计算机大赛全国二等奖。

吴传金表示，放弃在上海的工作回到学校筹办自己的公司，这才是他大学四年奋斗的目标，也是对自己大学四年坚持创新实践的一次升华。他介绍，大学期间他做过兼职、开过小店、摆过地摊，都是在为自己的创业积累经验。在专业学习方面，大学四年他立足红顶斋工作室，积极参与校内外平面设计赛事，不断学习别人的经验与创意，逐渐形成了自己的风格。

“红顶斋是我成长的地方，也是我积累创业资本的地方。”吴传金说，大学期间，红顶斋平面艺术工作室老师对他的指导与支持，一直是他进步的动力。返校创业，吴传金得到了学校从资金到场地和政策等多方面的支持，而作为大学生创业实践中心扶持的大学生创业典型，吴传金也充分显示了自身的能力和素质，他们的动漫公司也成了湖北省创新实践中心“游化”出的首个创业项目。

(资料来源：湖北大学报)

←←←←←

3.大学生创业园

大学生创业园是指为大学生提供的帮助其自主创业的专门活动场所，在有些地方也称为创业孵化器。美国的斯坦福大学所在的“硅谷”就是典型的创业园，在硅谷中约60%～70%的企业都是由斯坦福大学的学生和教授创办的，而闻名遐迩的“雅虎”公司，其创办者杨致远就是斯坦福大学的学生，此外像比尔·盖茨、迈克尔·戴尔等创成大业的人都曾得益于学生时代的创业实践。

总的来说，创业园是培养大学生创业和就业能力的基地，为在校大学生创业提供了良好的专业实训平台。由于创业园具有现代性、创新性、高新技术性等特征，通过提供基本的商务服务、中介增值服务、资本运作服务等来营造良好的创业环境，对大学生创业起到了良好的引航和指导作用。而目前国内的大学生创业园也在发展中不断完善功能，逐渐成为集创业政策咨询、创业扶持资金申请、创业企业登记注册、创业融资等众多功能于一体的“一站式”服务实训平台。而参与大学生创业园实践活动，可以让大学生在校期间即可创业，这极大地拉近了大学生与社会及企业之间的距离，真正体验了创业的实践过程，达到从实战经验中提升大学生创业能力的目的，同时也直接为毕业后的创业奠定了良好的基础。

目前，随着创业实践教育的逐渐完善，大学生创办企业的类型也愈发多样，例如有科技企业，也有文化企业，有贸易企业，也有服务企业等。像科技企业，就是主要提供科技信息服务的企业，大学生利用某些特殊的专业知识和专业技能来创造经济效益；而文化企业是创造精神文化商品和提供文化服务的企业，如广告设计公司、文艺演出社、书店等。大学生可以根据自身特长和市场需求，有选择地进行创业实践活动。因此，建议大学生可以充分利用当地政府、高校创设的创业园等实践基地，努力尝试创立属于自己的小型企业。创办企业，成就自己的事业，是目前很多在校大学生参与创业实践活动的终极目标，但这种形式的创业实践需要大学生具备优秀的创业能力及一定的启动资金，因为准入门槛较高，并不是所有大学生都能选择参与的模式，但一旦能够成功入园，良好的硬件支持和政策鼓励，可以为大学生的创业实践提供良好的环境。

总之，创业实践的形式是多种多样的，大学生要能根据自身专业特性和需求，选择适当的实践活动，充分发挥自主学习的积极性，利用学校和社会提供的一切实践环境和资源条件，为自己创造实践机会，尽早培养自己的创业意识，提升创业技能，获取生存本领。

→→→→→

【案例】

听“出园”企业说创业园

“别人还在找办公地点，我已经拿到第一单业务”

张涛涛，2007 年毕业于金陵科技学院，东拼西凑了 8 万元作为起步资金，成立了南京瑞澳整体家居装饰有限公司，经过一番努力，公司发展得红红火火。不过，2008 年国际金融危机中，由于 3 个月没有业务可做，公司遭受重创，张涛涛一度想放弃创业转而找工作。

2009年，南京市大学生创业示范园成立，让张涛涛重新看到了曙光。刚进创业园时，公司仅剩两名员工，又回到了创业原点。“我们搬进了一间20平方米的办公室，办公桌、空调、装潢都是现成的，会议室、会客室园区里也有，地段处于市中心，交通方便，房租还有第一年全免第二年减半。这对于没什么底子的大学生创业者来说，是最大的扶持。”当其他创业者还在为寻找合适又便宜的办公地点而四处奔波时，张涛涛已经拿到第一单业务。2010年他申请出园时，公司已经有七八名正式员工和几十名工人。如今，他在奥体中心附近的办公面积有148平方米，年营业额达200多万元。

“正式投产前，创业园为我们的项目争取工业用地”

短短两个月时间就出园，张晓东能成功创业，创业园的扶助起了关键作用。张晓东创办的博纳法特环境工程有限公司从事工业“三废”治理技术研发，在创业园中属于高科技类型。入园之时公司员工5人，年营业额不到百万元；出园之时已增加到10多名员工，近500万元的年营业额。

“当我们技术成熟，需要正式投产，是创业园帮我们联系各个工业园和科技园，为我们的项目争取工业用地。”张晓东说，他手里掌握的是技术，但其他要素都缺。项目在研发阶段能外包生产，现在得自行生产，而创业园正好有一批合作的工业园、科技园可以推广好的项目。在创业园的帮助下，2010年，他的项目进驻中山科技园，目前正在建设中。“创业园还提供系统的创业培训，帮助我们弥补社会经验不足、专业不对口等问题，内容包括业务指导、创业规划等。我参加了第二期由联合国国际劳工组织师资授课的创业培训班，现场模拟训练，足足有20多天，收获很大。”

“建议由政府出面搭建新平台，使大学生创业者和民间资本直接对接”

2009年，毕业于南京工业大学的刘伟宏，成立了南京万方科技有限公司，业务涉及软件编程、网页设计等多个方面。今年他选择离开创业园，一来是自己具备了足够的实力可以出园，二来园区20平方米的办公室已经太小了，不适合接待客户。他说，园区里的创业导师给予他精神上、心理上的鼓励和慰藉，是相当重要的支持。不过，对于创业亟须巩固扩张的创业者来说，这里的创业服务却有些跟不上了。

“对我们入驻创业园的大学生创业者而言，场地已不是问题，最缺的是资金和政策。”刘伟宏说，当初他申请创业贷款时，银行需要他拿出担保抵押，可他的公司当时什么都没有，“尽管有创业园帮忙，申请创业贷款依然十分艰难。希望今后政府对大学生创业贷款政策再放宽点，能由创业园牵头，争取更优惠的贷款条件，降低贷款门槛，简化贷款手续，或者政府能直接出面提供担保。因为大家都是经过层层遴选入园的，贷款信用评级应该高一些。此外，建议由政府出面搭建一个新平台，使大学生创业者和民间资本可以直接对接，以解决融资渠道单一、资金不足等问题。”

（资料来源：南京日报）

自我检测

1.什么是创业？创业的意义是什么？创业都包括哪些基本要素？创业者应具备哪些基本素质？

2.大学生创业的意义是什么？大学生创业的优势和劣势分别是什么？为了鼓励大学毕业生创业，国家颁布了哪些优惠政策？

3.什么是创新创业能力？培育创新创业能力的意义是什么？大学生可以通过哪些途径培育创新创业能力？

4.创业的基本流程都包括哪些内容？

5.如何组建创业团队？组建创业团队的意义是什么？成功的创业团队具有什么特点？

6.筹集创业资金的途径包括哪些？

7.我国大学生创业实践的情况怎样？存在哪些问题？大学生创业实践的主要模式和途径是什么？

阅读拓展→

《小老板的创业经》
——手把手教你走好创业头三年

作　　者：李治仪
出 版 社：北京联合出版公司
出版时间：2013-3-1
版　　次：1
页　　数：188
开　　本：16 开
I S B N：9787550212510
包　　装：平装

编辑推荐→

一本细致详尽、指点迷津的企业初创期实战指导书。本书以创业初期需要做的事为线索，以生存为第一要务，指导创业者如何在创业头三年从无到有，从资金到人才，从人才到运营，从运营到客户，从客户到财务，步步为营，将第一桶金收入囊中，对创业者来说，有着指点迷津的作用。本书由多名创业成功名人、企业管理名家联袂推荐：看过这本创业经，我想用两个字来形容——务实。这是一本不可多得的好书，里面有最真实、最精彩的创业故事，加上精准的理念、切身的实战经验，让作者拉近了与读者的距离，从而也必将会帮助不少读者找准创业的方法，到达理想的彼岸。

内容推荐→

创业不是件容易的事，据权威机构调查统计的结果显示，个人创业前 5 年内失败的概率达 90%，后 5 年内失败的概率是 9%，10 年内创业成功率是 1%。本书是创业青年领袖人物、80 后新偶像、资深品牌咨询师李治仪老师写给创业者的企业初创期实战指导书。本书是李老师多年来在创业和咨询过程中对创业的经验总结和内心体悟，并以创业初期需要做的事为线索，以生存为第一要务，指导创业者如何在创业头三年从无到有，从资金到人才，从人才到运营，从运营到客户，从客户到财务，步步为营，将第一桶金收入囊中。

作者简介→

李治仪，80 后之窗网站创始人，北京博睿点文化传媒有限公司总经理，北京贵州商会理事，获北京电视台《名人堂》“80 后新偶像”提名，是娱乐圈数十位知名艺人的幕后推手，长期担任新华教育集团等 30 余家知名企业的品牌顾问。

附　录　大学生就业法律法规

一、如何签订劳动合同

我国《劳动法》规定:"劳动合同应当以书面形式订立"。但目前仍有某些用人单位逃避约束,找各种借口不与劳动者签订书面劳动合同。对此,有关专家对劳动者提出两条建议:与其"任其宰割",不如趁早远离这样的单位;已形成事实劳动关系的,劳动者依法向劳动保障行政部门举报。

根据我国《劳动法》第十九条的规定,劳动合同应当具备以下条款:

(一)劳动合同期限

劳动合同期限是指当事人双方所订立的劳动合同的起始和终止时间,也就是劳动关系具有法律效力的日期。劳动合同的期限分为固定期限、无固定期限和以完成一定的工作为期限。合同期采取哪一种类型主要由双方当事人商定。

(二)工作内容

工作内容是针对劳动者而言的,是对劳动者设立的义务条款。工作内容包括劳动者从事劳动的工种、岗位、生产或工作应达到的数量、质量指标,或应完成的任务。

(三)劳动保护和劳动条件

这是针对用人单位而言的,是对用人单位的义务条款。劳动保护和劳动条件应当符合国家有关规定,具体明确。包括劳动安全和劳动卫生方面的设施、设备和防护措施等。

(四)劳动报酬

劳动报酬是劳动者劳动的成果返还和履行劳动义务后必须享受的劳动权利。包括工资、奖金、津贴等。劳动合同中规定的劳动报酬必须符合国家法律、法规和政策的规定。例如,工资不得低于规定的最低工资标准,工资支付形式和支付期限不得违反法律、法规。

(五)劳动纪律

劳动合同一般不详细列出劳动纪律的内容,只是表明劳动者同意接受用人单位依法制定的劳动纪律。劳动纪律一般包括上下班纪律,工作时间纪律等。

(六)合同终止条件

即关于劳动合同在法定终止条件之外的哪些条件下可以或应当终止的条款。我国《劳动法》第二十三条规定:劳动合同期满或者双方约定的劳动合同终止条件出现,劳动合同即行终止。

(七)违反劳动合同的责任

违反劳动合同应当承担的责任,是指当事人一方或双方,由于自己的过错造成劳动合同不能履行或不能完全履行,按照法律、法规和劳动合同的规定而承担的行政、经济责任或司法制裁。

此外,还有特殊法定必备条款。这是法律要求某种或某几种劳动合同必须具备的条款。有的劳动合同由于自身的特殊性,立法中特别要求其除了规定一般法定必备条款外,还必须规定一定的特有条款。例如,根据我国《中外合资经营企业劳动管理规定》和《私营企业劳动管理暂行规定》的规定,中外合资企业劳动合同和私营企业劳动合同中应包括工时和休假条款。

根据劳动部《关于贯彻执行若干问题的意见》第 24 条规定,用人单位在与劳动者签订劳动合同时,不得以任何形式向劳动者收取定金、保证金(物)或抵押金(物)。违反规定的,应由公安部门和劳动行政部门责令用人单位立即退还劳动者本人。另需指出的是,社会保险在我国属法定保险,因而未被列入合同必备条款。

二、试用期如何约定

试用期,顾名思义就是劳动关系的试验阶段,但绝非是用人单位对劳动者的单方“试用”。试用期是用人单位和劳动者为了相互了解、相互约定的考察期。在这段时间内,用人单位考察员工的工作能力,员工也考察用人单位的情况,是双方互相试用的过程。试用期作为劳动关系的特殊阶段,也是劳动纠纷的高发区。《劳动法》第二十一条规定:“劳动合同可以约定试用期。试用期最长不得超过六个月”。具体来说就是,劳动合同期限不满六个月的,不设试用期;劳动合同期限在六个月到一年的,试用期最长不超过一个月;劳动合同期限在一至三年的,试用期最长不得超过三个月;劳动合同期限在三年以上的,试用期最长不得超过六个月。依照《劳动法》第二十五条规定,在试用期内,用人单位必须有证据证明劳动者不符合录用条件时,方可解除劳动合同,用人单位承担的是完全举证责任,就是有理由退工原则。而依照《劳动法》第三十二条规定,劳动者在试用期内只要“通知”单位就可以解除劳动合同,无须提供任何理由,即无理由走的原则。根据《劳动部关于贯彻执行〈中华人民共和国劳动法〉若干问题的意见》的规定:“劳动者被用人单位录用后,双方可以在劳动合同中约定试用期,试用期应包括在劳动合同期限内。”这就是说,试用期不是劳动合同中的法定条款,可以约定也可以不约定。而如果约定试用期,则只能在劳动合同中约定,劳动合同是试用期存在的前提条件。不允许只签订试用期合同,而不签订劳动合同。这样签订的“试用期合同”是无效的,但“试用期合同”的无效,并不导致劳动法对劳动者的保护失效。

三、最低工资及劳动时间如何规定

劳动和社会保障部发布的《最低工资规定》指出，在正常情况下，用人单位应支付给劳动者的工资，除去劳动者延长工作时间的所得工资，在夜班、高温、井下、有毒等特殊条件下享受的津贴，以及法律、法规和国家规定的劳动者享受的福利待遇（包括个人缴纳的养老、医疗、失业、工伤、生育保险费和住房公积金等五险一金；伙食补贴、上下班交通费补贴、住房补贴等法律、法规和国家规定的劳动者福利待遇等）外，不得低于当地最低工资标准。对于违反规定的，劳动保障部门将责令用人单位按所欠工资的1～5倍支付劳动者赔偿金。最低工资标准一般考虑城镇居民生活费用支出、职工个人缴纳社会保险费、住房公积金、职工平均工资、失业率、经济发展水平等因素。

《劳动法》还规定："劳动者每日工作时间不得超过8小时，平均每周工作时间不超过44小时。"如果"用人单位因生产经营需要，经与工会和劳动者协商后要以延长工作时间，一般是每天不超过1小时；特殊原因需要延长工作时间的，在保障劳动者身体健康的条件下延长工作时间每日不超过3小时，每月不超过36小时"。也就是说，对企业违反法律、法规强迫劳动者延长工作时间的，劳动者有权拒绝。另外，如果劳动者同意延长工作时间，用人单位必须依法向其支付不低于工资150%的劳动报酬（休息日支付不低于工资200%的劳动报酬，法定休假日则须支付不低于工资300%的劳动报酬）。对拒不支付劳动者延长工作时间工资报酬的用人单位，劳动行政部门可责令其支付劳动者工资报酬、经济补偿，并支付赔偿金。

四、签约时应注意哪些问题

目前，高校使用的就业协议是由学校、毕业生、用人单位三方共同签署后生效。它具有一定的广泛性和权威性，是学校制订就业方案、用人单位申请用人指标的主要依据，对签约的三方都有约束力。毕业生签约时应注意以下问题：

首先，签约是非常严肃的事情，同时也是法律行为，因此，签约前的了解洽谈十分重要。毕业生应详细了解用人单位的情况，一般包括单位的规模、效益、管理制度等。单位的隶属也很重要，国家机关、事业单位、国有企业一般都有人事接收权。毕业生还应对不同地方人事主管部门的特殊规定有所了解，除协议书外，如北京市人事局需要审批，还有一些省市也有类似规定。

第二，签约的一般程序为：毕业生持用人单位的接收函到学校领取就业协议书，先由毕业生在协议书上签署意见后交用人单位，由用人单位签署意见后再交给学校，学校签字后协议书生效。

第三，一般到用人单位报到后毕业生和用人单位要签订劳动合同书，因此在签约前了解合同书的内容是十分必要的，尤其重要的是合同书的工作年限和待遇。毕业生应向招聘人员索要样本或复印件，以免日后发生纠纷。如果毕业生报考了研究生或准备出国，应事先向用人单位讲明，并写在协议书中。有些毕业生向用人单位隐瞒这些情况，这是不可取的，也会带来讲多麻烦。

此外，有些用人单位在招聘毕业生时，除了与毕业生签订就业协议书外，还常常会附加补充或增加某些条款，事实上，补充条款或协议中的有些内容，具有毕业生进入单位后需要签订的劳动用工合同的性质，因而毕业生原则上应该接受并按单位的要求予以办理。需要提醒的是，毕业生在签署这些补充条款或协议时，一定要（对）其进行仔细研究，必要时可以向有关部门或老师咨询，以免因某些条款的不合理而损害自身利益。

五、毕业生报到时用人单位拒绝接收怎么办

当遇到用人单位拒绝接收时，毕业生应主动向用人单位说明情况，不要与对方争吵，更不要贸然返校，应及时与学校取得联系，由学校分清责任，按有关规定妥善处理。

若属因学校工作失误造成，应由学校负责提出调整意见报批。由于用人单位发生重大变化（如撤并、破产、倒闭等），不能接收的，应及时与学校协商，合理调整。若是用人单位对毕业生提出难以达到的又不符合政策规定的过高要求，则不能作为退人理由。属于毕业生本人身体有病而提出退回的，若是学生在校期间就有传染病史、精神病史，用人单位不知道，待毕业生报到时才被发现的，应允许提出退回；若是报到后才患病的，应按在职人员病假的有关规定处理。

六、发生劳动争议时如何处理

《劳动法》指的劳动争议，指中国境内的企业与职工之间的下列劳动争议：一是因企业开除、除名、辞退职工和职工辞职、自动离职发生的争议；二是因执行国家有关工资、保险、福利、培训、劳动保护的规定发生的争议；三是因履行劳动合同发生的争议；四是法律、法规规定应当依照“企业劳动争议处理条例”处理的其他劳动争议。

劳动争议发生后，当事人可向本单位劳动争议调解委员会申请调解；调解不成，当事人一方要求仲裁的，可向当地的劳动争议仲裁委员会申请仲裁。当事人一方也可在60日内直接向劳动争议仲裁委员会申请仲裁。对仲裁裁决不服的，可以向人民法院提起诉讼。

如果超过了法定期限60日内，专家建议，当事人仍可向仲裁委员会申请仲裁，待仲裁委员会作出“驳回”的裁决后，再凭这个“驳回”，向人民法院提起诉讼。

七、毕业生户口关系如何转移

毕业生户口关系的转移，由学校户口管理部门到辖区公安机关按规定办理，公安机关按《报到证》上标明的就业单位地址迁移户口。毕业生不得自行指定迁移地址。领到户口迁移证后，毕业生应仔细核对并妥善保管，不要折皱污损，更不能丢失，有错漏不能自行涂改，否则作废。到工作单位报到后，持户口迁移证和报到证及工作单位证明到辖区公安机关办理户口迁移手续。

对毕业离校时未落实工作的高校毕业生，本人要求户口和人事档案保留在学校的，按规定保留两年。在这期间，档案管理机构对保管其档案免收服务费用；本人要求将户口转回入学前户籍所在地的，公安机关应当按照户籍管理规定为其办理落户手续。档案可转入户口所在地人事档案管理服务机构。

附：《中华人民共和国劳动法》

主席令第二十八号

1994 年 7 月 5 日第八届全国人民代表大会常务委员会第八次会议通过

第一章　总则

第一条　为了保护劳动者的合法权益，调整劳动关系，建立和维护适应社会主义市场经济的劳动制度，促进经济发展和社会进步，根据宪法，制定本法。

第二条　在中华人民共和国境内的企业、个体经济组织（以下统称用人单位）和与之形成劳动关系的劳动者，适用本法。

国家机关、事业组织、社会团体和与之建立劳动合同关系的劳动者，依照本法执行。

第三条　劳动者享有平等就业和选择职业的权利、取得劳动报酬的权利、休息休假的权利、获得劳动安全卫生保护的权利、接受职业技能培训的权利、享受社会保险和福利的权利、提请劳动争议处理的权利以及法律规定的其他劳动权利。劳动者应当完成劳动任务，提高职业技能，执行劳动安全卫生规程，遵守劳动纪律和职业道德。

第四条　用人单位应当依法建立和完善规章制度，保障劳动者享有劳动权利和履行劳动义务。

第五条　国家采取各种措施，促进劳动就业，发展职业教育，制定劳动标准，调节社会收入，完善社会保险，协调劳动关系，逐步提高劳动者的生活水平。

第六条　国家提倡劳动者参加社会义务劳动，开展劳动竞赛和合理化建议活动，鼓励和保护劳动者进行科学研究、技术革新和发明创造，表彰和奖励劳动模范和先进工作者。

第七条　劳动者有权依法参加和组织工会。工会代表和维护劳动者的合法权益，依法独立自主地开展活动。

第八条　劳动者依照法律规定，通过职工大会、职工代表大会或者其他形式，参与民主管理或者就保护劳动者合法权益与用人单位进行平等协商。

第九条　国务院劳动行政部门主管全国劳动工作。县级以上地方人民政府劳动行政部门主管本行政区域内的劳动工作。

第二章　促进就业

第十条　国家通过促进经济和社会发展，创造就业条件，扩大就业机会。国家鼓励企业、事业组织、社会团体在法律、行政法规规定的范围内兴办产业或者拓展经营，增加就业。国家支持劳动者自愿组织起来就业和从事个体经营实现就业。

第十一条　地方各级人民政府应当采取措施，发展多种类型的职业介绍机构，提供就业服务。

第十二条　劳动者就业，不因民族、种族、性别、宗教信仰不同而受歧视。

第十三条　妇女享有与男子平等的就业权利。在录用职工时，除国家规定的不适合妇女的工种或者岗位外，不得以性别为由拒绝录用妇女或者提高对妇女的录用标准。

第十四条　残疾人、少数民族人员、退出现役的军人的就业，法律、法规有特别规定的，从其规定。

第十五条　禁止用人单位招用未满十六周岁的未成年人。

文艺、体育和特种工艺单位招用未满十六周岁的未成年人，必须依照国家有关规定，履行审批手续，并保障其接受义务教育的权利。

第三章　劳动合同和集体合同

第十六条　劳动合同是劳动者与用人单位确立劳动关系、明确双方权利和义务的协议。

建立劳动关系应当订立劳动合同。

第十七条　订立和变更劳动合同，应当遵循平等自愿、协商一致的原则，不得违反法律、行政法规的规定。劳动合同依法订立即具有法律约束力，当事人必须履行劳动合同规定的义务。

第十八条　下列劳动合同无效：

（一）违反法律、行政法规的劳动合同；

（二）采取欺诈、威胁等手段订立的劳动合同。

无效的劳动合同，从订立的时候起，就没有法律约束力。确认劳动合同部分无效的，如果不影响其余部分的效力，其余部分仍然有效。劳动合同的无效，由劳动争议仲裁委员会或者人民法院确认。

第十九条　劳动合同应当以书面形式订立，并具备以下条款：

（一）劳动合同期限；

（二）工作内容；

（三）劳动保护和劳动条件；

（四）劳动报酬；

（五）劳动纪律；

（六）劳动合同终止的条件；

（七）违反劳动合同的责任。

劳动合同除前款规定的必备条款外，当事人可以协商约定其他内容。

第二十条　劳动合同的期限分为有固定期限、无固定期限和以完成一定的工作为期限。劳动者在同一用人单位连续工作满十年以上，当事人双方同意续延劳动合同的，如果劳动者提出订立无固定期限的劳动合同，应当订立无固定期限的劳动合同。

第二十一条　劳动合同可以约定试用期。试用期最长不得超过六个月。

第二十二条　劳动合同当事人可以在劳动合同中约定保守用人单位商业秘密的有关事项。

第二十三条　劳动合同期满或者当事人约定的劳动合同终止条件出现，劳动合同即行终止。

第二十四条　经劳动合同当事人协商一致，劳动合同可以解除。

第二十五条　劳动者有下列情形之一的，用人单位可以解除劳动合同：

（一）在试用期间被证明不符合录用条件的；

（二）严重违反劳动纪律或者用人单位规章制度的；

（三）严重失职，营私舞弊，对用人单位利益造成重大损害的；

（四）被依法追究刑事责任的。

第二十六条　有下列情形之一的，用人单位可以解除劳动合同，但是应当提前三十日以书面形式通知劳动者本人：

（一）劳动者患病或者非因工负伤，医疗期满后，不能从事原工作也不能从事由用人单位另行安排的工作的；

（二）劳动者不能胜任工作，经过培训或者调整工作岗位，仍不能胜任工作的；

（三）劳动合同订立时所依据的客观情况发生重大变化，致使原劳动合同无法履行，经当事人协商不能就变更劳动合同达成协议的。

第二十七条　用人单位濒临破产进行法定整顿期间或者生产经营状况发生严重困难，确需裁减人员的，应当提前三十日向工会或者全体职工说明情况，听取工会或者职工的意见，经向劳动行政部门报告后，可以裁减人员。用人单位依据本条规定裁减人员，在六个月内录用人员的，应当优先录用被裁减的人员。

第二十八条　用人单位依据本法第二十四条、第二十六条、第二十七条的规定解除劳动合同的，应当依照国家有关规定给予经济补偿。

第二十九条　劳动者有下列情形之一的，用人单位不得依据本法第二十六条、第二十七条的规定解除劳动合同：

（一）患职业病或者因工负伤并被确认丧失或者部分丧失劳动能力的；

（二）患病或者负伤，在规定的医疗期内的；

（三）女职工在孕期、产期、哺乳期内的；

（四）法律、行政法规规定的其他情形。

第三十条　用人单位解除劳动合同，工会认为不适当的，有权提出意见。如果用人单位违反法律、法规或者劳动合同，工会有权要求重新处理；劳动者申请仲裁或者提起诉讼的，工会应当依法给予支持和帮助。

第三十一条　劳动者解除劳动合同，应当提前三十日以书面形式通知用人单位。

第三十二条　有下列情形之一的，劳动者可以随时通知用人单位解除劳动合同：

（一）在试用期内的；

（二）用人单位以暴力、威胁或者非法限制人身自由的手段强迫劳动的；

（三）用人单位未按照劳动合同约定支付劳动报酬或者提供劳动条件的。

第三十三条　企业职工一方与企业可以就劳动报酬、工作时间、休息休假、劳动安全卫生、保险福利等事项，签订集体合同。集体合同草案应当提交职工代表大会或者全体职工讨论通过。

集体合同由工会代表职工与企业签订；没有建立工会的企业，由职工推举的代表与企业签订。

第三十四条　集体合同签订后应当报送劳动行政部门；劳动行政部门自收到集体合同文本之日起十五日内未提出异议的，集体合同即行生效。

第三十五条　依法签订的集体合同对企业和企业全体职工具有约束力。职工个人与企业订立的劳动合同中劳动条件和劳动报酬等标准不得低于集体合同的规定。

第四章　工作时间和休息休假

第三十六条　国家实行劳动者每日工作时间不超过八小时、平均每周工作时间不超过四十四小时的工时制度。

第三十七条　对实行计件工作的劳动者，用人单位应当根据本法第三十六条规定的工时制度合理确定其劳动定额和计件报酬标准。

第三十八条　用人单位应当保证劳动者每周至少休息一日。

第三十九条　企业因生产特点不能实行本法第三十六条、第三十八条规定的，经劳动行政部门批准，可以实行其他工作和休息办法。

第四十条　用人单位在下列节日期间应当依法安排劳动者休假：

（一）元旦；

（二）春节；

（三）国际劳动节；

（四）国庆节；

（五）法律、法规规定的其他休假节日。

第四十一条　用人单位由于生产经营需要，经与工会和劳动者协商后可以延长工作时间，一般每日不得超过一小时；因特殊原因需要延长工作时间的，在保障劳动者身体健康的条件下延长工作时间每日不得超过三小时，但是每月不得超过三十六小时。

第四十二条　有下列情形之一的，延长工作时间不受本法第四十一条的限制：

（一）发生自然灾害、事故或者因其他原因，威胁劳动者生命健康和财产安全，需要紧急处理的；

（二）生产设备、交通运输线路、公共设施发生故障，影响生产和公众利益，必须及时抢修的；

（三）法律、行政法规规定的其他情形。

第四十三条　用人单位不得违反本法规定延长劳动者的工作时间。

第四十四条　有下列情形之一的，用人单位应当按照下列标准支付高于劳动者正常工作时间工资的工资报酬：

（一）安排劳动者延长工作时间的，支付不低于工资的百分之一百五十的工资报酬；

（二）休息日安排劳动者工作又不能安排补休的，支付不低于工资的百分之二百的工资报酬；

（三）法定休假日安排劳动者工作的，支付不低于工资的百分之三百的工资报酬。

第四十五条　国家实行带薪年休假制度。

劳动者连续工作一年以上的，享受带薪年休假。具体办法由国务院规定。

第五章　工资

第四十六条　工资分配应当遵循按劳分配原则，实行同工同酬。工资水平在经济发展的基础上逐步提高。国家对工资总量实行宏观调控。

第四十七条　用人单位根据本单位的生产经营特点和经济效益，依法自主确定本单位的工资分配方式和工资水平。

第四十八条　国家实行最低工资保障制度。最低工资的具体标准由省、自治区、直辖市人民政府规定，报国务院备案。用人单位支付劳动者的工资不得低于当地最低工资标准。

第四十九条　确定和调整最低工资标准应当综合参考下列因素：

(一)劳动者本人及平均赡养人口的最低生活费用；

(二)社会平均工资水平；

(三)劳动生产率；

(四)就业状况；

(五)地区之间经济发展水平的差异。

第五十条　工资应当以货币形式按月支付给劳动者本人。不得克扣或者无故拖欠劳动者的工资。

第五十一条　劳动者在法定休假日和婚丧假期间以及依法参加社会活动期间，用人单位应当依法支付工资。

第六章　劳动安全卫生

第五十二条　用人单位必须建立、健全劳动安全卫生制度，严格执行国家劳动安全卫生规程和标准，对劳动者进行劳动安全卫生教育，防止劳动过程中的事故，减少职业危害。

第五十三条　劳动安全卫生设施必须符合国家规定的标准。

新建、改建、扩建工程的劳动安全卫生设施必须与主体工程同时设计、同时施工、同时投入生产和使用。

第五十四条　用人单位必须为劳动者提供符合国家规定的劳动安全卫生条件和必要的劳动防护用品，对从事有职业危害作业的劳动者应当定期进行健康检查。

第五十五条　从事特种作业的劳动者必须经过专门培训并取得特种作业资格。

第五十六条　劳动者在劳动过程中必须严格遵守安全操作规程。劳动者对用人单位管理人员违章指挥、强令冒险作业，有权拒绝执行；对危害生命安全和身体健康的行为，有权提出批评、检举和控告。

第五十七条　国家建立伤亡事故和职业病统计报告和处理制度。县级以上各级人民政府劳动行政部门、有关部门和用人单位应当依法对劳动者在劳动过程中发生的伤亡事故和劳动者的职业病状况，进行统计、报告和处理。

第七章　女职工和未成年工特殊保护

第五十八条　国家对女职工和未成年工实行特殊劳动保护。

未成年工是指年满十六周岁未满十八周岁的劳动者。

第五十九条　禁止安排女职工从事矿山井下、国家规定的第四级体力劳动强度的劳动和其他禁忌从事的劳动。

第六十条　不得安排女职工在经期从事高处、低温、冷水作业和国家规定的第三级体力劳动强度的劳动。

第六十一条　不得安排女职工在怀孕期间从事国家规定的第三级体力劳动强度的劳动和孕期禁忌从事的劳动。对怀孕七个月以上的女职工，不得安排其延长工作时间和夜班劳动。

第六十二条　女职工生育享受不少于九十天的产假。

第六十三条　不得安排女职工在哺乳未满一周岁的婴儿期间从事国家规定的第三级体力劳动强度的劳动和哺乳期禁忌从事的其他劳动，不得安排其延长工作时间和夜班劳动。

第六十四条　不得安排未成年工从事矿山井下、有毒有害、国家规定的第四级体力劳动强度的劳动和其他禁忌从事的劳动。

第六十五条　用人单位应当对未成年工定期进行健康检查。

第八章　职业培训

第六十六条　国家通过各种途径，采取各种措施，发展职业培训事业，开发劳动者的职业技能，提高劳动者素质，增强劳动者的就业能力和工作能力。

第六十七条　各级人民政府应当把发展职业培训纳入社会经济发展的规划，鼓励和支持有条件的企业、事业组织、社会团体和个人进行各种形式的职业培训。

第六十八条　用人单位应当建立职业培训制度，按照国家规定提取和使用职业培训经费，根据本单位实际，有计划地对劳动者进行职业培训。从事技术工种的劳动者，上岗前必须经过培训。

第六十九条　国家确定职业分类，对规定的职业制定职业技能标准，实行职业资格证书制度，由经过政府批准的考核鉴定机构负责对劳动者实施职业技能考核鉴定。

第九章　社会保险和福利

第七十条　国家发展社会保险事业，建立社会保险制度，设立社会保险基金，使劳动者在年老、患病、工伤、失业、生育等情况下获得帮助和补偿。

第七十一条　社会保险水平应当与社会经济发展水平和社会承受能力相适应。

第七十二条　社会保险基金按照保险类型确定资金来源，逐步实行社会统筹。用人单位和劳动者必须依法参加社会保险，缴纳社会保险费。

第七十三条　劳动者在下列情形下，依法享受社会保险待遇：

(一)退休；

(二)患病、负伤；

(三)因工伤残或者患职业病；

(四)失业；

(五)生育。

劳动者死亡后，其遗属依法享受遗属津贴。劳动者享受社会保险待遇的条件和标准由法律、法规规定。劳动者享受的社会保险金必须按时足额支付。

第七十四条　社会保险基金经办机构依照法律规定收支、管理和运营社会保险基金，并负有使社会保险基金保值增值的责任。社会保险基金监督机构依照法律规定，对社会保险基金的收支、管理和运营实施监督。社会保险基金经办机构和社会保险基金监督机构的设立和职能由法律规定。任何组织和个人不得挪用社会保险基金。

第七十五条　国家鼓励用人单位根据本单位实际情况为劳动者建立补充保险。国家提倡劳动者个人进行储蓄性保险。

第七十六条　国家发展社会福利事业，兴建公共福利设施，为劳动者休息、休养和疗养提供条件。用人单位应当创造条件，改善集体福利，提高劳动者的福利待遇。

第十章　劳动争议

第七十七条　用人单位与劳动者发生劳动争议，当事人可以依法申请调解、仲裁、提起诉讼，也可以协商解决。调解原则适用于仲裁和诉讼程序。

第七十八条　解决劳动争议，应当根据合法、公正、及时处理的原则，依法维护劳动争议当事人的合法权益。

第七十九条　劳动争议发生后，当事人可以向本单位劳动争议调解委员会申请调解；调解不成，当事人一方要求仲裁的，可以向劳动争议仲裁委员会申请仲裁。当事人一方也可以直接向劳动争议仲裁委员会申请仲裁。对仲裁裁决不服的，可以向人民法院提起诉讼。

第八十条　在用人单位内，可以设立劳动争议调解委员会。劳动争议调解委员会由职工代表、用人单位代表和工会代表组成。劳动争议调解委员会主任由工会代表担任。劳动争议经调解达成协议的，当事人应当履行。

第八十一条　劳动争议仲裁委员会由劳动行政部门代表、同级工会代表、用人单位方面的代表组成。劳动争议仲裁委员会主任由劳动行政部门代表担任。

第八十二条　提出仲裁要求的一方应当自劳动争议发生之日起六十日内向劳动争议仲裁委员会提出书面申请。仲裁裁决一般应在收到仲裁申请的六十日内作出。对仲裁裁决无异议的，当事人必须履行。

第八十三条　劳动争议当事人对仲裁裁决不服的，可以自收到仲裁裁决书之日起十五日内向人民法院提起诉讼。一方当事人在法定期限内不起诉又不履行仲裁裁决的，另一方当事人可以申请人民法院强制执行。

第八十四条　因签订集体合同发生争议，当事人协商解决不成的，当地人民政府劳动行政部门可以组织有关各方协调处理。因履行集体合同发生争议，当事人协商解决不成的，可以向劳动争议仲裁委员会申请仲裁；对仲裁裁决不服的，可以自收到仲裁裁决书之日起十五日内向人民法院提起诉讼。

第十一章　监督检查

第八十五条　县级以上各级人民政府劳动行政部门依法对用人单位遵守劳动法律、法规的情况进行监督检查，对违反劳动法律、法规的行为有权制止，并责令改正。

第八十六条　县级以上各级人民政府劳动行政部门监督检查人员执行公务，有权进入用人单位了解执行劳动法律、法规的情况，查阅必要的资料，并对劳动场所进行检查。

县级以上各级人民政府劳动行政部门监督检查人员执行公务，必须出示证件，秉公执法并遵守有关规定。

第八十七条　县级以上各级人民政府有关部门在各自职责范围内，对用人单位遵守劳动法律、法规的情况进行监督。

第八十八条　各级工会依法维护劳动者的合法权益，对用人单位遵守劳动法律、法规的情况进行监督。任何组织和个人对于违反劳动法律、法规的行为有权检举和控告。

第十二章　法律责任

第八十九条　用人单位制定的劳动规章制度违反法律、法规规定的，由劳动行政部门给予警告，责令改正；对劳动者造成损害的，应当承担赔偿责任。

第九十条　用人单位违反本法规定，延长劳动者工作时间的，由劳动行政部门给予警告，责令改正，并可以处以罚款。

第九十一条　用人单位有下列侵害劳动者合法权益情形之一的，由劳动行政部门责令支付劳动者的工资报酬、经济补偿，并可以责令支付赔偿金：

（一）克扣或者无故拖欠劳动者工资的；

（二）拒不支付劳动者延长工作时间工资报酬的；

（三）低于当地最低工资标准支付劳动者工资的；

（四）解除劳动合同后，未依照本法规定给予劳动者经济补偿的。

第九十二条　用人单位的劳动安全设施和劳动卫生条件不符合国家规定或者未向劳动者提供必要的劳动防护用品和劳动保护设施的，由劳动行政部门或者有关部门责令改正，可以处以罚款；情节严重的，提请县级以上人民政府决定责令停产整顿；对事故隐患不采取措施，致使发生重大事故，造成劳动者生命和财产损失的，对责任人员比照刑法第一百八十七条的规定追究刑事责任。

第九十三条　用人单位强令劳动者违章冒险作业，发生重大伤亡事故，造成严重后果的，对责任人员依法追究刑事责任。

第九十四条　用人单位非法招用未满十六周岁的未成年人的，由劳动行政部门责令改正，处以罚款；情节严重的，由工商行政管理部门吊销营业执照。

第九十五条　用人单位违反本法对女职工和未成年工的保护规定，侵害其合法权益的，由劳动行政部门责令改正，处以罚款；对女职工或者未成年工造成损害的，应当承担赔偿责任。

第九十六条　用人单位有下列行为之一，由公安机关对责任人员处以十五日以下拘留、罚款或者警告；构成犯罪的，对责任人员依法追究刑事责任：

（一）以暴力、威胁或者非法限制人身自由的手段强迫劳动的；

（二）侮辱、体罚、殴打、非法搜查和拘禁劳动者的。

第九十七条　由于用人单位的原因订立的无效合同，对劳动者造成损害的，应当承担赔偿责任。

第九十八条　用人单位违反本法规定的条件解除劳动合同或者故意拖延不订立劳动合同的，由劳动行政部门责令改正；对劳动者造成损害的，应当承担赔偿责任。

第九十九条　用人单位招用尚未解除劳动合同的劳动者，对原用人单位造成经济损失的，该用人单位应当依法承担连带赔偿责任。

第一百条　用人单位无故不缴纳社会保险费的，由劳动行政部门责令其限期缴纳，逾期不缴的，可以加收滞纳金。

第一百零一条　用人单位无理阻挠劳动行政部门、有关部门及其工作人员行使监督检查权，打击报复举报人员的，由劳动行政部门或者有关部门处以罚款；构成犯罪的，对责任人员依法追究刑事责任。

第一百零二条　劳动者违反本法规定的条件解除劳动合同或者违反劳动合同中约定

的保密事项，对用人单位造成经济损失的，应当依法承担赔偿责任。

第一百零三条　劳动行政部门或者有关部门的工作人员滥用职权、玩忽职守、徇私舞弊，构成犯罪的，依法追究刑事责任；不构成犯罪的，给予行政处分。

第一百零四条　国家工作人员和社会保险基金经办机构的工作人员挪用社会保险基金，构成犯罪的，依法追究刑事责任。

第一百零五条　违反本法规定侵害劳动者合法权益，其他法律、法规已规定处罚的，依照该法律、行政法规的规定处罚。

第十三章　附则

第一百零六条　省、自治区、直辖市人民政府根据本法和本地区的实际情况，规定劳动合同制度的实施步骤，报国务院备案。

第一百零七条　本法自 1995 年 1 月 1 日起施行。

参考文献

[1]卜欣欣，陆爱平.个人职业生涯规划[M].北京：中国时代经济出版社，2005.

[2]陈德智.创业管理[M].北京：清华大学出版社，2001：39.

[3]胡桂兰，梅强，朱永跃.创业团队对创业绩效的影响研究——基于78个网络创业团队的调查分析[J].科技管理研究，2010(3).

[4]胡剑锋.大学生职业指导[M].北京：北京大学出版社，2006.

[5]黄希庭.心理学[M].上海：上海教育出版社，2001：119-121.

[6]雷卫平.略论大学生创业素质的培养[J].教育理论与实践，2010(8)：41-42.

[7]李红，刘艳丽，李保勤.关于高职院校学生解决问题能力的培养研究[J].职业，2009(5)：100-102.

[8]李肖明.大学生创业基础[M].北京：清华大学出版社，2009.

[9]刘学年，朱虹.当代大学生的心理压力与心理应对[J].辽宁教育研究，2002(2)：77-78.

[10]刘珍杰.大学生职业发展与就业指导[M].北京：中国电力出版社，2009.

[11]龙立荣.职业生涯管理的结构及其关系研究[M].武汉：华中师范大学出版社，2002.

[12]鲁宇红.大学生职业生涯规划与就业指导[M].南京：东南大学出版社，2008.

[13]全国高等学校学生信息咨询与就业指导中心组.大学生职业发展与就业指导[M].北京：高等教育出版社，2009.

[14]王海棠.大学生就业指导教程[M].北京：北京大学出版社，2009.

[15]王昆来，尹玉斌.大学生职业发展与就业指导[M].北京：科学出版社，2011.

[16]夏光主.大学生职业生涯规划指南[M].北京：机械工业出版社，2009.

[17]宣仕钱，徐静.大学生就业创业指导[M].北京：经济科学出版社，2009.

[18]尹琦.大学生创业原理与实务[M].北京：高等教育出版社，2011.

[19]张超中，骆建彬，严鸾飞.现代职业经理必备管理能力之五：处理信息的能力[J].中国军转民，2003(10)：35-37.

[20]张利君.我国大学生创业实践模式的探索以及构建[J].国家教育行政学院学报，2010(9)：65-68.

[21]张涛.创业教育[M].北京：机械工业出版社，2010.

[22]郑雪.人格心理学[M].广州：广东高等教育出版社，2004.

[23]周睿祺，舒均杰.大学生创业素质内涵探析[J].高等教育研究，2008(8)：72-73.

[24]李军.职业生涯规划与就业指导[M].北京：中国广播电视出版社，2008.

[25]陈龙春，杨敏.大学生创业基础[M].杭州：浙江大学出版社，2007.

[26]陈龙春.大学生创业实践[M].杭州：浙江大学出版社，2008.

[27]何玉林.大学生创新创业导读[M].昆明：云南大学出版社，2006.

[28]邓泽功.大学生创新创业指导教程[M].北京：人民交通出版社，2004.

[29]张英华，凌培全."校企结合"大学生就业与创业教育模式研究[M].北京：经济科学出版社，2009.

[30]陈刚，彭建华.大学生就业与创业[M].杭州：浙江大学出版社，2008.
[31]陈浩凯.大学生就业与创业教程[M].长沙：湖南科学技术出版社，2005.
[32]姜尔岚，吴成国主.大学生就业与创业指导[M].北京：人民交通出版社，2008.
[33]肖长春，万良华.大学生职前教育网络教学指导教程[M].北京：现代教育出版社，2012.
[34]张雅娟，张发斌，杜富裕.大学生就业指导[M].上海：同济大学出版社，2019.
[35]程小东，马静.职场导航——大学生就业指导[M].北京：现代教育出版社，2019.